JN071243

言語の復権のために

En vue de la réhabilitation du Langage

立川健二

ソシュール、イェルムスレウ、ザメンホフ

Saussure, Hjelmslev et Zamenhof PAR KENJI TATSUKAWA

論創社

目次

Ⅳ　イェルムスレウ、極北の言語学

言語の復権のために

この本は、ぼく自身が〈原点〉に立ち帰り、再確認し、それらを〈拠点〉として新たな探究に向かってゆくために編まれた。

〈言語〉と〈言語学〉の消長――個人史を交えて

二〇〇九年一二月に終刊を迎えた月刊『言語』の歴史は、ぼくたちの世代にとっての〈言語〉と〈言語学〉の歴史を映し出しているように思われる。月刊『言語』編集部は、本誌終刊後に刊行した三巻からなるアンソロジー各巻の巻頭で、月刊『言語』の歴史を回顧している。


　月刊『言語』は、ことばの総合雑誌として一九七二年四月に創刊された。そのちょうど一年前に提出された企画書には「言語についての問題意識が、言語学の専門分野よりもむしろ他分野の方面から起こり、相互の意見交換が強く望まれている。（中略）ここに、言語学及びその関連分野そして一般読書人を総合的に結びつける雑誌を刊行することは急務である」とある。確かに、当時は「言語ブーム」だった。人類学などの他分野の研究者たちが言語学の手法やその成果に大きな期待を寄せていた時機でもあった。

　その熱気を反映してか、刊行当初は実に熱い議論が誌上で交わされている。（中略）本誌の刊行により、堰を切ったように熱い議論が噴出した感があり、それを見ているだけでも壮観だ。

（大修館書店月刊『言語』編集部編『『言語』セレクション 第1巻』大修館書店、二〇一二年五月、iii頁）

ぼくが大学に入学したのは、月刊『言語』の創刊に遅れること五年、一九七七年のことだった。東京外国語大学というまさにさまざまな言語——諸言語（レ・ラング）——を専門とする大学に身を置いたせいか、高校時代には耳にしたこともなかった〈言語〉や〈言語学〉をめぐる知がぼくに押し寄せてきた。

もっとも一年目は、自分が専攻として選択したフランス語という個別言語（ラング）のプレゼンスが圧倒的に大きかった。ぼくの眼や耳に〈言語〉や〈言語学〉をめぐる知が確かな実感を伴って入ってきたのは、二年生になってからだったと思う。ぼくが所属するフランス語学科には文芸評論家としても活躍する篠田浩一郎がいて、初級文法を終えたばかりのぼくたちに、ソシュール、レヴィ=ストロース、バルト、フーコーなどの難解な原文をフランス語で読ませた。篠田浩一郎の『形象と文明——書くことの歴史』（白水社）が刊行されたのが、ちょうど一九七七年八月だった（新装版が、一九九二年四月に出ている）。この本を読んで、ぼくは、〈言語〉という問題に、ソシュールが創始した現代言語学が構造主義を生み出し、文化人類学、精神分析学、文芸評論、哲学、社会学などに多大な影響を及ぼし、なおかつ言語学の発展の先には記号学（記号論）という新しい人間科学が展望されていることに眼を見開かされた。ぼくにとって、思想と学問の世界に足を踏み入れるきっかけを作ってくれた書物は、間違いなくこの篠田の『形象と文明』であった。

外語大の各〇〇語学科の外部には、一般言語学の千野栄一、言語人類学の西江雅之という二人のカリスマがいて、全学の言語学徒たちに影響を与えていた。この流れとは異質であるが、詩人の安藤次男が文学を教えており、異彩を放っていた。しかし、ぼくは、彼らの影響下に入ることをせず、むしろフランス語を通じて文学、言語学、記号論を学ぶという方向を選びとっていった。

月刊『言語』でいうならば、「ソシュール——現代言語学の原点」の特集号が出たのは一九七八年三月、ぼくが一年生の終わり頃だから、実にタイムリーだった。執筆陣には、丸山圭三郎、風間喜代三、千野栄一、そして小林英夫など、錚々たる顔ぶれが並んでいる。ちなみに、月刊『言語』が最初期に特集した人物は、意外なことに「ウィトゲンシュタイン――言語と哲学」が一九七二年一一月ともっとも早い。言うまでもなく、ウィトゲンシュタインは言語学者ではなく、言語哲学者である。次いで、「R・ヤーコブソン――現代言語学の巨匠」が一九七六年二月で、ソシュールに二年先行している。続いて、「チョムスキーの全体像」一九七七年二月、「チョムスキー理論の展開」同年三月と、二号続けてチョムスキー特集が続いている。そして、ソシュール特集の一年後に、「サピアの言語論」一九七九年二月が来る。ちなみに、『現代思想』（青土社）が「ソシュール」を特集するのは、月刊『言語』に遅れること二年、一九八〇年一〇月のことであった。さまざまな翻訳論文などとともに、柄谷行人と丸山圭三郎の対談が掲載されている。当時の日本の言語学界では、ソシュールは「現代言語学の原点」という位置づけであり、現代言語学にとってのアクチュアリティではヤーコブソンやチョムスキーなどに劣る、というのが共通理解であったようだ。

いずれにせよ、高校時代までは文学青年であったぼくの学生時代は、〈言語〉、〈言語学〉、〈ソシュール〉、〈構造主義〉、〈記号論〉などに彩られることになったわけである。

一九八〇年からの一年間のパリ留学――その間にもっとも熱心に聴講したのは、ジュリア・クリステヴァの「記号学入門」講義だった――を終えてから、ぼくが篠田浩一郎に提出した卒論は、一部の読者は驚くかもしれないが、ソシュールを扱ったものではない。サルトルの長篇小説『嘔吐』を分析したものだった。クリステヴァの記号分析（セマナリーズ）の理論と方法によって、サルトルの『嘔吐』を読解したのである。『エクリチュールの誕生――サルトル『嘔吐』の記号分析的読解』――フランス語タイプ原稿で、A4判三三〇ページほど書いた。それを読んでくれた篠田浩一郎は、「これは、本になりますね」と一言言った。しかし、フランス語が読める編集者には出会えず、日の目を見ていない。日本語で書いていたら、ぼくは、その後サルトルの専門家になっていたかもしれない。

月刊『言語』の歴史に戻ろう。

やがて新言語学が言語学界に大きなうねりとなって押し寄せてくる。この辺りから、どちらかといえば理論的な側面が前面に押し出されてくる。実際、新言語学にもいくつもの流派があり、どちらの理論がより多くの、そしてエレガントな分析ができるかで鎬を削ることになる。そして日本認知学会が発足する。一九八〇年代になると、認知科学の波がそれに覆い被さってくる。ここまでくると、言語はもはや言語学だけのものではなく、コンピュータや脳科学など、多くの研究分野にとっても大切な研究テーマとなった。いま、言語というリングの上で様々な分野の研究者が集い、まさに「異種格闘技」が始まろうとしている時機に、月刊『言語』は休刊となった。

（同、iii-iv頁）

ぼくのように、思想と文学の側から言語学を見ていた者にとっては、これは、言語学がさまざまな人文・社会科学を牽引してゆく「パイロット科学」としての使命を放棄して、言語学の内部に閉じこもり始めた時期に相当する。その頃から、ぼくは、言語学の最新動向に対する関心を失い始めていたように思われる。さらに、ぼくが一九九九年の〈精神的危機〉以降、言語学からも記号論からも遠ざかっていた時期に進行していた、認知科学などに介入されるようになった近年の言語学は、そもそも、いかなる人文・社会科学よりも早く自身の認識対象——ソシュールの用語でいえば、ラング——を確立したと考えられ、多くの隣接科学にとってモデルとして機能したにもかかわらず、いつのまにか、他分野から浸蝕を受けるようになり、言語（ラング）という大切な対象を奪われ、存立基盤の危機の局面に追いやられているかのように見うけられる。認知科学の「植民地」であるかのような認知言語学だけでなく、言語起源論や言語進化論の近年の盛り上がりを見ると、それを牽引しているのはもはや言語学者〈だけ〉ではないのである。〈言語〉は、言語学だけの特権的な認識対象ではなくなったのだ。「ことばの総合雑誌」を標榜しつつも、実質的には言語学を軸にしてきた月刊『言語』が終刊を余儀なくされたのは、単なる偶然ではなかったと言わなければなるまい。

ただし、月刊『言語』編集部は言及していないが、一九八〇年には日本記号学会が創設され、創設当初は数多くの分野の研究者や学徒の関心を集めて活発な議論が行なわれ、そのシンポジウムが『現代思想』誌上を飾ったりしていた。ひょっとすると、この時期に月刊『言語』と『現代思想』の読者層が分離していったのかもしれない。

東京の大型書店には「言語学」の棚が設けられており、ぼくも思いついたときに網羅的に眺めることがあるが、それぞれの著者が自分の専門に閉じこもって研究にいそしんでいるようだという印象しか受けない。言語学を拠点にして広く思想や人文・社会諸科学に打って出ようという気概を感じさせる言語学者は、田中克彦くらいしか見あたらない。その田中も、もう八五歳である。田中克彦に続く、野心にあふれた言語学者はいないのだろうか。

遅ればせながら、ぼくはごく最近、ぼくより七歳年下の小山亘という人がいることを発見した〈ぼくは、〈精神的危機〉以降のこの二〇年近くというもの、言語学・記号論から遠ざかっていたからだ〉。彼の著書を手にとると、野心や野望がメラメラと伝わってくる。ぼくは、率直にいってまだ小山の言説を咀嚼できていないのだが、あえて誤解を恐れずに言うならば、小山亘は、主としてデンマークの言語学者、ヤコブ・L・メイ――デンマーク語の正しい発音は、「メイ」ではなく「マイ」だが――とアメリカの言語人類学者、マイケル・シルヴァスティンに依拠しつつ、ボーアズ以降の言語人類学の伝統と、パースからヤーコブソンに継承された記号論の系譜とを融合させた「社会記号論系言語人類学」を構想して、言語、社会、文化、歴史を解明する体系的・包括的・全体的科学の構築を目指しているという〈小山亘『記号の系譜――社会記号論系言語人類学の射程』三元社、二〇〇八年一月)。小山は、パース系の記号論(セミオティクス)の系譜に立つために、ソシュール系の記号学(セミオロジー)に対しては批判的であるようだが、ヤーコブソン自身が言語学ではソシュールの系譜に連なり、記号論ではパースの系譜に連なると明言していたことを想起すれば(ローマン・ヤーコブソン『詩学から言語学へ――妻ポモルスカとの対話』、原著:1980年、伊藤晃訳、国文社、一九八三年四月)、ぼくたちと小山との対話は閉ざされているわけではないだろう。いずれにせよ、日本のアカデミズムにあって、小山亘のような人は稀少なる例外者である。

ところで、自分の書いたものを眺めていたら、何といまから二九年も前にも同じようなことを書いていたのを発見して、愕然とした。ぼくは、ジャン=ジョゼフ・グーというフランスの哲学者の業績を解説する項目の最後に、次のように指摘していたのである。

> だが、いずれにしても、さまざまな抑圧的システムからなる象徴秩序の生成プロセスを〈一般等価物〉の創出という同形的なロジックをもちいて形式化するというグーの問題設定が、一九六八―六九年という早い時期(彼が二五、六歳のとき!)にすでに提出されていたというのは、特筆に値することである。そして、言語研究がグローバルな理論化にたいする勇気を喪失してある種のニヒリズムにおちいり、個別的現象の分析だけで事足れりとする傾向のつよい今日にあって、言語を貨幣とのアナロジーにおいてとらえなおすことにより、言語にかんする考察をより広いコンテクスト、すなわち現代の諸科学が共有する思想的課題に結びつけるというグーの冒険的な試みは、きわめて貴重な意味をもつといわなければならない。
>
> (立川健二/山田広昭『現代言語論――ソシュール　フロイト　ウィトゲンシュタイン』新曜社、一九九〇年六月、七三頁)

「言語ブーム」の余韻がいまだ残っていた一九九〇年でさえ、こうした傾向が目立ってきていたのである。ましてや、二〇一九年の今日、田中克彦や小山亘のような存在は例外として、言語研究者たちが、より一層、大挙して「グローバルな理論化にたいする勇気を喪失してある種のニヒリズムにおちいり、個別的現象の分析だけで事足れりとする傾向」に閉じこもっていることを誰が否定できるだろうか。そして、いまこそ必要とされるのは、グーのように、「言語にかんする考察をより広いコンテクスト、すなわち現代の諸科学が共有する思想的課題に結びつける（中略）冒険的な試み」にほかならないのではないだろうか。それは、必ずしも学際的であることを意味するわけではない。本書で見てゆくソシュールやイェルムスレウのように、あくまでも言語学に徹して、己れの理論的原理を確立することを通じて異分野の人びとを振り向かせるという道も存在するはずなのである。

丸山圭三郎、ソシュールとの出会い

さて、言語学が内向化していた時期のぼくは、時代に逆行するように、言語学の〈原点〉にさかのぼることを決意していた。時代に逆行するように、とは書いたが、丸山圭三郎の長年のソシュール研究の成果が『ソシュールの思想』（岩波書店）としてまとめられ刊行されたのが、一九八一年七月であり、ソシュールが言語学という一科学を超えて一人の思想家として論じられる地平を拓いたのだから、ぼくは、言語学界の趨勢には逆行していたものの、現代思想界の波には乗っていたのかもしれない。

東京大学の仏文の大学院に入ったぼくは、当初はサルトル研究を続けるつもりだった。しかし、文学部に非常勤講師としてやって来ていた丸山圭三郎の講義に三年間出席し、丸山を師と仰ぎ、また弟子として認められるようになるにつれ、ロラン・バルトやクリステヴァに代表される記号論を本当に理解するには、ソシュールまでさかのぼって研究しなければなるまい、という結論にたどり着いた。それは、ソシュール研究一筋でコツコツとやってきた丸山とは、いささか異なる動機で始めたソシュール研究であった。

そう、ぼくが初めて活字にしたのは、「カオスと（しての）言語――丸山圭三郎への手紙」という丸山圭三郎批判の論考で、日本記号学会の『記号学研究』（編集長は丸山！）に発表したものだった（立川健二『誘惑論――言語と（しての）主体』、新曜社、一九九一年九月所収）。だから、ぼくにとっての**第一の〈原点〉**が**丸山圭三郎**であることは、否定しようのない事実である。

しかし、実際に『一般言語学講義』の原資料（エングラー版）を自分で読み解いてゆくにつれ、ぼくは、丸山圭三郎によるソシュール読解に対して異和感を募らせていった。したがって、修士論文をもとに世に問うた処女作『《力》の思想家ソシュール』（書肆風の薔薇〔＝水声社〕、一九八六年一二月）は、丸山＝ソシュール批判を通じての新しいソシュール像の提出というポレミックな形をとらざるをえなかった。それは、ソシュールとの格闘の成果であるだけでなく、丸山圭三郎との格闘の成果でもあった。いずれにせよ、丸山圭三郎――著書も、人間も――との出会いがなければ、ぼくがソシュール研究を志すことがなかったことは確実だから、本書では丸山圭三郎を第一の〈原点〉として、**ソシュールを第二の〈原点〉**として措定するのである。

デンマーク構造主義の衝撃

さて、ソシュール研究をさらに前に進めるために二回目のパリ留学に赴いたぼくは、クロディーヌ・ノルマンが率いるパリ第X大学言語学史研究グループに参加し、初めて自分の探究を何の気兼ねもなく展開できる環境に出会うことができた。日本の大学では、「おまえのやっていることは、文学なのか、語学なのか？」という二律背反をつねに突きつけられ、「語学」という居心地の悪い領域に身を置くことを余儀なくされていたからである。言語学史、より広義には言語思想史は、対象は言語学や言語思想であるが、基本的な方法はテクストの読解であるから、文学研究や思想研究にはるかに近いのである。

一九八〇年代後半、言語学や記号論の分野では、構造言語学のコペンハーゲン学派に括られるイェルムスレウとブレンダルの再評価が起こり、ぼくに衝撃を与えた。イェルムスレウ・ルネサンス、ブレンダル・ルネサンスが起こったのは、本国のデンマークのほか、フランス、ベルギー、イタリア、スペインなどのヨーロッパ諸国だった。この動向のなかで（英国、ドイツなどのゲルマン系諸国ではなく）ラテン系の言語（ロマンス諸語）を使う国々が中心となったのは、ブレンダルもイェルムスレウも主としてフランス語を執筆言語として用いたからかもしれない。

たまたま、ノルマンとともにぼくの指導教授であった故・ミシェル・アリヴェがイェルムスレウを高く評価するグレマス派記号論（パリ学派）に名を連ねており、フランソワ・ラスティエとクロード・ジルバーベールというフランスを代表するイェルムスレヴィアンを紹介してくれたこともありがたかった。

一九八八年には、初めてデンマークに旅して、デンマークを代表するイェルムスレウ研究家であるミカエル・ラスムッセンと情報交換し、当時、イェルムスレウの未亡人であるヴィベケ・イェルムスレウ夫人がコペンハーゲン郊外の自宅で管理する「イェルムスレウ文書」を三日間にわたって調査する機会に恵まれた（一九九二年のイェルムスレウ夫人の逝去後は、「イェルムスレウ文書」はコペンハーゲンの王立図書館に所蔵されている）。ぼくの研究人生において、これほど光栄で、印象に深く残っている出来事はほかに存在しない。

したがって、ぼくにとっての**第三の、そして最大の〈原点〉は、デンマーク構造主義、なかでもイェルムスレウ**を措いてほかにない。クロディーヌ・ノルマンには、「あなたはソシューリアンとしてフランスにやって来たのに、イェルムスレヴィアンとしてフランスを去るのね」と言われた。そう、ぼくは、以前、サルトル研究からソシュール研究へと「転向」したように、今度はソシュール研究からイェルムスレウ研究へと「転向」したのである。ブレンダルについては本書ではほとんど扱えなかったが、『現代言語論』と『誘惑論』で取り上げているので、興味のある方はそちらを参照していただきたい。

愚者の楽園で出会ったザメンホフ

ぼくが専任教員として勤務した三番目の大学——正確には、学部——は、企業出身者の会社人間（＝佐高信のいう「社畜」）が教員の過半数を占め、学部長が「社長」として権力をふるい、研究者系の教員も「社畜」として飼い慣らされた「アンチ大学」、「大学の陰画（ネガ）」であり、学者たろうと努力しているぼくたち少数の教員は加重の雑用を押しつけられ、迫害された。一九九〇年代末のことである。ぼくも、のちに皇太子妃雅子さま（当時）が二〇〇四年に患った「適応障害」と同じ病いに倒れ、精神の危機と生命の危険も相俟って、「亡命」——若い世代にわかりやすく言うならば、「脱北」——を余儀なくされた。他人はぼくを愚かだと嘲笑ったり、我慢が足りないと罵ったが、それが普通の大学であれば——真の大学とは言わない——、好き好んで辞めたりはしなかったのである。研究・執筆だけでなく、教育にも情熱をもって取り組むという意味で、ぼく以上に大学教員に向いている人間は、ほとんどいないと自負している。「愚者の楽園」としか言いようのない環境——教員だけが愚者であって、事務員も、学生も愚者ではなかった——にあれ以上身を置いていたならば、ぼくは間違いなく自殺に追い込まれていたことだろう。

心底ひどい目に遭ったが、社会言語学の講義を初めて担当できたことは、ぼくの視野を拡げてくれた。社会言語学とは、言語が社会の関数である、すなわち、社会のなかの階級関係や権力関係などが言語のなかに反映され、複数の言語変種間のヒエラルキーを生み出すという考え方をする領域である。この場合の〈社会〉とは、新聞が紙面を政治、経済、国際、社会、文化と分ける際の狭義の「社会」ではない。社会だけでなく、政治も、経済も、国際も、文化も、〈社会〉のなかに入ってくるのである。そこで、ぼくは、自分のあまりの無知に気づかざるをえず、いままで勉強したことのないあらゆる分野——政治思想史、社会記号論、カルチュラル・スタディーズ、ポストコロニアル・スタディーズ、比較文明論、アイリッシュ・スタディーズ等々——を手当たり次第に勉強しはじめた。時間がどんなにあっても足りないなかで、ブラック学部の執拗な迫害は心身を摩耗させた（当時は、「パワハラ」という言葉もなければ、「ブラック企業」という言葉も存在しなかった）。

社会言語学者たちはほとんど評価しないのだが、ぼくは、社会言語学者とは言わないが、社会言語学的思想家としてもっとも偉大であるのは、エスペラントを創り出したザメンホフだという確信にたどり着いた。国際共通語としてのエスペラントの使命は終わったとしても、ザメンホフのナショナリズム（民族主義）を超える理想主義的思想は、今日もっと学ばなければならない、と確信したのである。エスペラントからからザメンホフへ――ぼくのこのような立場は、エスペランティストにはあまり評判がよくないし、ぼくのザメンホフ研究はあくまでも初歩的なものにすぎない。ぼくとしては、エスペランティスト自身の手によってザメンホフ研究が進められ、深められることを期待しているのである。

本書の構成と内容

Ⅰに収録した「**世界は言葉のなかに――言語とその主体**」は、一九九五年にぼくが栗本慎一郎自由大学で行なった講義をもとにしており、本書の「総論」に相当する。言いかえれば、それは、Ⅱ、Ⅲ、Ⅳ、Ⅴの展開を高速度で先取りしている。「言語」とは何か、「言語学」と「言語哲学」の違いは何かという基礎の基礎から説き起こして、「言語とその主体」というテーマをめぐって、ソシュールからイェルムスレウへと一気に駈け上がってゆく。イェルムスレウの格理論は日本ではほとんど知られていないから、大学院を超えた高度な内容である。この講義は、読者にいわばジェット・コースター的な体験を強いるかもしれない。

「**Ⅱ　丸山圭三郎からソシュールへ**」に収録した最初の三篇は、かつて『愛の言語学』（夏目書房、一九九五年七月）に収録したものを再録した。その理由の一つは、『愛の言語学』の版元が倒産し、入手困難になっていることもあるが、それ以上に二つ目の理由として、ぼくにとって第一の〈原点〉が丸山圭三郎であったこと、しかしながら、第二の〈原点〉であるソシュールの読解をめぐっては、ぼくが丸山圭三郎から遠く離れていったことを明らかにしたかったからである。

竹田青嗣、前田英樹との鼎談は、本書に収録することにいささかの躊躇があったのだが、読み返してみると、書き言葉では言わないようなことを対話者を前に語っているところが多々あって、語られた論考が書かれた論考を補っていることに気がつき、収録に対する躊躇は消え去った。

「Ⅲ　**ソシュールからイェルムスレウへ**」は、文字どおり「Ⅱ　丸山圭三郎からソシュールへ」と「Ⅳ　イェルムスレウ、極北の言語学」の移行段階に相当する。ここでは、イェルムスレウの言語理論のなかでも、とりあえず「ソシュールの唯一かつ真の後継者」と呼ばれる所以、すなわち、ソシュールの直観を整合的な理論に体系化し、形式化した言語学者としてのイェルムスレウに照準を合わせている。

参考に、言語学における構造主義においては、内在主義者、イェルムスレウと対立する面もある機能主義者、ヤーコブソンにかんする短い論考も収録したが、それは、巨人ヤーコブソンのエピステモロジックな側面を切り取ったものにすぎず、今後もっと学んでゆきたいと考えている。

「**Ⅳ　イェルムスレウ、極北の言語学**」に収録した七篇の論考は、本書のなかでも著者がもっとも自信をもっているものである。巻末の「初出一覧」をご覧になればわかるように、最初の六篇は、月刊『言語』に『「イェルムスレウ」再入門』という総題のもとに連載したものであり、最後の論考は、同じ月刊『言語』の「デカルト派言語学を超えて——21世紀の言語研究のゆくえ」特集号に単発で掲載したものである。

著者の自負が単なる主観的な思い込みでないことは、世界でも最大規模の言語学辞典である『言語学大辞典』に取り上げられたことによっても証明することができるだろう。「コペンハーゲン学派」の項目を紐解くと、参考文献として「新しい視点を示すものには、次のものがある」というただし書きをつけて挙げられているのが、立川健二／山田広昭『現代言語論』とここに収録した『「イェルムスレウ」再入門』の二点であり、この二点だけなのである（亀井孝／河野六郎／千野栄一編著『言語学大辞典 第6巻【術語編】』三省堂、一九九六年一月、五八〇頁）。執筆者は明示されていないが、長いあいだ日本で唯一のイェルムスレウの言語理論（グロセマティック）の専門家として知られていた林栄一であると断定しても、間違いないだろう。

なお、そこで取り上げられた『現代言語論——ソシュール フロイト ウィトゲンシュタイン』（新曜社、一九九〇年六月）は、本書で詳しく取り上げられなかったソシュールの共時態／通時態の概念をはじめ、イェルムスレウの論敵であったヴィゴ・ブレンダル、イェルムスレウの融即的対立関係論、イェルムスレウの影響を受けたロラン・バルト、ぼくにとっては丸山圭三郎、ソシュール以前の〈原点〉ともいうべきジュリア・クリステヴァなどについてもぼく自身の読解を提示しているので、本書の姉妹書として併せて読まれることをお勧めする。なお、『現代言語論』は増刷のたびに小規模な修正を加えてきたので、刷り数の多いものを手許に置いていただきたい（ぼくが把握している最新版は、第一五刷、二〇〇四年二月である）。

イェルムスレウにかんして、ぼくは、もっと専門性の高い論文やフランス語で発表した論考も書いているが、それらは収録しなかった。

先に、イェルムスレウは「ソシュールの唯一かつ真の後継者」と呼ばれていると書いたが、イェルムスレウがソシュール言語学を体系化・形式化しただけだと考えるならば、それは間違いである。本文で詳述するように、イェルムスレウは、ソシュールを起点としつつも、言語学的には〈一般文法〉ないし〈言語類型論〉によって、記号論的には〈全体言語学〉によってソシュールを大きく超え出ていったのである。このようなイェルムスレウ像は、日本ではほとんど知られていない。

なお、Ⅳのタイトルを「イェルムスレウ、極北の言語学」としたのは、第一に、イェルムスレウが〈言語学の極北〉とでも呼ぶべきラディカルな地平を孤高に疾走していったからであり、第二に、イェルムスレウ自身が北欧のデンマーク、とりわけ首都コペンハーゲンから発信していたからでもある。イェルムスレウの言語学からは、同国の哲学者、キルケゴールと同様、〈北〉の思想とでも言うべき厳しさが伝わってくるのである（富岡幸一郎『北の思想──一神教と日本人』書籍工房早山、二〇一四年二月を参照）。

ⅠからⅣが理論篇であり、三つの〈原点〉を踏み固めるものであったのに対して、**「Ⅴ 愛と差別の言語学に向けて」**は、それらの理論の応用篇にあたり、ぼくの今後の探究に向けて〈原点〉を〈拠点〉へと変換することを目的としている。

何のための〈拠点〉かといえば、過去のぼくは、もっぱら〈愛〉に関心を注いでいたが、現在のぼくは、むしろ〈差別〉の問題に関心を傾けている。**「愛と差異に生きるわたし──区別・差別・対立・差異をめぐって」**を『愛の言語学』から再録したのは、ぼくの現在の問題意識にとって不可欠な論考だからである。この論考において、アドラー心理学を援用しつつも、言語学的に区別／差別／対立／差異を定義しえたことは、今後のぼくの仕事にとって確かな〈拠点〉となることだろう。その意味では、巻末の**「愛の言語思想家、ザメンホフ──言語差別を超えて」**がこの定義を最初に利用していたことに、著者もあらためて気づかされた。

コラムとして、**「現代言語論の名句」**を本書の各所に散りばめた。読者には、本文を補完する豆知識として、楽しんでいただけると思う。

もちろん、ぼく自身も、この小さな一冊によって〈言語〉と〈言語学〉が──さらには、〈記号論〉が──復権し、かつての輝きを取り戻せるなどと考えているわけではない。他の人びとからも、同じような声が上がることを期待しつつ、一つの問題提起として世に送り出すのである。

凡　例

・出典・文献欄で基本的には発行年・頁などは、原著は半角算用数字、日本語訳は漢数字で示した。

I 世界は言葉のなかに

世界は言葉のなかに——言語とその主体

「言語とその主体」というタイトルでお話ししたいと思います。

わたしたちは、言葉を話したり、聴いたり、書いたり、読んだりします。人間は言葉をしゃべる動物である、という言い方がよくされるように、言語こそ人間を人間たらしめているものだと言われていますね。

そこでまず、人間の言葉を研究対象とする言語学とはどのような学問か、という問いから入りたいと思います。

それぞれの学問の根底には、人間とはこういうものだという人間観があるはずです。政治学であれば政治的な人間、経済学であればホモ・エコノミクス——人間というのは経済活動を行なう存在であると考えるだろうし、社会学であれば人間とは社会的な存在であると考えるわけです。

わたしたちの言語学は、人間というのは言語的な存在である、言葉というものが、人間が人間である所以《ゆえん》だと考えるわけです。

そして言語学という学問は、とりあえず現実に存在している多種多様な言語——最新の研究成果では世界に一〇〇〇〇近くあると言われていますが——を研究対象にして、音声や文法や意味などの分析、記述を通して、最終的に人類が普遍的にもっている言語がどういうものかを考えてゆきます。

もちろん、言語を話す、あるいは聴く人間について考えている学問は言語学のほかにいくつもあります。主として哲学とか、心理学、とくに精神分析学ですね。人間とはどのような存在であるかを考えるとき、言語というのは一つの決定的な要素になるからです。

そこで、言語を操る主体としての人間とはどのようなものか――それはそのまま、言語とはどのようなものか、という問いにつながるのですが――について、フェルディナン・ド・ソシュールとルイ・イェルムスレウという二人の言語学者の理論を通して考えてみたいと思います。

言語学と言語哲学

わたしは「言語哲学者」だと紹介していただいたのですが、わたし自身はむしろ自分を「言語学者」であると思っています。そこでまず、言語学と言語哲学はどう違うのか、考えてみましょう。

言語学も言語哲学も、当然ながら言語を対象とする学問です。でも、そう言うときの「言語」とは何か、が問題なのです。

ソシュールは、言語を三つに分けて考えていました。

一つは、人間が言語をしゃべることができる、「言語能力」という意味での「言語」です。何語であろうと、あるいは幼児語であろうと、そこらへんの女の子たちがしゃべっている、大人が眉《まゆ》をひそめるような変な言葉であろうと（笑）、すべて言葉は言語です。そうした総称としての言語を、ソシュールは「ランガージュ」と呼んでいる。

もう一つは、個々の社会で話されている言葉ですね。日本語とかフランス語とかデンマーク語といった個々の言語体系。それを「ラング」と言います。これらの言語は、国ごとに違うのではなく、文化や民族ごとに違います。だから、言語学では「母国語」という言葉は使いません。あくまでも「母語」です。よく間違って使われていますが。

このラングは、「自然言語」とも言われます。言語というのは、その発生はよくわかっていません。誰がいつ話し始めたかはわからないけれど、とにかく、いつしか人類は話し始め、現在にいたっている。言語は、人為的に構築されたものではない。自然にできてきたものである。だから、自然言語と言います。

この自然言語と対立するものは、人工言語ですね。エスペラントに代表されるような国際コミュニケーション補助言語、あるいは数学やコンピュータ言語なども一つの人工言語です。

もう一つは、「パロール」と言って、これは個々人のある特定の状況における発話のことです。日本語をしゃべる人、フランス語をしゃべる人はたくさんいますが、個々人がそうした言語（ラング）をどのように使っているのかは、人によっても状況によってもさまざまです。そうした個々人の言語使用のことを「パロール」と言います。

言語学というのは、これら三つの言語のうち、とりあえずラングの学問だと言えると思います。現実にさまざまに存在している多様なラングを研究対象にして、分析し記述する。それが言語学です。

現実に存在している言語といっても、たいへんな数です。もちろん数え方にもよるので、確定はできません。何を言語と見なし、何を方言と見なすかという基準が、科学的に確立されているわけではないからです。たとえば、中国語を一つの言語と数えるかどうか。みなさんは、どう思われますか。とりあえず最新の研究成果では、一〇〇〇〇近くの言語があると言われています。そのなかの一つが母語で、わたしたちにとっては日本語であると言っても間違いではないでしょう。

言語学は、この母語のなかで、言語とは何かを考えるのではなく、基本的には外国語というか「異言語」の立場から言語を観察します。理論をもとに仮説を立て、データの分析をし、検証してゆく。ですから、言語学は哲学ではなく経験科学です。そして最終的には、そうした研究の成果を通して、人類が普遍的にもっているランガージュとはどういうものか、考えてゆこうとするものです。

それでは逆に、言語哲学とはどのようなものか。言語哲学はフランス語では、philosophie du langage と言います。ラングではなくランガージュ。つまり、言語哲学はランガージュの本質的な解明をめざします。ランガージュとはそもそも何であるかとか、ランガージュと人間とのかかわりとはどのようなものかといった、本質論です。言語と意識・無意識の関係、言語と思考との関係、それを解明しようとする。だから経験科学ではなく、哲学的考察になるわけです。

ですから、通常、言語哲学はラングの多様性には興味を示しません。世界にはさまざまな言語があって、言語の多様性にともなって文化も多様である、などということとは無関係です。諸言語の記述や分析は行なわない。

言語哲学者は、自分が日本語で思考していれば日本語、ドイツ語で思考していればドイツ語で考えます。だから、認識論的に言えば、「異言語」の立場ではなく「母語」の立場に立つ、と言えると思います。

具体的にどういうものを言語哲学というかと言えば、英米系の分析哲学ですね。ウィトゲンシュタイン、オースティン、サール。あるいはフレーゲ、カルナップといった人たちの研究は、言語哲学の系統です。

彼らがやっていることを一言で言えば、論理学的な意味論です。音声学や音韻《おんいん》論はやりません。文の意味とか、語（単語）とその指し示す対象との関係などの研究をする。

ただ、わたしの恩師である丸山圭三郎先生は、言語学者であるソシュールの研究から入ったのですが、ご自分の仕事を「言語哲学」だとおっしゃっていました。それはおそらく、アングロ・サクソン系の分析哲学を研究している人たちから見ると、少し違うぞと思われるでしょう。しかし、丸山先生の後期の研究は、ラングというよりランガージュの解明という点に力点が置かれていましたから、そういう意味では、「言語哲学」と言っても間違いではないと、わたしは思います。

言語が違えば世界も違う

こうした言語学や言語哲学の周辺に、言語学と随伴して仕事をしてきた学問があります。それが、文化人類学あるいは民族学です。そして、二〇世紀の言語学と文化人類学がもたらした重要な認識に、言語と文化の一体性ということがあります。すべての言語・文化は独自の構造をもっている。そしてそれらのあいだに優劣はなく対等である、と。

もちろん、二〇世紀以前から、いろいろな言語思想の流れがありました。一八世紀のフンボルトとか一九世紀のニーチェとか。そのなかにすでに、言語は、ある特定の世界観を運搬しているものなんだという考え方がありました。言語が違えば、世界の認識の仕方、世界の表象の仕方が違う。そういう考え方を、数多くのラングを分析することでさらに推し進め、周辺学問と連関して、言語と文化の一体性というはっきりとした認識をもたらした。それが二〇世紀の言語学だったわけです。

いろいろなレヴェルで、このことは説明できます。

たとえば、数の認識。ヨーロッパの言語では、単数と複数という文法的なカテゴリーがある。それを曖昧にして語ることはできません。それに対して日本語では、単数か複数かという文法カテゴリーはありません。「日本語やフランス語という言語」と言うとき、「言語」という日本語に複数形はありませんが、フランス語ではその場合は「ラ・ラング」ではなく「レ・ラング」とかならず複数形にしなければなりません。

つまり、日本語ではものを認識するときに、それを単数か複数か意識する必要がないということですね。もちろんそれを区別することも可能ですが、その区別が強制的ではないわけです。

あるいは、フランス語やドイツ語には性というカテゴリーがある。ありとあらゆるもの、それこそ性を本来もたない無生物に対してさえ、男性か女性か、もしくは中性か、区別しなければならない。でも日本語では、たとえばネコならネコとしか言いません。ほんとうに必要な場合だけ、メスネコとかオスネコとか、性別をつけ加えるわけです。日本語なら「土曜日、友だちの家に泊まりに行く」と言うだけですみますが、フランス語だったら、男の友だちか、女の友だちかを絶対に言わなければならない（笑）。

あるいは人称代名詞。たとえば英語なら二人称は「you」しかないけれど、フランス語では「tu」と「vous」の二つがある。これは相手との関係が近いか遠いか、親しいか親しくないかで使い分けます。これは、コミュニケーションにおいて大きな違いを生みます。どんなに親しくなっても英語では「you」ですが、フランス語では「vous」から入って「tu」に転換する瞬間がある。そこで二人の関係が一挙に接近する。これは、男女の関係ではけっこう重要な瞬間なんですね。

ですから、言語によって認識の仕方もコミュニケーションのあり方も違ってきます。だから言語学的な観点から言うと、言語と文化を一体のものと考える。言いかえれば、言語はある世界の表象の仕方、固有の世界観を運搬するものである、と考えるわけです。

人間は「意味という病《やま》い」を病《や》んでいる

言語というのは、世界のカテゴリー化の仕方である。言語によって世界は区分される。これはもっと極端な言い方をすれば、言語と無関係に世界は存在しないということです。結局、実体としての世界なんかない、と。これはどういうことかというと、そもそも人間の外部に、客観的に世界や現実があらかじめ存在しているわけではない、ということです。人間はけっして、生《なま》のモノ、モノそのものに触れることはできない。ありとあらゆるものに、意味づけをして見ているわけです。

こうした考え方は、ソシュールやイェルムスレウといった言語学者たち以外の思想家にもある程度共有されていて、たとえばオーストリアの心理学者、アルフレート・アドラーなどは、やはり「人間は意味づけの世界に生きている」と言っています。彼はもともとフロイトと共同研究をしていて、彼の弟子のような存在だったのですが、あるときから精神分析を離れ、個人心理学ということを言い出した。その考え方が、非常にソシュールに近いんですね。

たとえば、木そのものなどはない。かならずそれは、人間と関係づけられた木である、と言う。われわれは、自然そのものなど認識できない。かならず人間と関係づけられた自然を見ている、と。すべてを意味づけして見ている。これはもはや、言語学の範囲を超えて記号論——記号論は言語学を発展させた学問です——になってしまいますが、要するに記号論では世界を「意味世界」と考えます。世界とはつねにすでに意味づけされている。

このことはいろいろなレヴェルで言うことができます。さっき言った、日本語やフランス語、デンマーク語といったラングのレヴェル、つまり文化のレヴェルでも見ることができる。

たとえば、日本人は肩が凝《こ》るけれど、フランス人は肩が凝らない。なぜなら「肩が凝る」という表現がないからです（笑）。もちろん「肩が凝る」に似た状態がフランス人にまったくないなんてことはありえないのであって、フランス人に「どうなっているんだ」と聞くと、「背中が痛い」「首が痛い」と言うわけです。でもまず「肩」とは思っていない。「凝る」というのは日本語では固い、凝固するというような感じだと思うのですが、フランス語にはそういう表現がないのであれこれ説明する。すると、なるほどと理解はしてもらえる。類推《るいすい》はできるけれど、やはり感じ方は違うのです。日本語とフランス語という言語の違いが、身体感覚にまで出てくるんですね。

もっと個人のレヴェルで考えてみると、一人ひとりの人間はある一定の意味世界を生きている。だから、何かを認識するとき、かならず認識のバイアスが介在する。簡単に言えば、同じ出来事が起こっても、人によって受け取る事実は違うということですね。

たとえば無言電話があったとき、それをどう把握するかというのは、大袈裟に言うと個人の世界観、意味づけの仕方によって違ってくる。自分がある人に恋をしていて、その人から電話がこないかなと思っていたりすると、きっとその人からだったんだ、しかし何かためらいがあって切ってしまったんだ、というふうに解釈したりする。それは全然関係ない、たんなる間違い電話だったかもしれないけれど、そういう意味づけの仕方をする。

人間というのは、何が起こってもかならずそれを意味づけしてしまうということですね。だから言語の根本には、世界に対する意味づけがあるんじゃないかと。

言語が世界をカテゴリー化する。言語なしには世界は存在しない。人間というのは、そのように意味づけされた世界にしか生きられない。

言語に対する考え方はいろいろありますが、これが、ソシュールに始まる記号論的な考え方です。言語の根本には世界に対する意味づけがある、と。わたしの言い方で言えば「人間は意味という病いを病んでいる」ということです。意味づけができないと、まるで世界そのものが失われてしまったようで不安になるんですね。人間は、根源的に病気をわずらっているのです。

では、「意味」とは何か。これも「主体」と並んで非常に重要な問題です。でもこれを論じ始めると、どんどん言語哲学のほうに近づいていってしまいます。わたしの立場としては、まずは言語学に拠点を置きたいと思っていますので、はじめに言ったように、ここではソシュールとイェルムスレウの言語学から話を始めたいと思います*。

「主体」が「言語」を創り出す

彼らは、言語学者であって言語哲学者ではありません。彼らはそもそも、比較言語学のプロフェッショナルでした。だから、言語にかんして哲学的な考察をしようとか、悪い言葉で言えば思弁的な考察をしようというアプローチはとりません。むしろ、世界に現実に存在している具体的な多種多様な自然言語を記述し、分析する、そのための言語理論を提出しようというのが基本的な立場です。

しかし、そうした自然言語を操るのは当然ながら人間です。人間なしに言語はありえない。自然言語を分析しようと思えば、どうしてもその「主体」、言語を話し、言語を聴く「主体」について考えざるをえません。「意味」と並んで「主体」は、言語学が、哲学や心理学、とくに精神分析学と共有する大きな問題です。

まず、ソシュールから考えてみましょう。

フェルディナン・ド・ソシュール（Ferdinand de Saussure, 1857-1913）は一九世紀後半から二〇世紀にかけて生きたスイスのフランス語圏の中心都市、ジュネーヴの言語学者です。

一般的にソシュールの仕事はどう言われているかというと、彼はさっき説明したように言語を三つに区分し、整理しました。ランガージュという現象のなかに、ラングとパロールという二つの側面があると言った。ラングはシステムとしての言語、社会のすべてのメンバーに共有されている言語であり、パロールは個人の発話行為です。

そして、彼が主としてポール・リクールなど、哲学者たちから批判されたのは、ラングだけを言語学の研究対象とし、パロールをないがしろにした、あわせて言葉を話す主体というものを排除してしまった、ということです。ラングは、社会的な制度ですから、匿名の世界です。だから、主体の問題を扱うならパロールを対象としなければならないはずである。そう彼ら哲学者たちは考えたわけです。

たしかに、ソシュール言語学の対象はラングです。彼の代表的なテクスト『一般言語学講義』でも、パロールが関心の中心であったとは思えない。『一般言語学講義』は、ソシュールの死後、弟子たちがまとめたもので、一九一六年の本ですが、その結びに非常に有名な文があります。

言語学の唯一かつ真の対象は、それ自体として、それ自体のために考察される言語（ラング）である。

実はこれは、ソシュールの弟子であったバイイとセシュエという編者たちが創作した文であることが、よく知られています。だから、ソシュールの思想を表わしていないという批判もあります。丸山先生もそういう立場でした。が、わたしは、ほぼこれでいいだろう、さほどソシュールから遠くはないと思っています。「言語学の唯一かつ真の対象は、それ自体として、それ自体のために考察されるラングである」――まさにそのとおりで、ソシュールは付随的にしかパロールに興味はなかった。個人の発話行為としてのパロールが、本当に言語学の対象となるには、フランスの言語学者、エミール・バンヴェニストを待たなければならなかったと言えます。

バンヴェニストは、パロールではなく、フランスの現代哲学によく出てくる「ディスクール（discours）」という言葉、あるいは「エノンシアシオン（énonciation）」という用語を使います。日本語で言うなら、「言説」と「発話行為」です。そして、「わたしがいて、あなたがいて、状況がある」という具体的な発話の現場における言葉を研究する。そうした言葉（パロール）を言語学の主役にしてゆきます。

では、おもにラングを研究したソシュールは、主体の問題を本当に扱わなかったのか。

そんなことはありません。哲学者たちの批判は間違っています。ソシュール言語学において、主体は言語学そのものを基礎づける、重要な役割を占めているのです。

ソシュールは、「語る主体（sujet parlant）」という表現を非常によく使います。「語る主体の意識」という表現が頻繁に出てくる。ただし、「語る主体」そのものを言語学の研究対象とし、たとえば「語る主体」についての講義をしたり、著書のなかにそういう章があったりということは、ありません。あくまでも、言語学の対象はラングなのです。

ただ、ラングを研究するための基準を「語る主体の意識」というところに置く。記号のシステムとしてのラングを言語学の対象とするために、認識論的な基準として「語る主体」を利用した、ということなのです。

もう少し詳しく説明しましょう。

なぜラングを語るのに、認識論的な基準を立てる必要があるのか。それは、そもそもソシュールの思想の基本的な考え方として、「言語というものは存在していない」ということがあるからです。そのままで存在していないから、なんらかの基準を立てて構築しないと現われてこない。

たとえば生物学のような自然科学であれば、誰が見ても存在を疑えないような対象というものがあります。トラやライオンといった動物とか、サクラといった植物とか、そこにあるモノが対象です。けれども、言語は実体ではない。言語は石ころのような自然に与えられた事物ではない。

ソシュールは、「何もない」と言うんです。単語もない。日本語とかフランス語といったラングも、ない。客観的な事物としては存在しない。

そこで、彼は「視点」という独得の考え方を持ってきます。研究対象が存在していない。発見もできない。それなら創り出せ、というわけです。そのために、視点が必要だ、と。

この場合の視点というのは、ある実体があってそれをいろいろな方向から見るといったような意味での「視点」ではありません。対象があって、それからそれを見る視点があるのではなく、最初にあるのは「視点」のほうなのです。

そして、視点によって対象を見いだすのではありません。対象を構築するのです。

「対象を創り出すのは視点である」という言い方を、彼はしています。

創り出された対象は、ラングです。

では、ソシュールが選択した視点とは何か。そこで出てくるのが「語る主体の意識」ということなんです。

たとえば、現代の日本語というものを研究するには、現代の日本語をしゃべっている人びと、その「語る主体の意識」に問うというやり方をとろう、と決めたわけですね。「語る主体の意識」に与えられたもの、それが言語学という学問の対象である、と。そして、きわめて大雑把な言い方をすれば、その「意識に与えられたもの」とは「意味」なんです。

ソシュール言語学の記号論的視点

「語る主体」、これはわたしの解釈ではむしろ「聴く主体」です。どうもソシュールのテクストを読んでいると、人間が自分から言葉を発するという場面を認識論的モデルとして設定するのではなく、むしろ人が他者の言葉を聴いているというモデルなんです。人が何かの音の塊を聴く。そしてそこに意味を読みとろうとする。意味の区別によって、その音の塊を分析してゆく。単語の切れ目や、単語と単語の結びつきを見いだす。

でもここでは、ソシュールにそって話を進めたいので、「語る主体」と言っておきます。

たとえば、未知の外国語を聴いても、その音の塊はたんなる音の塊のままであって、ぜんぜん分析できません。意味がわからなければ、それは言葉ではなく音（雑音）でしかないのです。わたしたちは意味を手がかりにして、その連続体である音の塊に切れ目を入れる。

そこではじめて、言葉として了解できるわけですね。

ソシュールは実際、この言語の「単位」ということで、すごく悩んでいたんです。言語の単位とは何だろう。単位と単位の切れ目はどうなっているのだろう。ある単位とある単位が同じであるとか違うとか言えるのは、どうしてだろう。単位の画定という問題で、すごく悩んでいた。

それが、解けた。

「語る主体の意識に与えられたものが言語の単位である」と。

たとえば前にわたしが『現代言語論』（新曜社）という本で紹介した例なんですが、内田春菊という漫画家がいますね。彼女の『幻想の普通少女』という漫画のなかに、高校生の女の子が授業をさぼって屋上でぼんやり空を見ていて、「からす」とつぶやく、というのがあるんです。彼女は「からすからすからすからす……」とつなげて言っているうちに、「からすってからすでいいんだっけ」と、ふとわからなくなる。「らかすとか、すらかとか、かすらとかじゃなかったっけ」と。そういう経験、みなさんはありませんか、言葉が意味を失なうと、たんなる音の塊になってしまう。

主体が意味を了解することで、はじめて言語の「単位」が析出される。この「単位」とは、簡単に言えば「記号」です。だから、ラングは単位のシステム、つまり記号のシステムとして定義される。こうして、シニフィアン（意味するもの）とシニフィエ（意味されるもの）が分かちがたく合体した記号のシステムとして、ラングが創り出されたわけです。

これを、逆の方向から見てみると、意味をもたないもの、意味の区別にかかわらない差異は、語る主体の意識を逃れ去ることになる。ここに、フロイト的な無意識というものがかいま見られます。

たとえば日本語の場合、「あ」の音と「え」の音の区別は、意味にかかわる区別なので、わたしたちはそれを意識して人の話を聴きます。「あい」と「えい」では、まったく意味が違いますね。「あい」は「愛」かもしれないし、「えい」は魚のエイかもしれない。けれども、「え」をどのように発音しようと、それが「え」である限り区別しません。広く大きく口を開いて発音した「え」であっても、狭く「い」に近く発音した「え」であっても、関係ない。「エイ」は「エイ」です。だから、こうした差異は意識を逃れ去る。

いまお話ししてきたことは、実は、ソシュールが記号論を創始した、ということとイコールなのです。主体の意識というものを基準として、ラングという対象を創り出した。このことは、記号論を創始したということにほかなりません。

というのは、ソシュールが描いた図式によれば、記号というのは二つの面が表と裏のようにぴったりと重なっていて、表が切れれば裏も切れ、裏が切れれば表も切れるというふうに、不可分の一体をなしています。その表と裏が、シニフィアンとシニフィエです。

ソシュールは言語を、シニフィアンとシニフィエが一体となったシーニュ（記号）のシステムだと考えていました。「意味」がなければ音は音にすぎない。「意味」を担ってはじめて、その音が記号として存在し始めるわけです。

そして、いままでお話ししたように、意味というのは、語る主体の意識に与えられるものです。意味にかかわる差異に基づいて、言語の単位、すなわち記号が形成される。そうして形成された記号のシステムこそ言語であり、言語によって世界はカテゴリー化され、意味づけされてゆく。これが、ソシュール言語学の「記号論的視点」ということです。これは、ソシュール以前の言語学には存在していなかった画期的な視点なのです。

ただし、ソシュール自身が、記号学者であったかどうかは微妙です。そうだともそうではないとも言える。ただ、記号学の青写真を提出したのはソシュールであって、記号論の基礎づけをしたことは確かです。ソシュール自身は、礼儀作法とか、軍事信号とか、いわゆる自然言語以外のものも言語と同じように記号システムであるとちょこっと語っていますが、言語以外の記号システムの分析をしたり、記号学の理論を構築したりしたわけではありません。ただ、記号論的な視点で、言語学を基礎づけた。

したがって、彼は同時に、現代言語学の創始者であり、記号論の創始者であり、そして構造主義の創始者である、と言われているのです。

イェルムスレウ――「ソシュールの唯一かつ真の後継者」

そこで、イェルムスレウの話に入りたいと思います。ルイ・イェルムスレウ（Louis Hjelmslev, 1899-1965）はデンマークの言語学者で、一八九九年に生まれ一九六五年に死んでいます。ソシュールとは四〇歳以上違いますから、一世代あとの人ですね。ソシュールの弟子であったとか、そういう直接的な関係はありません。

実はわたしは、数年前にコペンハーゲン郊外にイェルムスレウ文書の調査に行って、彼の未亡人にお会いしました。当時八九歳で、一九九二年に亡くなりましたけれど、イェルムスレウと同い年だとおっしゃっていましたから、イェルムスレウもいま生きていてもおかしくはないわけですね。もうすっかり昔の人のような気がするのですが、実はそういう世代の人なんです。

それはともかく、イェルムスレウが通常どう評価されているかと言うと、「ソシュールの唯一かつ真の後継者」であると言われています。これは、フランスの記号論のグレマスという大ボス――彼も九二年に亡くなりましたけれど――の言葉です。グレマスに言わせると、イェルムスレウはソシュールの真の後継者であり、ソシュールが提出した直観的なものを、理論的に形式化した人だということになります。

イェルムスレウも、言語哲学者ではなく言語学者です。わたしなどは今日のように「言語とその主体」などというタイトルで講義してしまいますが、彼はそんな講義はけっしてしませんでした。主体の問題を主題的に論じたり書いたりはしていません。けれども、彼のテクストを丁寧に読んでみると、たしかにソシュールが示唆した「語る主体」という問題を発展的に継承していることが、よくわかります。

「主体」は言語のなかにある

イェルムスレウの言語理論を、この場でぱっと解説するというのはちょっと無理ですけれど、ポイントだけを言えば、彼は言語理論をより形式化した。このことはとても重要です。

彼の理論は、完全に定義し尽くされた用語のシステムとして構築されています。それこそソシュールが直観的に立てた言語理論も、一つひとつの用語まで定義し直し、きちっとした体系的な言語理論を創り上げようとしました。

そのイェルムスレウは、「語る主体の意識」を、どう解釈したか。

結論から言えば、彼は認識論的基準として「語る主体の意識」というものに依拠することは、心理主義であると言って批判しました。このあたり、一見アンチ・ソシュールに見えるんですね。

「語る主体の意識」というのは、簡単に言えば、たとえば「語感」なわけです。意識に与えられるものが意味であると言うけれど、それは、その言葉を聴いた人の語感のようなものです。誰かが何かをしゃべる。しゃべった人が、その音によって何を意味しようとしたのか、それを聴きとる個人の感覚に頼って分析する。それでは、記号という言語の単位は、心理主義的な単位にすぎなくなってしまうではないか。だから「語る主体の意識」を認識論的基準にはできない、というわけです。

言語学は、具体的な作業としては、言語の単位を析出してゆく学問です。言語の単位とは、音素とか形態素とか意味素とかからなっています。そうした言語における単位を、イェルムスレウは、「語る主体の意識」などというものに依拠する必要のない、形式的で客観的な言語理論を構築することで、析出しようとした。

一見アンチ・ソシュールのように見えますね。けれども彼は、こうした理論を、ソシュール批判として展開したわけではないんです。彼はいわゆるプラーグ（プラハ）学派――ヤーコブソンやトゥルベツコイなど――の音韻論を直接的な批判の対象としました。イェルムスレウもヤーコブソンも、同じ構造主義者としてひとまとめにされることが多いのですが、実際にはかなり対立があったわけですね。このあたり、興味のある人はぜひ調べてみてください。

実はイェルムスレウは、ソシュール言語学の核心をしっかりと引き継いでいるんです。ソシュール言語学の核心とは、すなわち言語を構造として捉える、ということです。そして、『一般言語学講義』だけでなく、ソシュールの初期の著作『インド・ヨーロッパ諸語における原初的母音体系にかんする覚え書』という本に見られる、基本的な方法も受け継いでいます。ただそれを、より形式主義的に構築し直した。もっと言えば、関係論を徹底したわけです。

そして、彼は関係論を徹底させることで、ソシュールが認識論的基準とした「語る主体の意識」を、不要なものとしたのです。「語る主体」が意味を読みとり単位を区別するといった仕方を、完全に操作的なものに置きかえ、「語る主体」なしですませられる形式的な言語理論を創ったわけです。

「語る主体」の代わりに、では何を認識論的基準として立てたのでしょうか。何も立てませんでした。認識論的基準なしに、「語る主体の意識」の形式化に成功したんです。

詳細はあとに回すとして、ここで一つ疑問が沸いてきます。では、主体はなくなってしまったのか、という問題です。

ソシュールは、言語は実在しないと言いました。だから「語る主体の意識」を立てることで、言語を創出したわけですね。それに対して、大雑把に言えばイェルムスレウは、言語は客観的な対象として実在するとしたわけです。関係論を徹底させて、そういう言語理論を創り上げた。では「語る主体」は心理学や精神分析学に任せておけ、言語学はそんなものを相手にしなくてもよい、と言ったのか。

かりにイェルムスレウ自身にインタヴューしたら、たしかに「主体なんてわたしの問題じゃない」と言ったかもしれません。でも、彼のテクストを読んでみると、それは違う。ちゃんと主体の問題を扱っているんですね。

つまり、彼がやったのは、ラングという言語学の対象そのもののなかに、主体の痕跡を見いだすという作業なんです。ソシュールにおいては、ラングと主体は別のものとしてある程度切り離されていました。ラングの外部に主体があって、主体がラングとどうかかわるか、言語と意識の関係、言語と無意識の関係はどうなっているのか、という問いの立て方だったわけです。

けれどもイェルムスレウは、言語の形式のなかに反映された主体というものを問題にしてゆきます。言語と切り離された主体ではなく、まさしく「言語としての主体」なんです。そしてもちろん、そういうラングのなかの主体には、意識もあれば無意識もあるんです。

『格のカテゴリー』を読む

そこでいよいよ、イェルムスレウにおける主体の問題に入ります。

この「ラングのなかの主体」という問題設定が、もっとも明確に現われているのが、これからお話ししようとしている『格のカテゴリー』という本です。サブタイトルが「一般文法的研究」。フランス語です。一九三五年に第一部が、三七年に第二部が出ています。残念ながら、翻訳はありません。まあ、わたしが翻訳しない限り、誰もしないでしょうね。わたしが死んだら、それこそ日本語にはならないだろうと思うと、悲しいのですが。

イェルムスレウの主著は、『言語理論の確立をめぐって』という一九四三年の本なんです。英語訳が五三年に出て、そのタイトルが『言語理論序説』で、このタイトルのほうが世界的には知られています。こちらのほうは岩波書店から翻訳が出ています。もっともいまは絶版です。悲惨な状況ですね。

実は、最初から悲惨だったんですよ。そんなに分厚い本じゃないのに、八五〇〇円もして。いったい日本の学問とかジャーナリズムはどうなっているんだ、という気がしますね。こんなに重要な本が八五〇〇円なんて、なんだんじゃないかと思いますね。パリから先生に手紙を書いて「イェルムスレウにはほかにも重要な著作がありますが、お訳しになるつもりはないのですか」と聞いたら、「信じられないほど売れないから、もうやめた」って（笑）。一〇〇〇部以下の世界だったのでしょうね、きっと。

——脱線しました。

イェルムスレウの言語理論を、グロセマティックと言います。彼はいままでの言語学と一線を画そうとして、ギリシャ語の「グロッサ（言語）」からこの名称を創ったんです。いま言った『言語理論の確立をめぐって』で、このグロセマティックがいちおう確立されました。けれども、この主著に勝るとも劣らない重要な著書が『格のカテゴリー』なんです。一九八〇年代後半からのイェルムスレウ研究の再燃とともに、再評価が高まっている本です。

この本は大雑把に言うと、二つの特色をもっています。

一つは、非常に一般的な射程をもった画期的な関係論を提出していること。つまり、この関係論は言語学というジャンルを超えて、他の学問にも応用可能であるということです。

そしてもう一つは、そういう理論を提出するだけでなく、具体的な諸言語、レ・ラングの記述・分析も同時に行なっているということ。

というわけで、この本の内容は非常に豊かだし、複雑なので、かりにあと一時間あったとしてもとても紹介しきれません。そこで今日は、「言語とその主体」というテーマにそった部分だけを、三点ほど大急ぎで紹介したいと思います。

言語とは主観的なものである

格のカテゴリーとは何か。言語にはさまざまな文法的カテゴリーがあります。「人称」であるとか「数」であるとか、直説法とか仮定法とか言うときの「法」であるとか、受動態・能動態と言うときの「態」であるとか。それらは一般文法のまさに中心的なテーマです。彼はそれらの文法カテゴリーを全部研究したかったし、そのカテゴリー間の関係も研究したかった。そういう過程のなかで、まずは「格」というカテゴリーに注目するようになります。

「格」といっても、みなさんなかなかピンと来ないと思います。ですが、英語を習ったときのことを思い出してみてください。英語だと三つほどありますね。主格、所有格、目的格。「I, my, me」です。

みなさんは「格」と聞くと、たんなる文法の問題だろう、すごく細かいことをやってるんだな、と思われるかもしれません。でも、ことはそう単純じゃない。たかが文法と思ってはいけません。そこから、すごく大きな問題が見えてくることがあるんです。

「格」は、基本的には名詞にかかわる文法カテゴリーです。先ほど英語には三つぐらいある、と言いましたが、世界の諸言語のなかには、名詞が実にたくさんの格をもつ言語があります。そしてそれが、非常に重要な働きを演じているのです。

たとえば、ハンガリー語などは、格が多いことで有名です。二〇ぐらいあるんです。なんだかわけのわからないような格がたくさんありまして、主格、対格、与格などはまだいいんですが、入格、内格、出格、向格、所格、離格、昇格、上格、降格、迄《まで》格、具格、変格、様格、因格、形格……、とにかくたくさんある。

では、日本語には格はあるのか。みなさん、どう思われますか？ わたしたちは、実は日本語というラングのことを全然知りません。実は、日本語には一〇格ある、と言われているんです。致格、向格、属格、主格、与格、対格、離格、比格、共格、具格。それぞれ「〜まで」「〜へ」「〜の」「〜が」「〜に」「〜を」「〜から」「〜より」「〜と」「〜で」です。日本語にもちゃんと格のシステムがあるんです。

イェルムスレウは、この格という文法カテゴリーを、伝統的に「場所論者（ロカリスト）」と呼ばれる文法学者の立場に立って、空間的な関係を表わすカテゴリーである、と言うんです。

彼の言葉を引用します。

格とは、二つの対象間の関係を表現するカテゴリーのことである。

図1　格の空間性

たとえば「わたしはあなたに本を渡す」と言うとき、「わたしは」が主格で「あなたに」が与格。この格が、「わたし」と「あなた」の空間的な関係性を表わしていると考えるわけですね。

彼はこの空間の関係を、三つの項を立てて、定式化しています（図1参照）。

近接性と静止性と離去性。これは要するに、人間が空間をどう把握して、それを言語的にどう表現するかというところに、依拠しています。

まず、空間の把握においていちばん基本的な次元は「方向性」であると考えます。そして、空間には、動くものと動かないものがある。動かないものは静止状態なのでそれをゼロと考え、動くものは近づいてくるもの（近接）をプラス、遠ざかるもの（離去）をマイナス、とします。

実はここにすでに、今日のテーマである「主体」というものが、入ってきているのです。というのは、空間の把握を「方向性」というところから考えると、どうしても客観的な関係ではなく主観的な関係になってしまうからです。なぜなら、近づいてくるか、遠ざかるか――この空間関係というのは客観的な関係ではなくて、それは常に「語る主体」、話者の立場から見られた主観的な関係を表現しているからです。「格」は関係の表現ですから、言語全体の本質をもっとも明確に表わすカテゴリーなのですが、その関係は客観的なものではなく、あくまでも主観的なものなのです。

ここで、『格のカテゴリー』から一つだけ引用したいと思います。

言語記号によって指し示される現象は、客観的次元にではなく、主観的次元に属している。語る主体は、客観的ないし現実的な事態の諸要求にしたがって諸々の文法形式を選択するのではなく、自分が客観的事実を見る際に依拠する概念作用あるいは観念によって課される原理にしたがって選択するのである。（中略）格と前置詞の基本的意味は、ただ一つの同じ概念カテゴリーをおおっている。このカテゴリーによって指し示される主観的現象は、**空間概念**（*conception spatiale*）にほかならない。この概念は、語る主体によって客観的現象のさまざまな次元に適用される。空間であろうと、時間であろうと、論理的因果性であろうと、連辞的制辞法であろうと。

もともとは空間的な関係性なのだけれど、いろいろな次元に応用される。しかも、格というものは、すでにその定義のなかに主体というものが取り込まれているのだ、というわけですね。

これがポイントの第一点です。つまり、格というラングのカテゴリーの定義のなかに、すでに主体がある。先ほど言った「ラングのなかの主体」とは、こういうことです。

イェルムスレウは、主体をそのようなものとして捉えたのです。

自然言語のロジックは無意識をふくむ

では、すでにその定義のなかに「主体」が取り込まれた言語のシステムとは、どういうものか。

ここで、イェルムスレウは非常に画期的な関係論を出してきます。彼は、言語というシステムは、論理的なシステムではない。下論理的なシステム（système sublogique）である、と言うのです。

この「下論理的システム」というのは、論理数学的な体系と、社会学者のレヴィ＝ブリュールが言うところの前論理的体系、いわば無意識の論理とでもいうもの、とのハイブリッドです。

言語がシステムであると言うとき、通常はプラスかマイナスか、Aかnon-Aかという排他的な対立関係で表わされることが多い。先ほどちょっと触れたプラーグ学派のヤーコブソンたちの音韻論などは、プラスかマイナスかという排他的な二項対立から音と音――正確には、音素と音素の関係を考えてゆきます。けれどもイェルムスレウは、言語における二項対立は「融即《ゆうそく》的対立関係（oppositons participatives）」であると言うのです。具体例で申し上げます。

たとえば、形容詞の対立はどうなっているのか。英語のbigとlittleは、プラスとマイナスのように対立していると、わたしたちは何となく思っています。でも本当にそうでしょうか。

たとえば疑問文を考えてみます。How big are you? という聞き方はしますが、How little are you? とは言いませんね。これは、oldとyoungでも同じです。How old are you? とは言っても、How young are you? とは言わない。つまりbigというのは、「小」に対立する「大」だけではなく、「小ささ」をも包み込んだ「大きさ」というようなことも意味しているわけです。

イェルムスレウ流にこの対立関係を書けば、littleはbig＋littleと対立することになります。つまり、Aとnon-Aという排他的な対立関係ではなく、AとA＋non-Aが対立する。自然言語のなかで機能している基本的な関係は、このように、明確な項と不明確な項、あるいは一方の項とそれを包み込むような項というような、二つの項のあいだの対立関係であると考えるわけです。

この関係は、数・性・時制・法などいろいろな文法カテゴリーのなかに出てきますが、さらに言えば、これはフロイトの無意識の論理にも対応しているのです。

たとえばフロイトの夢の分析によれば、まったく対立するもの、たとえばいい人と悪い人が融合してしまうということが起こります。夢の論理の世界では、いわゆる論理学の矛盾律である「A対non-A」という関係は成り立たない。同一性が非常に不安定で、あるものがAでもありnon-Aでもある。そういう無意識のロジックが働くシステムを、フロイトは「原始言語」と呼んでいます。

自然言語は、このフロイトの「原始言語」と対応している。論理学や人工言語とは決定的に異なった自然言語のロジックを、イェルムスレウは明るみに出したわけです。それは、精神分析が提出している主体の理論、無意識まで含み込んだ主体の理論と接合可能な言語理論である、とわたしは考えています。

主体性は言語のなかに浸透している

最後のポイントは、これはいちばんやっかいなので話さなくてもいいかな、と思ってもいたのですが、「格」のシステムの第三次元という問題です。……いきなりこんなふうに言われても、何のことかわかりませんよね。

実はイェルムスレウは、格のシステムを分析するときに、三つの次元を立てて分析してゆきます。一つは、空間の関係性というところで言った「方向性」。これがもっとも基本的で重要であるとされています。けれども、格の体系が複雑になるにつれて、第二次元、第三次元というのが含まれていって、それが「密接性と非密接性」「主観性と客観性」というものなのです。

大雑把に言えば、格の数の少ない言語は第一次元しかもたず、格の数が増えるにしたがって、第二、第三次元をもつことになります。この第三次元で、最初にお話しした「ラングのなかの主体」がはっきりと形式をもって現われてくるんです。

それでは、この第三次元「主観性と客観性」とは何か。

まず、イェルムスレウの言葉を引用します。

二つの対象間の関係は、**客観的**に、すなわち思考する個人（individu pensant）を考慮せずに考えることもできれば、また**主観的に**、すなわち思考する個人との関連で考えることもできる。下論理的システムにおいては、「上に」と「下に」の共通観念は客観的に考えられた二つの対象間の関係であり、それに対して、「前に」と「後ろに」の共通観念は、主観的に考えられた二つの対象間の関係である。

（同）

たとえば、「鳥が樹の前にいる」とか「鳥が樹の後ろにいる」と言うとします。二つの対象というのは、「鳥」と「樹」です。そしてそれを観察し、話している「わたし」がいます。その場合、「鳥」と「樹」を見ている観客としての「わたし」と、二つの対象「鳥」と「樹」との相対的な位置が、わかりますね。「鳥が樹の前にいる」なら、「わたし」「鳥」「樹」という順番で並んでいるわけです。

あるいは「わたしは樹の後ろにいる」と言う場合、二つの対象は「わたし」と「樹」です。そして「わたし」が話しかけている相手である「対話者」がいます。そのとき示しているのは、観客である「対話者」に対する、「わたし」と「樹」の相対的な位置関係です。

つまり、「前に」とか「後ろに」と言う場合、話している観客としての「わたし」と、話されている対象との関連を示すこともあれば、話されている対象同士の関連だけを示すこともあるということですね。

それに対して、「鳥は樹の上にいる」「鳥は樹の下にいる」と言った場合はどうでしょうか。「鳥」と「樹」を見ている観客としてのわたしと、「鳥」「樹」との位置関係はわかりません。もちろん「わたしは樹の下にいる」と言ったときにも、示されているのは「わたし」と「樹」の関係だけです。つまり、「上に」「下に」は、話されている対象同士の関連だけを示すわけです。

もう一度、イェルムスレウから引用しますと、

「前に-後ろに」と「上に-下に」との差異は、「前に」か「後ろに」かの選択が観客の占める位置によって決定される、ということに要約される。観客が問題の対象に対して位置を変えれば、「前に」あったものは「後ろに」なることがあるし、その逆もありうるのだが、「上に」か「下に」かの選択は、観客の占める位置によっては決定されないし、それとは無関係でありつづける。

(同)

格の第三次元である「主観性と客観性」で言えば、この観客の位置によって左右される「前に-後ろに」は主観的であり、観客の位置と無関係である「上に-下に」は客観的であるということになるわけです。

ここでイェルムスレウが言おうとしているのは、つまり話されている言葉のなかには、その主体である発話者と、対話者の痕跡が書き込まれているということなんです。「鳥が樹の前にいる」「鳥が樹の後ろにいる」という発話のなかに、それを話している「主体」と聴いている「主体」との痕跡が見える。それが、格というかたちで表現されているということですね。

もちろん、主体性がどのように形式化されているかは、それぞれの言語によって違います。だから、具体的に言語を分析してみないと、ラングのなかの主体性ということを、きちんと説明することはできません。イェルムスレウは『格のカテゴリー』のなかで、ヒュルキリ語というカフカースの言語の分析をしていて、とてもおもしろいところなのですが、長くなるのでここでは省略します。

ただ実は、同じような例は日本語でもあるんです。「観客」としての語る主体の視点からの位置関係が、ラングのなかに入り込んでいる場合ですね。そのほうが直観的にわかると思うのでご紹介しますと、これは小泉保《こいずみたもつ》という言語学者の出している例です。格ではないけれども、「テクル」「テイク」という日本語の補助動詞の用法です。

「水が増えてくる」と「水が増えていく」を較べてみてください。違いは「クル」と「イク」ですね。どちらの補助動詞を選ぶかは、話者の視点から見て、近づくか離れるか、という判断によります。イェルムスレウの格の第一次元である「方向性」、すなわち近接性と離去性と似ています。

たとえば洪水《こうずい》などで、自分の家が浸水する。床下浸水からまさに床上浸水になろうとして、せっせと家具などを運び出しているとしたら、「水が増えてくる」ですね。足下《あしもと》からどんどん水があがってくるのに「水が増えていく」とは言いませんよね。でも、たとえばそういう洪水の状況をテレビで見ているとします。その場合は「水が増えていく」ですね。

そして「クル」は主体との空間的な関係が、明らかに言葉のなかに反映されています。それに対して「イク」は、主体とは無関係に語ることができます。だから、「クル」は主観的であり「イク」は客観的だということになります。

このように、ラングのなかに主体性が浸透している。イェルムスレウはそれを、格の第三次元として、明確に形式化したわけです。

構造主義は「文化のデモクラシー」をもたらす

さて、ソシュールとイェルムスレウという言語学の巨人二人を例にとって、言語学において主体がどう扱われてきたか、ということについて話してきました。少しでもみなさんに、言語学がどのような学問で、そのなかで言語や主体というものをどう考えているか、わかっていただければと思います。

ここでもう一度、なぜこの二人を取り上げたのかという問いにもどり、最初にお話しした、言語学から見た人間観ということに触れたいと思います。

ソシュールは、主体を認識論的な基準として置き、イェルムスレウはラングのなかに主体を見いだそうとしました。一見二人は、相反する立場にあるように見えますが、先ほど言ったように、イェルムスレウは「ソシュールの唯一かつ真の後継者」です。二人とも記号論的な考え方に立ち、関係論的な視点で、言語と主体について考えてゆこうとしました。それは、一言で言えば、構造主義的な言語観ということです。

言語というものには、明らかに実体がありません。言語というものは存在していないのです。ここに机がある、ここに本がある、といったような、客観的なリアリティをもっては、存在していません。それでも言語は、世界をカテゴリー化し、世界を創り出すのです。

では、そこで言う「言語」とはどういうものかと言うと、ソシュールはそれを「差異の戯《たわむ》れである」「価値の戯れである」というような言い方をします。

シニフィアンとシニフィエという表裏から成り立つ記号というものは、たくさんの記号の戯れのなかで、その差異によって識別され認識されます。そこには確固たる実体や根拠があるわけではない。あるのは「差異」です。差異の関係によって相対的に決まってくる記号の意味のことを、ソシュールは「価値」と呼びます。だから、言語は価値のシステムなのです。

価値のシステムは、言語だけではありません。たとえば、経済があります。ソシュールはよく経済と言語を較べています。

経済のシステムを考えてみると、それは言語と違って、完全に無根拠とは言いがたい、とソシュールは言います。たしかに価値の戯れのなかで経済は動いてはゆくけれども、それでも土地の値段には、ある程度根拠がある。というのも、価格の裏には、土地という実体があるからです。土地そのもののありようとは無関係に、価値はどんどん変容してゆくけれど、土地がなければ価値もないのです。

あるいは、硬貨も紙幣も、そのモノ自体には価値はありません。紙幣など、火をつければ燃えるただの印刷された紙です。でも兌換《だかん》紙幣の時代には、その価値を保証する根拠として、金《きん》がありました。いつでもその価値分だけの金と取り換えられる。硬貨も紙幣も、その裏に金という実体があった。

しかし言語には、そうした根拠がまったくありません。言語の記号、単位の価値がどうやって決まるかと言えば、あくまでも相互の関係のなかでしか決まらないのです。

そして現代は、兌換紙幣ではなく不換紙幣の時代です。ジャン＝ジョゼフ・グーという哲学者が、やはり経済と言語のアナロジーでよく論じているのですが、そうなると、経済の価値の決定も、関係性のなかでしか行なわれなくなります。タバコ一箱分がコーヒー一杯分であり、コーヒー五杯分がコニャック一杯分である、といった具合ですね。そういう相対的な価値の戯れしか存在しなくなる。

貨幣も言語に近づいたんだと言えるかもしれません。

それが、関係論的な言語観ですね。絶対の基準はない。けれども、価値のシステムはある。

それに対して、デカルトなどの考え方は違います。彼はまず、言語への不信感にずっととらわれている。言語を通して思考をしなければならないために、人間は間違いを犯す。観念だけで思考するなら、完璧なはずなのに、と。絶対的な価値の基準として、いわば「観念」という金《きん》があるわけですね。

デカルト哲学に依拠して、論理学と文法書を書いた、ポール＝ロワイヤル学派という人たちがいるのですが、彼らは言語を思考の衣裳にすぎない、と考えます。大切なのは中身である思考である。言葉というのは、観念を映す、指さすものである。だから、言語が介在することで思考が不完全になってしまうと考えます。

そこから、論理や思考をより完璧に反映する言語は何か、というところに話は進みます。彼らの言うところによれば、フランス語こそ、観念をいちばんよく映す言語である。なぜなら、主語、目的語、動詞、という語順は、まったく自然で論理的な順序であるからだ、と。日本語なんて、彼らの考え方によれば、きっとかなり下等な言語になるでしょうね（笑）。

そういう諸言語間のヒエラルキーを一挙にひっくり返したのが、ソシュールに始まる構造主義的な言語観だったわけです。どの言語も固有の構造をもっていて、それが文化の基礎になる。そこにヒエラルキーはありません。英語やフランス語が高級な言語で、日本語やエスキモー語は低級な言語にすぎない、なんていうことは絶対にない。すべての言語は対等なのです。

そうした考え方を、レヴィ=ストロースなどの文化人類学がさらに発展させました。つまり、それぞれの文化が、それぞれ固有の構造をもっていることを発見した。いわば、「言語と文化のデモクラシー」という、画期的な認識が構造主義によってもたらされることになる。

これは、一面では、言語に対するある種の信頼感を回復させたということになるのかもしれません。何しろ「言語は思考を映すたんなる衣裳なのではなく、言語こそが思考を創っている」というパラダイム・チェンジを引き起こしたわけですから。

人間は恋する動物である

そこで最後に、言語学の立場から、人間をどう捉えているかということをお話しして、終わりにしたいと思います。

人間とは言語的な動物である。言語があるからこそ人間だと言える。こういう言い方には、さほど異論はないと思います。ただこれは、非常に大雑把な規定の仕方であって、「言語的動物」の「言語」と言ったとき、その「言語」には、伝統的にさまざまな言語観が含まれるからですね。

古代的な言語観であれば、言葉とは言霊《ことだま》である、言葉には生命が宿っていると考えます。デカルトやポール=ロワイヤル学派のように、言語とは思考を映すコピーであるとする考え方もあります。あるいは、ウィトゲンシュタインや、オースティンのように、言語とは行為である、と考える人たちもいます。

わたしの場合、言語とは、先ほどから言っているように、「意味のシステム」であると考えています。したがって、「人間は言語的動物である」と言うときの人間の定義は、意味を追い求める存在、ということになります。人間とは、意味という病いにかかった存在であると言えるのです。

この人間観は、ソシュールやイェルムスレウ的な言語観から出てきたものです。

わたしはこうした考え方をさらにラディカルに発展させて、「人間は恋する動物である」と表現しているんです。人間は意味に恋している。なんらかの意味を追い求めるからこそ、エロティスムが起ち上がってくる。

ここから先は、『愛の言語学』（夏目書房、一九九五年）という本のなかで展開していますので、そちらを見ていただければと思います。

マルチリンガルへの誘惑

最後にみなさんにちょっとだけお話ししたいことは、言語の問題とか、言語学に興味をもたれた方に、英語以外の――もう英語帝国主義というのは何とかしなくてはならないとつねづね思っているのですが――さまざまな言語の勉強をしてみることをお勧めしたいんです。「役に立つ」とか、モチヴェーションがはっきりした言語を学ぶのもいいけれど、わたしはかならずしも役に立たなくても、モチヴェーションがなくてもいいと思う。

そういう発想とは別に、好きだということである言語を勉強する、言語世界の豊かさを味わうために、新しい言語に挑戦してみてはどうでしょうか。さまざまな言語の音を味わったり、異質な文法を知ったりすることには、それだけで十分意味があると思います。

今日お話ししたソシュールやイェルムスレウは、言語学者たちのなかでもとりわけ理論家肌の人なんですが、その彼らにしても、具体的な諸言語の分析から出発して理論の構築へ進み、また折りにふれて具体的な言語の分析を試みています。言語の多様性というのは、人類が所有しているもののなかでも、もっとも驚異的、奇跡的なものの一つではないでしょうか。言語学者というのは、そういう言語の多様性の神秘にとりつかれて、マルチリンガルの世界に遊ぶのが好きな人間たちだと言えると思います。

ですから、みなさんもぜひハンガリー語なんか勉強されたらどうでしょうか。そういうことをすると、おそらくソシュールとかイェルムスレウとかの一見難解な言語理論というものが、もっと非常にリアルに迫ってくると思うのです。

◆質問と回答

栗本（慎一郎） どうもありがとうございました。もしよろしければ、いくつか質問をさせていただきたいのですが。

先ほどハンガリー語は二〇格だというお話をされましたけれど、実際にしゃべっているのを聞いていると、彼らはそんなことは考えていませんね。動詞の活用なども、本当は二五〇以上あるらしいんですが、それが二〇〇になり一五〇になり、もうどっちでもいいや、という感じでやっているように見える。

わたしの感覚もそんな感じなんです。端的に言えば、言語の多様性にはさしたる関心がない。格が一〇でも二〇でもどっちでもいい。ただ、人間の社会を成り立たせているランガージュには関心があるんです。そういう立場からすると、イェルムスレウの下論理的システムの根拠は何なのか。それが、自然言語の体系にどんな影響をもっているのかが気になります。

それから、格は空間概念だということでしたが、そこから比較文化とか人間の空間認識といったところに迫っていけないものか。つまり、もう少し他の分野とつながらないものか、ということなんですが。

立川　栗本先生は、多様なラングというものには関心はないとおっしゃるんですが、今日の講義では、わたしはあえてラングの重要性を強調したかったんです。理由はいくつかありますが、一つにはランガージュというものはそのままのかたちでは存在せず、かならずデンマーク語とかフィンランド語とかいう、特定のラングというかたちでしか存在しないということがあります。

もう一つの理由は、ソシュール言語学の核にあるのはラングをめぐる思考であって、ランガージュにかんして彼はほとんど何も語っていないということがあります。ソシュールにおいて、いちばんスリリングなのはラングにかんする思考なんです。ですから、ソシュールによって基礎づけられた言語学を研究してゆく以上、ラングを中心に考えてゆかざるをえないんです。

それから、言語学は経験科学ですから、原則として根拠というものを問わないんです。空間概念や下論理的システムの根拠がどこにあるのかは問わない。もしそれを問うならば、いきなり言語学から言語哲学に跳ぶのではなく、たとえば言語学と精神分析との接合といった作業が必要になるだろうと、わたしは思います。

ソシュールで言うならば、アナグラム研究というものがあります。アナグラムというのは、詩人が詩を書くとき、意識的にその言葉を並べたのではなくて、無意識のうちにある種の規則性のある詩的言語を構築したんだと考える。ソシュールは、一つの「テーマ語」が、非常にきれいな法則にもとづいて詩の全体にばらまかれているということを発見したんです。

アナグラムを、いわゆる表のソシュールの一般言語学で解こうとしても、なかなか解けない。

言語記号の恣意性とか、差異のシステムとかいう考え方だけでアナグラムを説明することはできませんが、そこに精神分析の夢の論理、つまり圧縮と転移といった無意識的メカニズムをもってくれば、ある程度の説明がつくんです。こういうアナグラムの理解を試みるときに、先ほどお話ししたイェルムスレウの「融即的対立関係」の理論が利用可能だろう、とわたしは考えています。そのためにも、イェルムスレウの理論の理解をもっと深めておく必要があるんですね。

それと、一〇格でも二〇格でもどちらでもよいということでしたが、おそらく栗本先生がおっしゃろうとしているのは、それはいわば表層的な違いであって、あまり普遍的な問題ではないのではないかということかと思います。

それにかんしていうと、イェルムスレウには「一般文法」、あるいは「類型論」という構想があります。それは、できあがった既成のラングの記述ではなく、可能性のシステムの解明を目的としたものなんです。つまり、現実には存在しないけれど、理論的に可能な言語のシステムがどういうものかを予想する力をもった言語理論を考えたんです。

たとえば、言語というものはどういう文法カテゴリーをもちうるのか、そのカテゴリー同士はどういう関係をとるのか、と考えた。一例をあげれば、イェルムスレウは、理論的な可能性として格の数は二から二一六のあいだである、という数字を出しています。

イェルムスレウがやろうとしたのは、たんに個別性とか多様性とかの解明ではなく、人間の言語の普遍性の次元、ランガージュの次元を解明することだったのではないか。つまり、多様性というものを否定して普遍性を取り出してくるのではなく、多様性を肯定しつつ普遍性を取り出してくる、そういう言語理論を考えていたのだと思います。

今日はお話ししませんでしたが、一方で、イェルムスレウは記号論の基礎づけも行なっています。記号論は言語以外のさまざまな文化現象に適用可能ですから、それを通じて、栗本先生が関心をおもちの分野との接点もたくさん出てくるのではないかと思います。

栗本　ありがとうございました。

問　前に養老孟司先生が、人間は自然を排除した人工空間に住んでおり、それが「脳化社会」だという講義をされました。人間はいわば脳の中に住んでいる、それはシンボル体系の世界であるということだったのですが、立川先生のおっしゃる「人間は意味という病いにかかった存在である」ということと、重なってくるような気がしたのですが。

立川　たしかにそうですね。養老先生のおっしゃることも、記号論的な考え方であると言ってよいと思います。記号論では世界を「意味世界」と捉えます。世界そのもの、事物そのものには人間は触れることはできない。すでにして人間化された世界というものしかない、と。そういう意味では「脳化社会」に近いですね。

問　たいへんおもしろく聞かせていただきました。わたしはロシア語をやっていて、ロシア語はすごく格が多いと思っていたので、ハンガリー語のことを聞いてびっくりしています。ただイェルムスレウは、彼のいたデンマークから西のほうの国や英語圏はあまり考えていないように感じたのですが。それから、人類としてはいちばん使用人数の多い中国語とか、あるいは朝鮮語、蒙古語などについての研究は、どの程度進んでいるのでしょうか。

立川　もちろんイェルムスレウといえども全部の言語には目が届かないわけで、彼が詳しかったのは、インド・ヨーロッパ語族のとくにリトアニア語などのバルト語派や、ハンガリー語などのウラル語族、あとはヨーロッパ周辺の言語やカフカース諸語ですね。カフカースというのは黒海とカスピ海に挟まれた地域で、「言語のガラパゴス」なんて言われているんです。わたしもみなさんも、おそらくまったく聞いたことのないような、すごく話者の少ない言語がたくさん残っている。

イェルムスレウは、とりあえずいちばん格の多い言語から分析していったんですね。理論的な可能性としては二一六格考えられたけれど、現実にいちばん格が多かったのはタバサラン語で、五二格だと。それと、当然アジアの言語には彼は手を伸ばしてはいなかったので、それはこれからの課題になるでしょうね。

問　人間にとって言葉がいかに決定的か、ということをお話しになったわけですけど、日常的な場面では「口で言ってもわからないな」と思うことがたくさんあります。コミュニケーションは言葉だけで行なうものじゃないと思うのですが。

立川　たしかに言葉で自分の思いを伝えきることはできない、という感覚はありますね。言語に対するそういう不信感は、日本の文化に横たわっていると思います。ただそれは日本だけのことではなくて、ヨーロッパにもあったし、ソシュールはそういう伝統をひっくり返したわけです。

個人的なレヴェルで言語に対してどういう関係をもつかというと、わたしは比較的言語を信頼する立場に立ちます。というのは、たとえば日本の伝統的な共同体のなかでは、ほとんど言語によるコミュニケーションはいらないとか、愛があれば言葉はいらない、とか言いますけれど、実際それはほとんど幻想です（笑）。言葉を使わないと本当のところは伝わらないと思うんです。

言葉ですべてを伝えきることはできないでしょうけれど、じゃあ言葉がなくてわかりあっているかと言えば、実はすごい誤解だったということはたくさんある。そこはだから、言葉によって模索してゆくべきだと思っています。

＊註

「意味」の定義については、わたしたちが書いた『現代言語論』（新曜社、一九九〇年）を参照してください。

【ソシュールの言葉】

事物を《作る》のは、視点である。
C'est le point de vue qui FAIT la chose.

言語学においてわれわれに禁じられていることは、「一つの事物」をさまざまな視点から語ること、あるいは一般的にいって一つの事物について語ることである。なぜなら、事物を《作る》のは、視点だからである。

——フェルディナン・ド・ソシュール「一般言語学にかんする書物のための草稿」、N 9.2（1894 頃）

Il nous est interdit en linguistique (...) de parler "*d'une chose*" à différents points de vue、ou d'une chose en générale, parce que c'est le point de vue qui FAIT la chose.

—— Ferdinand de Saussure, "Notes pour un livre sur la linguistique générale", N 9.2

スイスの言語学者、フェルディナン・ド・ソシュール（1857－1913）が言語学に革命をもたらしたと言われるのは、従来の 19 世紀の言語学者たちが暗黙裡に前提としていた認識の構図を完全に転倒させたからである。彼は、実体論の批判から出発する。言語学以外の諸科学においては、対象は「実体」として存在しており、それに対していろいろな視点からアプローチすればよい。だが、言語学の対象は「実体」ではない。言いかえれば、何らかの視点の外であらかじめ与えられている対象はないのである。だとすれば、言語学者は、何らかの「視点」を採用して、二次的に対象を作り出すしかない。

ここで、ソシュールが「視点」ということで言おうとしているのは、ラディカルな反実体論的思想である。「視点」という表現は、ある事物がすでに存在しており、それに対していくつかの「視点」をとるという構図を、通常は喚起する。よく人が「物事は一面的にではなく、いろいろな視点から考察しなければならない」などと言うときのように。つまり、「視点」という言い方は、ふつうは実体論に帰属している。しかしながら、ソシュールが考えたのは、実体としての事物をさまざまな「視点」から見るということではなく、逆に「視点」のほうが事物を作り出すという、パラドクシカルな構図なのだ。これは、まったく革命的な認識論であると言うほかはない。対象は見るのではなく、作り出されるべきものだということ。そして、「見る」ということは、じつは「作り出す」ことなのだ、というのだから。

Ⅱ　丸山圭三郎からソシュールへ

文学と饒舌――丸山圭三郎の死をめぐって

文学への回帰

小説を書くこと――

それが、丸山圭三郎の最終的な欲望であるに違いない。今年（一九九三年）に入って『ホモ・モルタリス』（一九九二年三月）を再読したときに、ぼくはそう確信した。

それとともに、いわゆる丸山言語哲学というもの、すなわち『ソシュールの思想』（一九八一年）以来、『文化のフェティシズム』（一九八四年）、『生命と過剰』（一九八七年）などの著作をつうじて彼が展開してきた言語と文化の理論、それを形づくる諸々の概念などは、もうどうでもよいことのように思えてきた。ランガージュ／ラング／パロールも、身分け／言分けも、ノモス／コスモス／カオスも、生の円環運動も……。「どうでもよい」というのは、言語哲学の一般理論の概念としては、という意味だ。

丸山圭三郎という一つの固有名詞を理解する手がかりとしては、無論どうでもよいものではない。それらは、そのときそのときの丸山の作品を織りなすモチーフと解するべきなのだ。文学テクストに出てくる登場人物やテーマのように。

そういう意味で、丸山が自分のライフ・ワークと位置づけた「生命と過剰」三部作の第一部『生命と過剰』と第二部『ホモ・モルタリス』がほかでもない文芸雑誌での連載だったことは、彼自身にとってことのほか重要な意味をもったに違いない（結局、この「三部作」の第三部は書かれることがなかった。それは、『生命と過剰』

のあとがきで丸山が予想していたとおりになってしまった）。

　彼のライフ・ワークは、何としても文芸雑誌に掲載されなければならなかったのだ。『現代思想』ではなく、『文藝』に。言語学、記号学、言語哲学という長い迂回路をたどった丸山は、心の底から喜んでいたに違いない（このことを本人から確認する機会は永遠に失なわれてしまった）。「これでようやく、小説が書ける」と。

　そして実際に、彼は小説を書いた。『ホモ・モルタリス』のエピローグに置かれた「赤の〝ひとかた〟」である（ただし、これは厳密に言うと丸山の最初の小説作品ではない。彼は、学生時代に何篇もの小説を発表していたという）。

　このメルヒェンの登場は、それまで丸山の言語哲学の仕事を追ってきた読者たちの大部分を戸惑わせるに十分なほど突飛なものだった。実際、ぼく自身も『文藝』連載中に読んだときは、自分の戸惑いに言葉を与えて正当化しようとした。これは、理論からの逃避ではないか。文学に逃げるというのは、理論家としては安易なのではないか、と。

　文学的表現に逃げてはいけない。それは、ぼく自身が言語学や記号論の領域にとどまるために、自分自身に言い聞かせてきたことだったかもしれない。ぼくは、自分の師である丸山圭三郎も、そういう決意をもってやっているのだと無意識に信じていたようなのだ。そう言えば、ジュリア・クリステヴァも一九九〇年に小説『サムライたち』を発表した。そして、一九九一年の丸山圭三郎である。ぼくの師匠たちは、理論を経由した後に小説を書き始める。ここには、何かあるのかもしれない。

　一〇年の執筆活動の後に、丸山は、理論にとどまらねばならぬという自己抑圧をついに跳ねのけた。彼は書いた。しかも、彼が書いた『ホモ・モルタリス』は、丸山圭三郎という一個の固有名詞がみごとに形象化された人生記述《ビオグラフィー》になっていた。

「赤の〝ひとかた〟」は、『ホモ・モルタリス』という丸山最後の作品の、中核をなす部分だと言ってよい。その前に置かれた理論篇は、この物語の長い注解であるにすぎない。

タイトルの「赤の〝ひとかた〟」は、この作品の舞台である「山にかこまれた小さな村」の村人たちに恐れられる「傀儡士パウロ」という伝説的人物のあやつる、「乳房と男女性器をあわせもつアンドロギュノス」の人形から来ているらしい。

そのイメージが、この村の小学校に転校してくる正治という少年とオーヴァーラップしてゆく。笑いもしなければ、怒りもしない無表情な少年。ほかの子どもたちと遊ばない妖精のような少年。そんな正治に、餓鬼大将の哲郎だけが近づいていく。物語の経糸は、正治に寄せる哲郎のホモセクシュアルな感情からなっている。それとともに、物語は、正治の断続的な回想という緯糸によっても織りなされてゆく。モイラという少女の想い出。モイラという固有名詞は、丸山が卒業論文で取りあげたジュリアン・グリーンの『モイラ』を経由しつつ、もちろん死を暗示する。

正治のモイラへの愛は、自分と異質な存在への愛ではない。彼らは、ユングの言うアニムスとアニマのような「分身」をなしている。エロティックな交わりによる連続体への回帰としての小さな死と大きな死の体験。コミュニケーション（交通）なき、コミュニオン（交歓）。他者のない愛の世界。

正治＝モイラは、誕生、モイラの死、正治の死という「三回の死」を生きて、この物語は静かに幕を下ろす。言うまでもなく、主人公の正治という少年は、丸山圭三郎その人の分身である。この本のプロローグとあわせて読めば明らかなように、作者自身の幼少時の幻覚体験などが形象化されているからだ。だとすれば、丸山は、この小説のなかですでに自分の死に一つの形を与えていたことになるのである。

ソシュール研究、記号学、言語哲学を経由して、最終的にこのような文学作品を書いたことが、はたして理論からの逃避と言えるだろうか。ぼくには、どうもそうだとは思えなくなった。

そのような見方は、文学に対する「学問」の側からのステレオタイプの抑圧に荷担するものでしかないのではないか。そもそも、文学というのは、「文学的」という形容詞が想像させるような、曖昧な表現形式のことではない。哲学や科学とは異なってはいるが、それとは別の仕方で厳密なロジックをもった表現形式のことなのだ。もちろん、小説というジャンルが一般理論の提示（絵解き）に最適だなどと主張する気は、ぼくにはない。固有名詞の記述という課題に対して、小説というのはもっとも的確な表現形式の一つであるに違いない、と言いたいのである。

丸山圭三郎が小説という表現形式を積極的に選択し始めたことは、従来の彼の読者たちの戸惑いに逆らって、何としても支持すべきことだと思われた（この丸山の選択をいちはやく評価したのは、故・今村仁司だった）。


ここで、ありうべき一つの見解に対して、ぼくの想いを書きとめておきたい。

それは、丸山圭三郎が最後に書くべきだったのは、「赤の〝ひとかた〟」のような小説ではなく、『小説・ソシュール』だったのだという意見である。すなわち、ソシュールの徹底的な読みから出発した丸山が、記号学、言語哲学を経由して、さらには文学をも己れの世界に統合した後に、最終的にはソシュールに還るというストーリーだ。

たしかに、丸山が発表した最後の論文の一つ「コトバ・関係・深層意識」（一九九三年五月）には、『小説・ソシュール』と題されたまえがきがあり、彼が『小説・ソシュール』の執筆をかつて構想していたことが明言されている。それに、ぼく自身ソシュール研究家の一人として、丸山の手になる『小説・ソシュール』を読んでみたい欲望は、人並み以上にもっている。ソシュールから出発した丸山が最終的に小説の形式でソシュールに回帰するという美しいヴィジョンには、抵抗しがたい魅力がある。

しかし、それもまた、よく考えてみれば、「赤の〝ひとかた〟」に対するぼくらの戸惑いに通じるものではないだろうか。ソシュール研究と言語論・文化論の著者として親しんできた丸山圭三郎を、ずっとそのなかに閉じこめておきたいという読者の欲望。丸山という著者に対する読者からの抑圧。

丸山の最終的な到達点は、『小説・ソシュール』ではなく、端的に小説であるはずだ。「ソシュール学者」の書いた小説ではなく、「作家」の書いた小説。それは、学者の余技ではなく、文芸誌上でほかの作家たちと競合しうる純粋な小説であるだろう。それがぼくの動かぬ確信である。

言語学、記号学、言語哲学の理論的エクリチュールを経て、文学へと回帰的に到達すること。小説のエクリチュールを手に入れること。

ソシュールの沈黙、丸山圭三郎の饒舌

作家としての丸山圭三郎を論じるにあたって、ソシュールと対比することは、けっして抑圧的な身振りではあるまい。ぼくには、作家としての丸山の歩みが、ソシュールに対する相対面（コントル＝パルティ）のように感じられるからだ。ソシュールの沈黙に対する、丸山の饒舌……。

ソシュールの「謎の沈黙」ということが、何か深遠な思想の鍵のようなものとして神話化されている。しかし、ソシュールが思想家であるならば、一般言語学にかんする思索の成果を公表しなかったことは、むしろ非難されるべきことのように思われる。それは、どんな内的な理由があれ、怠惰だと言われても仕方がないことではないか。むしろ、どれほど問題はあっても、ソシュールの講義を短期間で一冊の書物にまとめあげたバイイとセシュエの努力こそ高く評価されるべきではないか。

それに対して、丸山のほうは、思想家としての責務を十分に果たしたと言える。丸山の思想界への登場を『ソシュールの思想』（一九八一年）の出版に置くならば、それ以後わずか一二年という短い期間に、彼はちょ

うど二〇冊もの著書を刊行している。とりわけ一九八七年以降の数年間は、「饒舌」と形容してもよいくらいに旺盛な執筆活動を行なった。丸山の刊行した著作の量は、ソシュールのそれをはるかに凌駕している。

このような作家としての丸山の行き方は、ソシュールの沈黙《デマルシュ》に対する意識的な批判の行為だったのだろうか。それは、いまとなっては確認のしようもない。

この二人の思想家の沈黙／饒舌は、他者とのディスコミュニケーションの問題として考えることができるように思われる。

二四歳の若さでパリの高等研究院の助教授になり、レヴェルの高い学生たちを指導したソシュールは、三四歳のときに着任したジュネーヴ大学の学生たちにはほんとうに落胆したに違いない。いかにスイス・フランス語圏の中枢都市ジュネーヴといえども、ヨーロッパ大陸の首都とも言えるパリに較べれば、はるかに田舎である。その文化的・知的レヴェルの低さは、否定しようもない。

しかし、ここで彼は、自分の世界に閉じこもることはなかった。もともと貴族的なソシュールも、ジュネーヴの学生たちをけっして放り出すことなく、良心的な教育を続けたことが知られている。彼の努力の成果は、バイイ、セシュエ、カルツェフスキーといった、弟子の優秀な言語学者たちの名をあげるだけで十分だろう。

しかし、彼にとって、こうした教育者としての活動が相当のストレスをもたらしたことは想像にかたくない。自分の新しい思想を理解しない以前に、言語学や語学の基礎もおぼつかない他者（学生）たちに語りかけることは、繊細で傷つきやすいソシュールにとっては精神のエネルギーを膨大に消費する難事業だったと思う。このような日々のディスコミュニケーションとの闘い、そのせいで患ったメランコリーによって、彼は書けなくなり、結果として「沈黙」におちいったのではないか。

丸山は、ソシュールとは違ってむしろ外向的な人間であったし、教えることと、啓蒙することの好きな人間であったと断言してよいかもしれない。

しかしながら、彼が一人の思想家として、さらには一人の作家として発言し始めるにつれ、周囲の世界とのあいだにしだいに摩擦を感じ始めたことは、容易に想像できる。ソシュールの関係論を明快な図解で説明してくれる「丸山先生」を、学生たちは安心して聴いていた。だが、己れの内的世界を語り始めた「思想家・丸山圭三郎」の言葉を素直に追ってゆける学生は少なかったのではなかろうか。彼の言っていることが難解で、理解できないというのではない。自分の眼の前で生身の人間が語っているそのような言葉を受け容れるのが、心理的に難しかったということだ。彼の弟子であったとしても、いや弟子であればなおさらか。

他者たちに対する彼の悲観的な態度は、『ホモ・モルタリス』のあとがきに表われているとおりだ。そこには、「この物語をAl Que Quiere（To One Who Wants It）に捧げる」と書かれている。

だから、外側から見た華やかさに比して、ここ数年の丸山圭三郎は孤独だったのではないか、とぼくは想像する。この点で、丸山はジュネーヴ時代のソシュールを追体験していたかもしれない。だが、その孤独に対して、彼は〈沈黙〉という形で応えずに、〈饒舌〉という形を選んでいった。ときには過剰なほどの反復をはらみながら、次から次へと書き、また語ることによって。

このような他者の不当な無理解に対する苛立ちが、丸山圭三郎を深く長い病いへと追いやったのではないか、とぼくは想像している（他人たちは、勝手に「癌」などと実体化すべきではない）。それに加えて、過剰なエクリチュールへの没頭。一二年という短い歳月のあいだに、彼は何十年分もの生のエネルギーを使い果たしてしまったに違いない。

このような日々のリアリティにもかかわらず、コミュニケーションの問題は、けっして丸山の理論のなかに統合されることがなかった。彼は、コミュニケーションもディスコミュニケーションも、「ノモス」内の表層的な情報交換の問題として切り捨てただけである。コミュニケーションをおとしめる彼は、反対に「コミュニオン」を夢想する。イマジネールな他者との交歓。現実のなかで他者とのディスコミュニケーションが深まるにつれ、彼は、書物のなかでは理想のコミュニオンを追い求めていったのではないか。その究極的な地点が、「赤の〝ひとかた〟」だったのだ。

丸山圭三郎の饒舌の背後には、沈黙のメッセージが隠されている。他者の無理解に対抗する過剰なエクリチュールの背後からもれ聞こえてくるもの、それは、己れの分身、ナルシシックな投影である美しい他者とのコミュニオン（一体化）を求める声である。だとすれば、彼のエクリチュールは、最終的には〝愛のアナグラム〟だったのかもしれない。

他者たちとのコミュニケーションが断たれたとき、ぼくらの内面はさらに〈沈黙〉を深めるのか。それとも、かえって〈饒舌〉になるのか。ソシュールと丸山は、二つの異なった答えを残して逝った。彼の死が、愛するモイラとの幸福な合体だったと、ぼくは信じたい。

【ソシュールの言葉】

言語のなかには差異しかない。

Dans la langue、il n'y a que des différences.

差異というと、われわれの精神はおのずと、ポジティヴな二項があって、そのあいだに差異が生じるのだと考えてしまう。ところが、次のようなパラドックスがある。言語には、ポジティヴな項のない差異しかないのだ。そこにパラドクシカルな真理があるのである。

——ソシュール『第3回一般言語学講義』(1910-11)

Différence implique pour notre esprit deux termes positifs entre lesquels s'établit la différence. Mais la paradoxe est que : Dans la langue, il n'y a que des différences sans termes positifs. Là est la vérité paradoxale.

——Saussure, *Cours de linguistique générale III*

20世紀のあらゆる思想的冒険は、ソシュールのこの一句から始まったと言っても過言ではない。そこには、AとBのあいだにある差異ではなく、まず差異があって、そののちにAとBという項が見いだされるという、認識論上の大転換がある。言いかえれば、わたしたちが認識するのは、まず(　)と(　)のあいだの差異であって、(　)内の実体AとBは、ある種の錯視によって生み出されるにすぎないということである。

このように、ソシュールは言語をネガティヴな差異のシステムと考えている。さらに、彼は、記号学の構想によって、ありとあらゆる文化・社会現象をも言語と同様に差異のシステムと見なすのである。このソシュールによってもたらされた認識論的な転換が、のちに言語学以外の人文・社会諸科学において構造主義の運動を生み出すことになるのだ。

ラング、ランガージュ、エクリチュール
——丸山圭三郎と〈言葉〉という多面体

彼のおかげで、ぼくたちは〈言葉〉というものを厳密に考えるようになった。

たしかに**言葉**という言葉はいくつもの意味をもっているようです。すべての動物のなかで人間だけがもっている生得の言語能力も**言葉**であれば、日本語、フランス語、ドイツ語といったいわゆる国語体も**言葉**です。さらには、A君がある瞬間に発する語も、B嬢が別の瞬間に話す語も、そのイントネーションや声音がどんなに違っていようと、やはり**言葉**です。

(『言葉とは何か』夏目書房、一九九四年)

丸山圭三郎が深く研究したスイスの言語学者、フェルディナン・ド・ソシュールの用語をつかうなら、第一の言葉、すなわち人類がもつ普遍的な言語能力を「**ランガージュ**」、第二の言葉、すなわちそれぞれの社会で用いられる言語体系を「**ラング**」、第三の言葉、すなわち個々の場面で発せられる個人の発話を「**パロール**」と言う。〈言葉〉というものを科学的に考えようとするなら、この三つの概念をきちんと区別することが大切である。

最初、丸山圭三郎は**ラング**の人だった。というのは、ぼくが東京外国語大学のフランス語学科に入学したころ、彼の名はフランス語学の権威として知られていたからだ。本屋に行ってフランス語の辞書や参考書をさが

すと、そこには彼の名前があふれていた（残念ながら、一九七七年にフランス語を始めたぼくには、名講義で知られた彼のラジオとテレビのフランス語講座に学ぶことはできなかったが）。いずれにせよ、七〇年代にフランス語を学ぶ学生たちにとって、丸山圭三郎は避けてとおれない存在だったし、憧れの的でもあった。ぼくらの世代は、彼の導入した構造主義的なメソッド（パターン・プラクティス）でこの言語を身につけたのだ。

ぼくが初めて丸山の講義を受けたのは、大学三年のとき、東京日仏学院でだった。ソシュールをはじめとする言語学者からの抜粋をフランス語で読みながら、「言葉とは何か」に迫ってゆく講義である。それは、言語学や記号論との出会いという意味で、ぼくにとって画期的な体験だった。しかし、何といっても驚いたのは、丸山圭三郎というのがまるでフランス語そのものを体現した人だということだった。話す日本語のなかにフランス語が混ざってくる。「langue とは langage が réalisé（実現）されたもので……」といった調子だ。とりわけ、「彼の立場は fondamentalement（根本的）に関係論的なんです」などと、副詞まで混ぜる日本人は初めて見たので、ぼくはびっくりしたし、なんてカッコいいんだろうと思った。あれから一五年たったいまでも、この影響はぼくから抜けていない。

ところが、一九八一年に『ソシュールの思想』（岩波書店）という大著を出してから、丸山はソシュール研究の権威として知られるようになるだけでなく、独自の言語哲学まで展開するようになる。ここで、彼の関心は、ラングからランガージュへと移行してゆく。つまり、丸山は、**ランガージュ**の人になるのである。

それとともに、丸山は、フランス語の研究や教育に専念していた過去の自分を否定するようになっていった。「NHKのフランス語講座？　あれは、わたしの弟ですよ」などと言っては、周囲を煙に巻いていたものだ。しかし、いまから思えば、フランス語教師であることを否定する必要など全然なかったのではないか。フランス語という一つのラングに習熟するのはもの凄いことだし、それは〈言葉〉というものを理論的に考えるためにも重要な拠点になるはずだ。丸山の偉大さは、もともとフランス語学者だったことにあるとさえ言ってもよく、このラングとの緊張関係がなければ、彼の言語哲学はもっと薄っぺらなものになっていたのではないかとすら想像できる。彼のフランス語は凄いし、驚くことには英語もすごく上手《うま》い。そこが、丸山圭三郎を並の哲学者たちから画している一点なのだ。

丸山は、ソシュールの**ランガージュ**の概念を思いっきり拡大して、どんな社会に属する人間でも有している普遍的なシンボル化能力とそれにもとづくあらゆる活動、すなわち話すこと、踊ること、歌うこと、描くこと等々だと解釈し、これによって人間の文化全体を説明するトータルな人間学を構築しようとした。だから、丸山の言語哲学と言うときの「言語」とは、ラングではなくランガージュのことであり、普通の意味での「言葉」や「言語」よりもはるかに広い概念なのである。ソシュールと同様に**言語学者**であった丸山は、**言語哲学者**へと変貌したのだ。『文化のフェティシズム』(勁草書房、一九八四年)、『生命と過剰』(河出書房新社、一九八七年)など多くの著作をつうじて一世を風靡した思想家・丸山圭三郎とは、この言語哲学者としての丸山にほかならない。

ところで、丸山の最後の著書となった『ホモ・モルタリス』(河出書房新社、一九九二年)は、言語哲学者の本としては一風変わっている。死をめぐるこの哲学書の最終章は、何と「赤の〝ひとかた〟」と題された創作メルヒェンなのだ。ここにいたって、丸山はもはやラングの人(=言語学者)でも、ランガージュの人(=言語哲学者)でもない。彼は、最終的に**エクリチュール**(**書くこと**)**の人**、すなわち**作家**になったのである。

丸山圭三郎がまだ生き、書き、語っていたころ、ぼくらはその時期その時期の彼の思索の方向性に振りまわされ、近接と離去の運動をくりかえした。しかし、いまぼくらは、彼の思想と人生を、特定の時期にこだわらずにトータルに見るべきではないかと思うのだ。そのとき、ぼくらは〈言葉〉という多面体、すなわちランガージュ、エクリチュールという〈言葉〉の多面的な姿に惹かれつづけた冒険者の姿を見いだすのである。

ぼく自身は、自分の師がたどった道を逆の方向に進もうとしているのかもしれない。いまのぼくにとって刺激的なのは、文学や言語哲学よりも、ラングの科学としての言語学であり、フランス語、イタリア語、デンマーク語、フィンランド語、エスペラントといった多種多様なラングの世界なのだから。

「いまごろそんなことに気がついたのかい。でも、それはいいことだねぇ。わたしは、いまサンスクリットの勉強をしているんだよ」。そう言って、師はどこかで笑っているような気もするのである。

【ソシュールの言葉】

言語は形式であって、実体ではない。

La langue est une forme et non une substance.

いついかなる場合にも、相互に条件づけあう辞項のこの同じ複合的な均衡がある。いいかえれば、**言語は形式であって、実体ではない**。人はこの真理をいかに深く体得しても、十分ということはない。なぜなら、われわれの用語法の誤りのすべて、言語上の事柄を指し示すわれわれの不正確なやり方のすべては、言語現象のうちに実体があるという意図せぬ想定に由来するからである。

——ソシュール『一般言語学講義』(1916)

Partout et toujours ce même équilibre complexe de termes qui se conditionnent réciproquement. Autrement dit, *la langue est une forme et non une substance*. On ne saurait assez se pénétrer de cette vérité, car toutes les erreurs de notre terminologie, toutes nos façons incorrectes de désigner les chores de la langue proviennent de cette supposition involontaire qu'il y aurait une substance dans le phénomene linguistique.

—— Saussure, *Cours de linguistique générale*

この一節は、ソシュールの反実体論的思想、関係論を集約したものとして、たびたび引用されてきた。言語というのは、自然に与えられた対象としての「実体」ではなく、関係のネットワークとしての「形式」だということ。あるいは、言語は、要素の寄せ集めではなく、全体が部分に先立ち、項のあいだの関係が項そのものに先立つような否定的なシステムを構成しているということである。のちに、デンマークの言語学者、ルイ・イェルムスレウは、ソシュールのこの一句から出発して、より徹底して形式主義的な言語理論(グロセマティック)をうちたてた。

しかし、この一節は、ソシュール自身が書いたのではなく、『一般言語学講義』の編者、バイイとセシュエの創作であることが明らかになっている。ソシュール自身は、「言語(langage)は、そのさまざまな顕現をつうじて、素材や実体を呈することはなく、生理的・物理的・精神的な諸力の結合した、あるいは孤立した作用だけを呈している」と述べている。要するに、ソシュールにとって、言語が「実体」でないことは確かだが、だからといってそれはスタティックな「形式」でもないのだ。ソシュール自身が言いたかったのは、言語はもっとダイナミックな「作用」であり、「力」だということであった。だとすれば、『講義』のこの一句は、ソシュール本人の意図とは無関係に、その後の構造主義の発展をもたらしたということなのである。

言語学、言語哲学、文学
――ソシュールからソシュールへの道のり

Pour aborder sainement la linguistique, il faut l'aborder du dehors, mais non sans quelque expérience des phénomènes prestigieux du dedans. Un linguiste qui n'est que linguiste est dans l'impossibilité à ce que je crois de trouver la voie permettant de classer les faits.

(Ferdinand de Saussure, N15, fr. 3315.2)

徹底的に論理的なものくらいエロティックなものはない。

（丸山圭三郎『文化＝記号のブラックホール』大修館書店、一九八七年、一八四頁）

〈言語学〉か、〈言語哲学〉か

丸山圭三郎は、「言語学者」と呼ばれることに抵抗しつづけてきた。フェルディナン・ド・ソシュールを「スイスの言語学者」とか「現代言語学の祖」とか呼ぶことを、彼が執拗に拒否しつづけてきたのと同様に。彼は、「言語哲学者」と自己定義している。それは、『ソシュールの思想』（岩波書店）を一九八一年に出版した直後のことからだったと思う。一九八三年に出版された『文化記号学の可能性』（日本放送出版協会）と『ソシュールを読む』（岩波書店）の著者紹介には、すでに「仏語・仏文学」とならんで「言語哲学専攻」という文字が見られる。

この「言語哲学」というのは、読者にとって最初は奇異なものに映っていた。たしかに、ソシュールの「思想」を研究する専門領域を、もはや「フランス語学」などと呼べないのは理解できる。フランス語という個別言語の技術的な分析を連想させる「フランス語学」という名称は、何としても退けなければならない。だからといって、「言語哲学」というのは奇妙ではないか。アカデミズムの制度内に「言語哲学」という分野が存在しないのはもちろんのこと、いわゆる「現代思想」の領域で仕事をする人びとのあいだにも、「言語哲学」という旗を掲げている者は見あたらなかったからだ。また、もしいたとしても、それは狭義の哲学畑で、分析哲学の研究をする者たちを連想させてしまう（いまから思えば、「言語思想」とでも呼んだほうが、通りがよかったかもしれない）。

だから、「言語哲学」というこの珍しい肩書きに読みとれたのは、まずはアカデミズムという既成の制度的学問体系のなかでの丸山圭三郎の居心地の悪さ、そしてそれに対する彼の反抗と挑戦だったと言ってよい。

しかし、もう少し本質論で言うならば、「言語哲学者」という自己定義は、何よりも自分自身が、そして研究対象であるソシュールが「言語学者」と見なされることへの、丸山圭三郎の抵抗だったと言える。それは、ソシュールを言語学という一科学のコンテクストから切り離して「思想」の場で読むという、彼のもたらしたソシュール理解の思想的転回と完全に連動している。つまり、ソシュールの仕事も、また自分がソシュールを読む視点も、「言語学」と呼ぶわけにはゆかない、というのが丸山の変わらぬこだわりなのだ。[1]

「ソシュールをやっています」と言うと、他人たちは無神経に、「じゃあ、言語学ですね」と言葉をかえす。そんなことはよくあることだし、些末なことだと思われるかもしれない。だが、丸山にとっては、それは譲ることのできない大事な一点だったに違いない。

たとえば、北山修との対談で、丸山は自分の学問遍歴を回想しながら、〈言語学〉と〈言語哲学〉との差異を語っている。

アメリカなどで中世文学を勉強するかたわら、**言語学**の講義を聞いてみましたら、全くヴィッセンシャフトの世界で、科学でありますから、対立の世界観ですね。**言語学者**に言わせれば、確かに「おはよう」というのはさまざまなイントネーションもあろうし表情もあろうが、そういうものは学の対象にはならない。対象化不可能だと言うんです。つまり「おはよう」と「ノンおはよう」、「A」と「非A」という対立で割り切っていくのが言語を科学化する学問だというので、僕はこういう文学屋ですから、非常に反発するわけです。（中略）ソシュールに出会ったのは、その前後ですが、ソシュールの『一般言語学講義』を読む限りにおいては、（中略）今の科学的な言語観のように見えたんですが、ご存じのように原資料が出てきてわかったことは、ソシュールはそういうことをたたこうとして**言語哲学**をやったという事実なんです。**言語学**では人間というものが不在になってしまう。からだの問題がなくなってしまう。そんなことから、やっぱり文学が専門なので、人間と言葉のかかわりに戻ってきました（後略）。

（「言葉・消化・欲動——エロスの円環運動の精神分析」『イマーゴ』第三巻九号、青土社、一九九二年八月、三〇七—八頁。強調は引用者）

精神科医の北山修は、この区別に対する丸山圭三郎のこだわりに気づかず、丸山のことを不用意に「言語学者」と呼んでいる。それを直接には指摘しないものの、丸山は再度この区別を定義しなおし、対話者を教育しようとする。

言語について学問的に論じる際にも、その人のもっている言語感覚、つまり生のさなかでの言葉に対する主体的な感覚が大きな影響を与えるのではないか、という北山の問いかけに、丸山は次のように答えながら、

〈言語学〉と〈言語哲学〉の差異をさらに際立たせようとしている。

言語哲学との最も大きな差なのですが、**言語学**の対象化理論では、今、北山さんがおっしゃったような問いは、一応感じても切り捨てるんです。そうして、でき上がってしまった、例えば日本語、フランス語の分析を始めます。（中略）ところが、**言語哲学**のほうは、どう違うかというと、人間にとっての意味の生成という問題を考える。だからこのワードはこういう意味を持っている、ワードの音形がシニフィアンで、意味がシニフィエだなんていうのは表層言語分析の出発に過ぎない、というのが、僕たちの立場です。

（同三一五頁。強調は引用者）

「僕たち」というのがいったい誰なのか、そのような言語哲学者たちの共同体が現実に存在するのか、という疑問もあるが、それはここでは問うまい。ここで問題なのは、〈言語学〉と〈言語哲学〉そのものというよりも、丸山圭三郎のディスクールにおけるこれらの用語の価値である。

一九八七年に出版された啓蒙書の冒頭でも、彼は同じような発言をしていた。

まず、**言語学**と**言語哲学**との一番の違いは、「意味」の問題だ、というところからはじめましょう。**言語学**における意味論は、個別言語の中で、意味の分布とか意味領域とかを、すでにあるものとして、わたしの言う「構成されてしまった構造」すなわちノモス（制度）の中の分析・解析に終始します。これに対して、**言語哲学**における意味論は、端的に「意味とは何ぞや」と問う、あるいは、「言葉以前に世界は分節されているのか否か」という問い方をする。（中略）オリジンではなくてゲネシス、すなわち、「いま、ここで」我々人間が世界をどう意味化しているか、ひいては言葉と存在はいかなる関係にあるのか、ということを問題にします。

(『文化=記号のブラックホール』大修館書店、一九八七年、三一四頁。強調は引用者)

たしかに言えることは、彼が、たんなる専門領域や肩書きの問題をこえて、〈言語学〉を意識的に退け、〈言語哲学〉を積極的に選びとっているということだ。つまり、諸言語(les langues)の記述・分析から出発して、最終的に言語そのもの(le langage)の解明をめざす経験科学である〈言語学 linguistique〉、すなわち「ラング(la langue)の科学」と端的に定義してさしつかえない〈言語学〉と、丸山ははっきりと訣別したということである。そして、ラングの科学的解明ではなく、人間のもつ言語そのもの(le langage)の本質解明により直接的に肉迫しようとする〈言語哲学 philosophie du langage〉、文字どおり「ランガージュの哲学」を彼は選びとったのである。

ソシュール研究から徐々に離陸して、『文化のフェティシズム』(勁草書房、一九八四年)と『生命と過剰』(河出書房新社、一九八七年)という二つの頂点をつうじて、「文化記号学」とか「人間学」とか呼ばれた丸山圭三郎の理論が、たしかに「ランガージュ」を言語=意識の深層として特権化し、同時に「ラング」を表層的なものとして矮小化してきたことは、周知のことであろうし、すでに論じたことがあるのでここでは繰り返さない(『誘惑論——言語と(しての)主体』〈ノマド叢書〉、新曜社、一九九一年、第X章「反言語学の冒険」参照)。

ここでは、〈言語学〉と〈言語哲学〉という対立する二項を軸として、ソシュールの理論的歩みと対比しつつ、丸山圭三郎の思想的運動の軌跡を浮かびあがらせてゆきたいと思う。

ソシュールの恣意性とは何だったのか

丸山圭三郎が、恣意性の概念を彼のソシュール解釈と言語哲学の根底に位置づけてきたことは、周知の事実だと言ってよいだろう。

かんたんに復習しておこう。

ソシュールの恣意性の議論が、それまでの哲学的議論と断絶することによって成立しえたことは、いわば常識に属することだ。しかしながら、ソシュールによる恣意性の議論は、プラトンの『クラチュロス』に見られるような、古代ギリシャ以来の「自然論者《ナチュラリスト》」と「慣習論者《コンヴァンショナリスト》」との論争の延長に位置づけられることもしばしばだった。つまり、ソシュールの言語記号の恣意性の原理は、事物の名称が「慣習」ないしは「契約」によって人為的に決定されたと考える「慣習論」の焼き直しにすぎない、と見なされることが少なくなかったのだ。

そうした誤読がなぜ生じたかというと、ソシュールの議論自体が、伝統的な慣習論ときわめて近いディスクールによって展開されており、その革新性がかならずしも見えやすくなかったからである。たしかに、エミール・バンヴェニストによって批判された、ソシュール自身のあげた例（*bœuf*［フランス語の「牛」］と *Ochs*［ドイツ語の「牛」］）に見られるシニフィエ（記号内容）とレフェラン（言及対象）の不用意な混同にしても、原初の「契約」という言語起源論的な用語にしても、ソシュールの恣意性をめぐるディスクールは、哲学ディスクールとの近接性において展開されていると言うほかはない。

しかしながら、ソシュールのテクストを総体として読んでみるなら、彼のディスクールが哲学ディスクールとの断絶をはっきりと志向していることは、明白である。なぜなら、ソシュール的恣意性が問題にするのは、言うまでもなく、事物とその名称とのあいだの関係ではなく、言語記号内のシニフィアン（記号表現）とシニフィエ（記号内容）との関係であるからだ。さらに革新的なのは、あらかじめ実体として存在する概念《コンセプト》と聴覚像《イマージュ・アクースティック》が事後的に結合するのではなく、シーニュを構成する恣意的な絆の誕生とともにシニフィアンとシニフィエとが同時に生みだされるという発想である。

このような非哲学的なディスクールによって、ソシュールは恣意性の場を言語（名称）と現実（事物）との関係から、言語内、すなわちラング内部の問題へと移行させたのである。つまり、ソシュールの恣意性の議論をつうじて、わたしたちは、〈哲学ディスクール〉と断絶した〈言語学ディスクール〉誕生の場面に立ち会うことになるのだ。ソシュールの最大の功績の一つと目されるのがこの恣意性の原理であり、これなしには現代の言語学も、また記号論も構造主義もありえなかったのである。

以上の「復習」にかんしては、細かいニュアンスは別として、大きな異論はないだろう。つまり、ソシュールを読むのが言語学者であっても、記号学者であっても、あるいは丸山のような言語哲学者であっても、これは最大公約数として認められる恣意性の解釈ではないだろうか。

「相対的恣意性」は小さな問題か

ところで、ソシュールの恣意性を論じるにあたって忘れられがちなのが、「相対的恣意性」（arbitraire relatif）をめぐる議論である。

「シニフィアンをシニフィエに結びつける絆は、**根底的**《ラディカルマン》に恣意的である」（IIID 210, fr. 1122. 強調は引用者）、とソシュールは言う。だが、「ラディカルな恣意性」があるからには、ラディカルでない恣意性、つまり「相対的恣意性」という現象もあるのである。

> あらゆる言語《ラング》において、根底的に恣意的にとどまっているものと相対的恣意性と呼ぶことのできるものとを区別しなければならない。いかなる言語《ラング》においても、一部分の記号だけが根底的《ラディカルマン》に恣意的であること

だろう。ほかの記号には、その名において度合いを区別することのできる現象が介入してくるのである。

（IIIC 299, fr. 2090, 2092）

ところが、丸山圭三郎が「相対的恣意性」について論じている箇所は、なぜかきわめて少ない。これは、徴候的ではあるまいか。

まずは、彼の引いているソシュールの発言をそのまま引用してみよう。

> 恣意的という語に代えて、無動機のと言うことができる。シーニュとその音性の間の絆が相対的に動機づけられていることもある。たとえば、vingt（二十）と dix-neuf（十九）を考えてみよう。vingt というシーニュが絶対的に無動機であるのに比べ、dix-neuf の方は完全に無動機というわけではなく、ある見当がつく。なるほど、vingt は言語内に共存するいかなる辞項の助けも借りていないが、dix-neuf の方は言語内に共存する dix（十）と neuf（九）という辞項の助けを借りて構成されている。つまり、この語は動機づけられようとしているのである。dix の中にあるものも neuf の中にあるものもいずれも全く恣意的である。ところが dix-neuf となると、相対的な動機づけの中に身を置いているのだ。
>
> （IIIC 299-300, fr. 2091, 2093, 2094.『ソシュールを読む』岩波書店、一九八三年、二一九―二二〇頁）

ソシュールのこの議論を、丸山はどう位置づけているのか。それは、この「相対的恣意性」を「絶対的恣意性」に対して文字どおり相対化しようという身振りにほかならない。

まず、この引用につづけて、彼はこう断言している。

ソシュールがここで、第一の恣意性、すなわち、音のイメージ〈シニフィアン〉とそれが担っている概念〈シニフィエ〉の結びつきの恣意性を〈無動機性〉という用語に代え、動機の有無によって絶対的恣意性と相対的恣意性の二つに分けられると語ったことから、先に示した「ラングのシーニュは根柢的に恣意的だ」という原理に制限を加えたかのように解釈する人もありました。しかし、この解釈は、次にみるような理由から誤りであります。

(*Ibid.*, p.220)

dix と *neuf* による *dix-neuf* の「有契化」(motivation, 丸山の訳語では「動機づけ」) というのは、「個別言語内のシーニュ同士の合成の問題」にすぎないという。つまり、それは「文化的、制度的な動機づけ」であって、恣意性の原理に反する「自然的な動機づけ」ではないということだ。

これは当然、個別言語内の中の動機づけに**過ぎず**、その基盤を自然の中にもっているわけではありませんから、根柢的に非自然的な動機づけであると言わねばならないでしょう。dix-neuf に有縁性を感じとるのは、フランス語を知っている人々だけだからです。体系というものは密接な関係の下に個々の辞項を生み出す総体なのですから、当然辞項間の連帯性が生まれます。この連帯性の強弱が語の相対的有縁性、無縁性を感じさせるのであって、その動機づけも結局は文化、制度、体系の中の動機づけに**過ぎません**。

(*Ibid.*, p.221. 強調は引用者)

つまり、「根柢的に非自然であり、恣意的である」ラング＝文化の世界にあっては、「相反するかに見える〈動機づけ〉と〈恣意性〉とが、やはり文化現象内の位相の違いに**過ぎ**」ず、相対的恣意性にかんするソシュールの議論は、「言語記号の恣意性の原理にいささかの制限を加えたものでもない」というのである。そして、丸山は、この問題は、「むしろ個別言語内の語がもつ透明度の問題」であるとして、〈言語哲学〉にとっては実に些末な、〈言語学〉的問題にすぎないことを強調する。

たとえば、フランス語の *philosophe*（哲学者）という語は（丸山が選んだ例にも注目！）、大部分のフランス人にとっていまだに「透明」である（*philo-sophe* と分析し、「知恵を愛する人」というシニフィエを意識することができる）。だが、現代の日本人にとって、「さかな」はすでに「不透明」な語だ。「酒の菜」という分析ができないからである。そして、「このような語の透明、不透明の問題と、言語記号の恣意性の問題は、全く次元の異なる事実であることを再確認して」、丸山は、『ソシュールを読む』のなかで「相対的恣意性」にあてられたわずか四ページ半の一節を閉じるのだ。[2]

丸山の述べていることが、事実的に間違っているというのではない。しかしながら、それが、再三くりかえされる「〜に過ぎない」というレトリックで処理できるような事柄なのかどうかは、考えてみる価値がある。たしかに、深遠な問題を思索する言語哲学者の眼から見れば、「相対的恣意性」すなわち「語の透明、不透明」の問題は、テクニシャンとしての言語学者たちに任せておけばよい二次的問題にすぎないのかもしれない。言語=意識の「深層」とはほど遠い、「表層」の言語風景にすぎないのかもしれない。

しかしながら、「ソシュールを読む」という課題との関連ではどうなのか。それは、（言語哲学者と見なそうと、言語学者と見なそうと）ソシュール自身にとっても、二次的な問題にすぎないのか。

この問題が論じられた第三回一般言語学講義（一九一〇〜一九一一年）の目的が「ラングの解明」であることは、丸山の強調するとおりだろう。だとすれば、第三回講義の中心テーマである言語記号の恣意性の原理、線状性の原理、時間のファクター、連辞関係・連合関係、価値、差異と対立といった問題群とくらべたときに（『ソシュールを読む』を参照）、「相対的恣意性」はまったく重要度の低い問題なのか。つまり、わたしたちが問うべきなのは、ソシュール自身のコンテクストのなかで、「相対的恣意性」と「相対的有契化」の議論がどのような価値をになっているかということなのである。

次に、ソシュールのテクストのなかで、この小さな問題の消息を見てゆくことにしよう。

〈言語学〉の誕生

フランソワーズ・ガデは、その『ソシュール言語学入門』（Françoise Gadet, *Saussure, Une science de la langue*, Paris, PUF, 2me édition, 1990：フランソワーズ・ガデ『ソシュール言語学入門』立川健二訳、新曜社、一九九五年）という美しい小著のなかで、丸山圭三郎とはまったく異なる視点から、ソシュールの恣意性の概念のなかに二つの異質な層があることを指摘している。

彼女にしたがえば、〈恣意性1〉とは、言語外現実から言語記号を引き離すことによって、言語（ラング）の非自然性・無根拠性・自律性を明らかにする原理である。それは、いわば人間学的、言語哲学的な恣意性であって、丸山がその人間学＝言語哲学の根底に据えている恣意性にきわめて近いものだと言ってよいだろう。

それに対して、ガデのいう〈恣意性2〉とは、ソシュールが恣意性を「無契性（無動機性）（immotivé）」と言いかえたことから派生する問題設定である。つまり、それは、もはや言語外現実との関連で語られる記号の恣意性のことではなく、ほかの記号たちとの関係のなかで規定される記号の恣意性のことなのだ。それは、いわば言語学的な恣意性であり、ガデによれば、これこそ〈言語学的領域〉（le linguistique）の確立というソシュール理論最大の身振りに対応するというのである。[3]

さらに重要なことは、この〈恣意性2〉が、シニフィアンの線状性という、ソシュールの言う「言語記号の性質」の第二原理とも本質的にかかわっているということだ。文化のなかにある狭義の言語（自然言語）以外の記号構造が、言語とともに〈恣意性1〉の原理にしたがっていることは確かだが、しかし「線状性」というこの特質は、聴覚像《イマージュ・アクースティック》という一次元的・時間的性格のシニフィアンをもつ、言語（ラング）にのみ固有の性質だと考えてよいだろう。線状的でない記号構造は、交通標識にせよ、絵画にせよ、建築にせよ、無数にある。つまり、恣意性が〈記号学的原理〉であるとするなら、線状性は〈言語学的原理〉だということである。そして、このディスクールの線状性のなかで、記号は、他の記号たちとの関係において有契化されたり、有契化されなかったりするのだ。だとすれば、言語（ランガージュ）と文化の哲学を構築しようとする丸山が、〈恣意性2〉にも線状性にもさして関心を示さないのは、論理的必然と考えられるだろう。

このシニフィアンの線状性という原理を介して、「有契的」でも「無契的」でもない第三の項が必然的に登場する。それが「相対的に有契的（動機づけられた）（relativement motivé）」という項であり、「相対的恣意性」の別名でもある。ソシュールのあげた例では、*vingt*（二〇）に対する*dix-neuf*（一九）を、*poire*（ナシ）に対する*poirier*（ナシの木）を想いおこせばよい。つまり、*poire*が「無契的」すなわち「根底的に恣意的」な記号であるのに対して、*poirier*のほうは、*cerisier*（サクラの木）や*pommier*（リンゴの木）が周囲に存在するので、*poir-ier*と分析することができる。ひらたく言えば、人は、*poire*という単語さえ知っていれば、その派生語である*poirier*も理解できる。だから、それは、完全に恣意的ではなく「相対的に恣意的」であり、「相対的に有契的」な記号だというのである。

これは、丸山の言うように「個別言語内の語がもつ透明度の問題」という小さな問題ではなく、ソシュール理論のエピステモロジックな根底にさえかかわる大問題だと言ってもよい。なぜなら、ある言語記号が「無契的」＝分析不可能であるか、「有契的」＝分析可能であるかという問題は、ソシュール言語学全体を基礎づける「語る主体の意識」、より正確には〈聴く主体の前意識〉というエピステモロジックな視点に送り返されるからである。

現実的なものとは、語る主体たちが何らかの度合いで意識するもののことである。

（N7 = 3293, p.7, fr. 2778）

ソシュールによれば、「語る主体の意識」に与えられたものだけが、「具体的」であり、「リアル」なのだ。言いかえれば、「意味」をもつということだ。そして、この〈聴く主体の前意識〉という視点にもとづいてこそ、ソシュールの記号=言語学の認識対象、すなわち「ラング」は構築されてゆくのである（くわしくは、立川健二『《力》の思想家ソシュール』〈叢書・記号学的実践〉、書肆風の薔薇（=水声社）一九八六年を参照）。したがって、聴く主体にとって分析可能か／分析不可能かということ、たとえば *-ier* が意味をもつ単位であるか／ないかという問いを、ソシュールが有契的／無契的、すなわち相対的恣意性／絶対的恣意性という問題設定をつうじて扱おうとしているならば、それはソシュール理論の根幹にまでかかわる大問題だと言うべきなのである。

いずれにしても、〈恣意性1〉から〈恣意性2〉へと移行することは、現実界から言語を引き離す、丸山流に言えば「自然」から「文化」を引き離すという言語=文化=記号論的領域の領域画定の段階から、記号たちの関係のネットワークという新しい認識領域の探索という新たなプロブレマティックへの移行を意味しているのである。

ソシュールは、言語学における「説明」とは何かをめぐって、次のように語っている。

> たしかに、一般的に言って、「説明する」とは、既知の辞項《テルム》へと帰着させることだ。そして、言語学的条件のもとでは、既知の辞項へと帰着させることは、必然的に語に帰着させることである。このことは、音と意味のあいだには関係がないという根本法則から帰結する。つまり、**あらゆる語は恣意的なので**、いかなる内的説明も与えられえないということが帰結するのだ。したがって、語を、それ自体恣意的な他の語たちに帰着させるほかはないのである。

（「ギリシャ語・ラテン語の語源学講義」（一九一一―一九一二年）Br 3, fr. 2840. 強調は引用者）

この引用からも読みとれるように、恣意性の原理の帰結として、ソシュールにとって何よりも決定的な意味をもつのは、言語（ラング）が記号たちの関係のネットワークとして存在するということ、〈言語学〉は、こうした記号間ネットワークとしてのラングを認識対象として探索してゆくということなのだ。だから、フランソワーズ・ガデが指摘するように、ソシュールにとって価値をもつのは言語哲学的な〈恣意性1〉よりも、「無契性」と言いかえられた言語学的な〈恣意性2〉のほうであり、これによってこそ、彼女の言う〈言語学的なるもの〉（le linguistique）の領野が切り拓かれるのである。

記号の交通としての「相対的恣意性」

第三回講義の最終日（一九一一年七月四日）に、ソシュールはこう語っている。

われわれは、語をシステムの辞項《テルム》と、すなわち価値と見なしてきた。ところで、システムのなかの辞項たちの連帯関係《ソリダリテ》は、連辞的連帯関係であろうと連合的連帯関係であろうと、**恣意性の制限**と考えることができる。

couperet［肉切り包丁］　*hache*［斧］

（連辞的制限）　（絶対的に恣意的）

plu [plaire の過去分詞]
plaire [気に入る]　｝連合的制限

（IIID 282-283, fr. 2105, 2106. 強調は引用者）

ソシュールにとって、「相対的恣意性」が、いわゆる（根底的）恣意性の原理に一定の制限を加えるものであることは、この引用から明らかである。しかも、それはシステムや価値の概念、また連辞関係・連合関係といった、ソシュール言語学の中核をなす概念たちとも密接に連動しているのだ（さきに紹介した丸山の発言との差異に注目してほしい）。

ソシュールはまた、同時期の手稿のなかでも、「相対的恣意性」と「システム」との密接な関係を強調している。

> あらゆる言語《ラング》システムにおける、絶対的恣意性から相対的恣意性への還元。それが、「システム」を成立させるのだ。
> （N 23.5 = 3338, p.1, fr. 2105）

ソシュールがまず論じるのは、連辞関係《ラポール・サンタグマティック》による有契化、すなわち*couper*（切る）/*couperet*（肉切り包丁）、*poire*（ナシ）/*poirier*（ナシの木）のようなケースである。この連辞的次元での「相対的有契化」という基準によって、彼は、ラングのなかに二種類の記号を区別する。「複合（＝分解可能）記号」と「単純（＝分解不可能）記号」。あるいは、「分析的記号」と「綜合的記号」。言うまでもなく、前者は「部分的に恣意的」な記号、後者は「全面的に恣意的」な記号のことである（N 23.5 = 3338, p.3, fr. 2117）。

また、「無契的」を「語彙的」、「有契的」を「文法的」と言いかえるならば、語彙的要素と文法的要素の比率にもとづいて、諸言語の類型論《ティポロジー》を打ち立てることもできる（これは、類型論を好まないソシュールの構想した唯一の言語類型論である）。一方の極には、中国語のように「超語彙的」な言語、すなわち「絶対的恣意性」の支配する言語タイプがある。他方の極には、古代の印欧語（サンスクリット語、ギリシャ語、ラテン語）、あるいは人工言語（エスペラント）のように「超文法的」な言語、すなわち「相対的恣意性」の支配する言語タイプがある（IR 2.80, fr. 2536 ; IIIC 306, fr. 2121）。大部分の言語は、この両極の中間に位置づけられることになる。また同様に、一言語の通時的変化も、この両極のあいだの運動として記述することができる。たとえば、ラテン語からフランス語への進化は、「無契性＝絶対的恣意性」の方向への変化としてとらえることができるという。ラテン語で相対的に有契的だった語の多くが、フランス語では完全に恣意的になってしまったからだ（「敵」をあらわすラテン語の *inimicus*（＜*amicus in*「友でない」）から、フランス語の *ennemi* への変化のように）。

さらに、「相対的に恣意的」な記号の存在は、言語の創造性にも大きくかかわっている。なぜなら、ある記号が「相対的に恣意的」（＝相対的に有契的）であるということは、類推創造《クレアシオン・アナロジック》において生産性をもつ要素をふくんでいることでもあるからだ。*poirier* の *-ier* は生きた要素であって、次々に新しい語を生みだすことができる。それに対して *séduire*（誘惑する）の *sé-* は、語源的には「わきに」、「横に」という意味をもっていても、現在ではもはや生産的な力をもっていない。現代フランス語の聴く主体たちにとって、それは共時的な「意味」をになった単位ではなく、すでに死んだ要素だからである。（I R2. 40, fr. 2100）

しかし、先の引用でソシュールが述べていたように、記号の有契化（動機づけ）は、連辞関係だけでなく、連合関係《ラポール・アソシアティフ》にもとづいても行なわれる。ソシュールのあげた例でいえば、*plaire* と *plu* は、連辞的には有契化されていないが、不定法と過去分詞という相互の（文法的な）連合関係によっては十分に有契化されており、「相対的に有契的」と見なすことができる。*plu* は、孤立した記号ではない。つまり、フランス語というラングの連合関係のネットワークのなかに置きなおすならば、*plaire* も *plu* も「相対的に有契的」であり、「相対的に恣意的」な記号だということなのだ。

しかし、「相対的有契化」が、このように連合関係による関係づけ、すなわちラングのシステム全体まで巻きこんでしまうとしたら、もはや *poirier* や *couperet* だけでなく、*poire* も *séduire* も「相対的に有契的」、「相対的に恣意的」だということになってしまうのではないか。

フランソワーズ・ガデは、こう書いている。

> すべての記号が連合的星座関係《コンステラシオン》の中心にあり、すべての辞項が関係の交差点である以上、分析不可能な記号でさえも相対的に有契的だと考えなければならないのではないだろうか。
> （フランソワーズ・ガデ『ソシュール言語学入門』立川健二訳、新曜社、一九九五年、一五九頁）

ラングを構成するありとあらゆる記号が、「相対的に有契的」であり、「相対的に恣意的」である！

これは、通常の言語学者たちが対象とする「文法」の領域をおおきく逸脱してしまう、実に危険な認識かもしれない。こうなると、ラングを織りなすすべての記号たちは、多種多様な関係をとり結び、たがいに呼びあい、たがいに交通しあうことになるだろう。文法も言語学も無視した、記号たちの密通と姦通。シーニュのインターコース。

事実、ラディカルなソシュールは、それを恐れないのだ。

ソシュールが、連合関係を説明するにあたってあげた有名な例を想いだしてみよう。*enseignement*（教育・知育）という語を核として形作られるコンステレーション（星座関係）である（IIIC 382, fr. 2026, 2027：『一般言語学講義』、一七三—一七四頁を参照）。聴く主体たちが意識し、区別する連合関係の系列には、次のものがあるという。

（1）シーニュ全体、つまり語基《ラディカル》の共通性で成立する関係。
enseignement - *enseigner*（教える）- *enseignons*（教えよう）- *enseigne*［看板］, etc.
（2）シーニュの一部分、つまり接尾辞の共通性による関係。
enseignement - *armement*（武装）- *rendement*（収穫）
（3）シニフィエの類似による関係。
enseignement - *instruction*（教育・訓練）- *apprentissage*（学習）- *éducation*（教育・徳育）
（4）純粋にシニフィアンの関係、すなわち音的・書記的類似による関係。
enseignement - *clément*（寛容な）- *justement*（まさしく）

ソシュールはあげていないが、さらに二つの系列をつけ加えることができるだろう。

（5）純粋にシニフィアンの関係で、音的類似にのみもとづく関係（発音は同じだが、綴りが違う）。
enseignement - *maman*（お母さん）.
（6）純粋にシニフィアンの関係で、書記的類似にのみもとづく関係（発音は違うが、綴りが同じ）。
enseignement - *aiment*（*aimer*（愛する）の直説法現在・三人称複数形「彼らは愛する」）.

この第五系列と第六系列の付加が、ソシュールのコンテクストにそったものであることは、理解してもらえると思う。第一系列と第二系列は、文法的（形態論的）な連合（＝有契化）、第三系列は意味論的な連合（＝有契化）である。しかし、そもそも、原資料にはなく、『一般言語学講義』の編者たちがつけ加えた第四系列でさえ、すでに「文法」の領域を、したがって〈言語学〉の領域を逸脱しているではないか。わたしたちは、そこから一、二歩踏みだしただけである。

しかも、純粋にシニフィアンにもとづく連合関係にかんして、音的類似のみにもとづく第五系列と書記的類似のみにもとづく第六系列をわたしが補足したのは、ソシュールの言う連合関係の「可能性の中心」を引きだすことによって、「もう一人のソシュール」との通路を確実なものにしたかったからだ。

そう、「言葉の下の言葉」たちの織りなす重層的かつ可逆的なポリフォニーである「アナグラム」が可能であるのは、まさにこのような多方向的な連合関係のネットワークがすでにラングのなかに装備されているからではないだろうか。「一般言語学のソシュール」と「アナグラムのソシュール」は、(ソシュール本人の苦悩にもかかわらず)矛盾するどころか、連合関係のメカニズムによってすでにつながっていたのだ。つまり、ラングそのものに内在する関係のネットワークこそが、アナグラムという言葉たちの戯れと交通を可能にする原理だったのである。

だとすれば、「相対的恣意性」あるいは「相対的有契化」という一見小さな問題、丸山によって二次的な言語学的問題にすぎないと見なされた問題も、アナグラムという「もう一人のソシュール」にまでつながってゆく重要な鎖の環であることが明らかになってくる。

シーニュたちの交通《インターコース》としての「相対的恣意性」なしには、〈言語学〉がありえないばかりか、記号学も、アナグラムもありえないのだ。

〈文学〉のほうへ

しかし、どうだろう。奇妙なことではないか。

ソシュールにおける「相対的恣意性」の議論をスキップし、〈言語学〉をスキップした丸山圭三郎も、最終的には同じようにアナグラムに行きついているではないか。

　理論的考察の対象としてはもちろんだが、それだけではない。

　丸山圭三郎の現在の到達点である『ホモ・モルタリス』（河出書房新社、一九九二年）を読んでみよう。「生と死のコスモソフィー」を展開するというこの美しい書物それ自体が、言葉から言葉への連想の糸によって紡ぎ出されているではないか。「プロローグ」の自伝的な人生記述《ビオグラフィー》では、闇夜の焔の赤から、文字の緑、空の青、黒いデスマスク、アポロンの白、デルポイのE、そしてシュレーバーの根源言語へと――。「エピローグ」におかれたメルヒェンでは、赤の〝ひとかた〟から正治、モイラ、三回の死へと――。言葉から言葉への「有契化」の連なり、「相対的恣意性」の連鎖によって。

　それにしても、こんな書物を書く作家が、いまだに〈言語哲学〉にとどまっていると言えるだろうか。わたしには、そうは思えない。丸山圭三郎は、アナグラムとともに、つまりアナグラムを対象化するのではなく、アナグラムを書き、生きることによって、すでに〈文学〉の領域にすべりこみつつあるのだ。冒頭で引用した対談のなかで、自分が「文学屋」だとさりげなく語っていた彼の言葉も想い出される（ここで言う〈文学〉とは、「文学的」という形容詞が連想させるような、曖昧な表現様式のことではいささかもない。哲学や科学とは別種のロジックをもつ、きわめて厳密な表現様式のことである）。
〈言語学〉をスキップし、〈言語哲学〉を経由した彼は、アナグラムとともに〈文学〉へと到達する。〈言語学〉と〈言語哲学〉は、〈文学〉において約束せざるランデヴーを果たす――。逆に言えば、丸山にとっての〈言語哲学〉とは――非常に重要ではあるが――一つの迂回路にすぎなかったということかもしれない。

　たしかに言えることは、〈言語学〉のみならず、〈言語哲学〉もまた、異なった道をとおってソシュール＝言語という巨大な謎にアクセスしたということ。そして、その謎を解く鍵はどうやら〈文学〉にあったらしいということである。

言語学、言語哲学、文学。これが、丸山圭三郎のたどったソシュールからソシュールへの道のりにほかならない。

【註】

1 なぜ、ソシュールの仕事を「言語学」ではなく、「言語哲学」と名づけるのか。神学者の高尾利数は、丸山圭三郎の言語哲学を『聖書』テクストの読解にみごとに応用した書物のなかで、次のように簡潔に説明している。

> ソシュールは、コトバには上述したような形而上学的・超越的・自然的な根拠や基礎づけは一切ないのだということを明らかにすることによって、古代から現代に至るまで支配的であった「現前の言語観」もろとも「現前の形而上学」なるものを根底から覆したのである。その作業がもたらした射程は長く広く、彼自身の意識や認識を越えて、ほとんど革命的であると言っても過言ではない。だからこそ彼の仕事は、**単なる言語論でも言語学でもなく、言語哲学と呼ばれるべき**なのである。
>
> （『ソシュールで読む聖書物語』情況出版、一九九三年、一一頁。強調は引用者）

ここには、言語哲学のほうが言語学や言語論よりも「根底」的で、射程も「長く」「広」いという、一種の価値づけのヒエラルキーが作用している。「言語哲学」とは、研究対象や方法ではなく、仕事の「質」の差異にかかわるネーミングであるらしい。つまり、ここで働いているのは、ソシュールの仕事は、本来は〈言語学〉のなかに位置づけられるものなのだが、それが「革命的」であるがゆえに〈言語哲学〉と形容されるべきなのだ、というロジックだろう。

丸山の言う〈言語哲学〉の本質は、ここに明らかにされていると思われる。

2 わたしの知るかぎりでは、丸山が「相対的恣意性」に言及したのは、この一節以外に少なくとも三箇所ある。『ソシュール小事典』（大修館書店、一九八五年）の「ソシュール用語解説」のなか、*arbitraire*（恣意的、恣意性）と *motivé/immotivé*（動機づけられた／無動機の）の項、『欲望のウロボロス』（勁草書房、一九八五年）所収の「透明・不透明・マグマ」（一九八三年）、そして『岩波講座・現代思想3——無意識の発見』（岩波書店、一九九三年）所収の「夢の象徴とコトバ」（一九九三年）である。しかし、これらのテクストのいずれも、いま見た『ソシュールを読む』での議論と論旨において相違がない。

3　ガデの言う〈恣意性2〉を丸山の言う「価値の恣意性」と混同してはならない。そもそも、「価値の恣意性」なる概念がソシュールのテクストのなかに見いだされないことは、神郡悦子によって精密に論証されている。

> ソシュール自身は、「言語による概念の配分」が言語記号の存在以前に判明なものとして存在するような概念の輪郭にそっておこなわれるのではないことを指して、価値のあるいは切り取りの「恣意性」と言ったことは一度もない。
> （神郡悦子「言語の恣意性？有縁性？――G・ジュネット『ミモロジック』を契機として」筑波大学文芸言語学系紀要『文藝言語研究　文藝篇』第一四号、一九八八年、一五三頁）

つまり、ソシュールの言う「相対的恣意性」と丸山の言う「価値の恣意性」は、一見似ているが異質である。テクストを読むとは、このような微細な差異を読むことでなく、いったい何だろうか。

【バンヴェニストの言葉】

人間が主体として構成されるのは、言語のなかで、言語によってである。

C’est dans et par le langage que l’homme se constitue comme *sujet*.

人間が主体として構成されるのは、言語のなかで、言語によってである。なぜなら、言語だけが、存在の現実というそれ自体の現実において、「自我」の概念を実際に基礎づけるからである。われわれがここで扱う「主体性」というのは、話者がおのれを「主体」として立てる能力のことである。

——エミール・バンヴェニスト「言語における主体性」、『一般言語学の諸問題 1』(1966)

C’est dans et par le langage que l’homme se constitue comme *sujet* ; parce que le langage seul fonde en réalité, dans *sa* réalité qui est celle de l’être, le concept d’“ego”. La “subjectivité” dont nous traitons ici est la capacité du locuteur à se poser comme “sujet”.

——Émile Benveniste, “De la subjectivité dans le langage”, *Problèmes de linguistique générale 1*

バンヴェニスト(1902－76)は、ソシュール以来の言語学が「言語」langue を特権的対象としてきたのに対して、言語の具体的使用である「言説」discours、そして「発話行為」énonciation の言語学を創設した。

バンヴェニストは、哲学や心理学による「主体」の定義を言語学の立場から転倒してしまう。人間が「主体」たりうるのは、言語によってでしかない。なぜなら、個々の発話行為のなかで「私」と言うまさにそのときに、私(自我)というものは生じるのであって、それ以外に私(自我)の根拠はないからだ。私というものがもともとあって「私」と言うのではなく、他者との言葉のやりとりのなかで自分を je と言い、相手を tu と名ざすことによって、私が生まれ出るというのである。人間の「主体性」というのは、それほど深く言語に依存しているのだ。言いかえれば、言語というのはたんなるコミュニケーションの手段ではなく、人間そのものを構成する根源的なメディアだということなのである。

ソシュール『一般言語学講義』——〈言語学〉とその外部

スイスの言語学者、フェルディナン・ド・ソシュール（Ferdinand de Saussure, 1857-1913）は、ジュネーヴ大学で一般言語学を三年間にわたって講義したものの、それを書物にまとめることなく世を去った。したがって、『一般言語学講義』[1]というタイトルのもとに一九一六年に出版された書物は、彼の死後、他者たちによってまとめられたものである。しかしながら、現代言語学、記号論、構造主義という、二〇世紀を画した三大潮流の歴史的出発点は、まぎれもなくこの書物に求められる。ここでは、言語学の成立という視点から、『講義』の現代的意義をふりかえっておこう。

言語学の成立

言語学が新しい科学として成立するには、ある決定的な断絶を経験しなければならなかった。思弁的・内省的な言語研究から実証的・科学的な言語研究への移行、と言うだけでは十分ではない。なぜなら、言語学は、言語をめぐる言説《ディスクール》の根底的な変容とともに誕生したからである。伝統的な哲学と断絶した言語学誕生の臨界点は、ソシュールの「恣意性」という概念に集約されている。

たしかに、ソシュールの言語記号の恣意性の原理は、プラトンの『クラチュロス』に見られるような、古代ギリシャ以来の「自然論者《ナチュラリスト》」と「慣習論者《コンヴァンショナリスト》」の論争の延長線上に位置づけられることも多かった。すなわち、それは、事物の名称が「慣習」ないしは「契約」によって人為的に決定されたと考える「慣習論」の焼き直しにすぎない、というわけだ。

哲学と言語学の関係		
ディスクール	認識対象	恣意性
哲学	言語と現実の関係	事物と名称の関係
言語学	言語の内部 （記号のネットワーク）	記号内のシニフィアン とシニフィエの関係

しかし、ソシュールの恣意性が問題にするのは、事物とその名称のあいだの関係ではなく、言語記号内のシニフィアン（記号表現）とシニフィエ（記号内容）の関係なのだ。さらに革新的なのは、あらかじめ実体として存在する概念《コンセプト》と聴覚像《イマージュ・アクースティック》（イメージとしての音）が事後的に結合するのではなく、シーニュ（記号）を構成する恣意的な絆の誕生とともにシニフィアンとシニフィエが同時に生成するという発想である（表参照）。

このように、ソシュールは、恣意性の場を言語（名称）と現実（事物）との関係から、言語内、すなわちラング内部の問題へと移行させたのである。したがって、ソシュールの恣意性の議論をつうじて、われわれは、〈哲学ディスクール〉と断絶した〈言語学ディスクール〉誕生の場面に立ち会うことができるのだ。これによって、言語学は、言語と現実との関係という伝統的な哲学の問題設定から離脱し、記号のネットワークとしての言語（ラング）という未知の領域を探究の対象に据えることになったのである。

〈言語学的なるもの〉から〈象徴的なるもの〉へ

しかし、パラドクシカルなことに、〈言語学的なるもの（le linguistique）〉を基礎づけたソシュールは、それと同時に、言語学がラングという対象を汲み尽くせないことを明らかにしてしまう。たとえば、「価値は意味作用《シニフィカシオン》の一要素《エレマン》」という『講義』の謎めいた一節は、「価値」、すなわちシステム内で決定される言語記号の意味は、より複合的な「意味作用」全体のなかの一要素にすぎない、と解釈することができる。[2] この解釈が含意するのは、「言語《ラング》の全体は言語学者の専有物ではなく、ほかの学問も、正当に、言語に携わることができる」ということにほかならない（フランソワーズ・ガデ『ソシュール

言語学入門』、立川健二訳、新曜社、一九九五年、一〇五頁)。

〈言語学的なるもの〉に還元されえないラングのもつ過剰性を、ガデとともに〈象徴的なるもの(le symbolique)〉と呼んでみてもよい。たとえば、ラングを構成するありとあらゆる記号たちが、たがいに関係を結び、呼びあい、交通しあうこと。このような記号たちの連合関係は、語る主体の無意識の領域にまで及んでしまうために、言語学者にはもはや理解も記述もできない現象であるほかはない。

このことと関連して、次の柄谷行人の発言(丸山圭三郎への問いかけ)が思い出される。

方法的にはどうしても一義的なもの、ツリー的なものから出発しなければばその反対〔セミ・ラティス的なもの〕が見えて来ないと思うんです。だから、ソシュールが実際にそう言ったかどうかは別としても、いわば科学としての言語学を築かなければ、言語(自然言語)にはせまれないと思うのです。そういう両義性が、言語学者には理解されなかったのではないですか。

(丸山圭三郎ほか『文化記号学の可能性』夏目書房、一九九三年、二三〇頁)

言語学成立の現場に身をおいたソシュールは、形式的な科学としての言語学を徹底することによって、逆に言語学の限界を露呈させ、ラングという対象のもつ過剰性まで浮かびあがらせたのだ。つまり、ソシュールは、あくまでも〈言語学者〉に徹したからこそ、一言語学者として歴史の闇に葬られるのではなく、「思想家」として後世に名を残す栄誉を手にしたのである。彼が書かなかった『一般言語学講義』という書物は、彼の曾孫世代のぼくたちの生命が尽きた後も、二〇世紀の古典として読まれつづけてゆくことだろう。

註

1 Ferdinand de Saussure, *Cours de linguistique générale*, Paris : Payot, 1916, 1972, 1985, 1995 ; フェルディナン・ド・ソシュール『一般言語学講義』小林英夫訳、岩波書店、一九七二年。

2 《単語の価値というと、人は一般にそしてまず何よりも、観念《イデー》を代行再現《ルプレザンテ》するというその特性のことを考える。事実、それもまた言語価値の側面の一つではある。しかし、もしそうだとすれば、その価値は、**意味作用**《シニフィカシオン》と呼ばれるものと、どこが違うのだろうか。（中略）

価値は、その概念的側面においてとらえると、おそらく**意味作用の一要素**であるが、意味作用は、価値に依存していながら、どうしてそれと区別がつくのかを知ることは、実に難しい。とはいえ、この問題は、はっきりさせる必要がある。さもないと、言語《ラング》をたんなる名称目録《ノマンクラチュール》に還元してしまうおそれがあるからだ。》

（*Cours de linguistique générale*, Payot, 1995, p.158. 強調は引用者）

【ソシュールの言葉】

言語学の唯一かつ真の対象は、それ自体として、それ自体のために考察される言語である。

La linguistique a pour unique et véritable objet la langue envisagée en elle-même et pour elle-même.

以上、われわれの科学の境界領域にこころみた研修旅行の成果はといえば、それはまったく消極的な教えである。だが、それはこの講義の根本思想と一致するだけに、いよいよ興味にとむものである。**すなわち、言語学の唯一かつ真の対象は、それ自体として、それ自体のために考察される言語である。**

——ソシュール『一般言語学講義』(1916)

Des incursions que nous venons de faire dans les domaines limitrophes de notre science, il se dégage un enseignement tout négatif, mais d'autant plus intéressant qu'il concorde avec l'idée fondamentale du cours : *la linguistique a pour unique et véritable objet la langue envisagée en elle-même et pour elle-même.*

—— Saussure, *Cours de linguistique générale*

これは『一般言語学講義』の結びの一句であり、まさしくソシュール言語学の思想を集約するものとして有名である。これは、言語学が一つの「科学」として成立するのだという、言語学のいわば独立宣言と見なすことができる。従来の、一九世紀の言語研究(文献学)は歴史学、考古学、文学研究などの補助学問と見なされていた。それは、独自の視点と独自の対象をもっていなかったからである。ソシュールは、言語学に「言語(ラング)」という独自の対象を与えることによって、言語学を一つの「科学」として成立させることに成功した。その後の現代言語学の発展は、このソシュールによる言語学の基礎づけから出発して実現されたのである。

ところが、この有名な一句、実はソシュール自身は彼の講義のどこを探しても、一度も語っていない。彼の死後に『一般言語学講義』を編纂した弟子のバイイとセシュエの創作であることが明らかになっている。この一句をめぐっては、それでもこれはソシュールの思想をうまく要約しているという意見もあれば、いやこれはソシュールの思想に反するという意見もある。

言語のなかへ——丸山言語哲学を導きとして

竹田青嗣×前田英樹×立川健二

丸山圭三郎との出会い

前田　丸山先生にかかわった時間は、ぼくがいちばん長いと思います。学生としてはじめて授業を聴いたのは一九七二年ですが、そのときはフランス語学概論と称して、ソシュールや構造言語学の概略的な説明から入って、メルロ=ポンティに行き着くという道筋だったと記憶しています。

いまから思うと、二一年前にはすでに『ソシュールの思想』（岩波書店、一九八一年）で書かれていることはかなり出来上がっていたわけです。その要点は、第一に、いわゆる客観世界として想定されているものが、実体の上に成り立っているのではなく、視点から生まれる関係によってつくられたものであるということ。もう一つはそういう関係というものは、それじたいネガティヴで、しかも可変的なものだということ。ですから、そういうものを関係づける主体は、世界にとりこまれていると同時に関係づける主体でもある、ということがメルロ=ポンティの言語の現象学などと関連づけて語られていたという記憶があります。

ぼくはその当時、そういった話を聞いて、メルロ=ポンティには関心がありましたし、非常に動かされ、啓発されるところがあったんです。

結局、ソシュールを知り、読みはじめていったのは丸山先生の授業を出発点として、ということになりますね。

立川　ぼくは、一九七九年、まだ学部の学生だったころ、丸山先生が東京日仏学院でソシュールにかんする講義をなさっていたときが最初のコンタクトだったと思います。

その当時、学生ですから、構造主義という思潮があるとか、ソシュールという人がいるとかいうことを発見しつつある時期でした。

それから、丸山先生の『ソシュールの思想』の元になる原稿を大学の紀要や『現代思想』などから集めて全部読んでいったのです。そのときの印象は、これは読者がいちばん感じていることだと思うのですが、圧倒的に読みやすいということです。思想的な書き物、とくに現代フランス系のものは、まずわからない部分がたくさんあるのですけど、丸山先生の書いているものは、丹念に読んでゆくと、何が書いてあるか、ほぼ全部意味がわかるということで、ぼくがソシュールを勉強するうえで、一つの入門書的な役割を果たしてくれたのではないかと思います。

その後、大学院生のとき三年間、丸山先生の講義を聴くことになったんですが、そのときは、ちょうどソシュール研究から『文化のフェティシズム』（勁草書房、一九八四年）に至る移行期で、こんなことを言っては失礼ですが、思想家・丸山圭三郎がおそらくいちばん成長しつつある時期だったと思います。一九八二年から八四年にかけてのころです。

そのころぼくは丸山先生とずいぶん議論をしましたし、ぼくの意見をご自分の理論にとりいれてくださった点もいくつもありました。そんななかで自分もソシュール研究をはじめていったわけですが、日本でソシュール研究をするうえで、丸山圭三郎という人は避けてとおれないし、ソシュール解釈の一つの座標軸として存在していると思うんです。ですから、ぼくにとってソシュールを〈読む〉ということは、いかに丸山圭三郎と対決するかということにほかならず、そのことは、ぼくの最初の著書『《力》の思想家ソシュール』（書肆風の薔薇、一九八六年）にも色濃く出ていると思うんです。

竹田　ぼくは、はじめから哲学や思想に興味があったわけではないんですね。二〇代の終わりくらいにフッサールを読んで、ちょっとこれはおもしろいという感じがあった。その後三〇をすぎたころからポストモダニズムという思潮が入ってきました。そこで、ずっと自分のなかで考えていたことと関係のありそうな問題がいろいろ出てきて興味をもったんです。ただ、ぼくの場合、日本の紹介者のものを読んだわけですが、「なるほど、そうか……」という形では納得できないんですね。それは文章が難しいという問題ではなくて、ポストモダニズムの考え方の質にちょっといかがわしいなという感じをもった。なんとなく小出しにして、デリダとか、ドゥルーズとかいう思想家たちがいて、実はすごいことを言ってるぞという雰囲気を漂わせる。それでいてどう受けとっているのか、その核心はあまり伝わってこない。そういう書き方なんですね。

それでぼくは、これはあやしいという感じをずっともっていた。しかし、ポストモダニズムの思想から、ソシュールやニーチェやフロイトなどが重要な人物だということは受けとめて、少しずつ読んでいったのです。それでたとえば、フロイトだったらいわゆる現代思想の紹介者より岸田秀さんの言い方がよくわかる。それは、岸田さんはこういう動機でフロイトを読み、こういう根拠でフロイトを受けとったという芯がよく納得できたからです。

あるいは、ウィトゲンシュタインだったら橋爪大三郎さんの読み方が、なるほどこう解釈するとウィトゲンシュタインがもっともよく生きると納得できる。同じように丸山さんのソシュール論も学問的に堪えられる水準でありながら、ぼくなどが読んで、読み方の動機や根拠がとてもよくわかるんですね。また、たんにソシュールは言語を形式化したということだけでなく、その裏の〈読み〉、つまりソシュールは言語を差異の体系として示したという既成の理解のなかに、実は、差異の体系としてはとらえられないような要素が言語にはある、という思想がソシュールの最後の到達点である、ということをはっきり打ち出されて、それはぼくには論理的によく納得できたわけです。

それから、丸山さんのソシュールはたんに紹介するという形ではなく、おそらく丸山さんがものを考えてゆくうえでのいちばんの中心問題をソシュールのなかに発見したということがよく理解できる。つまり、ちょうどぼくがフッサールのなかに自分が長く考えてきたことの核心点を見つけたように、丸山さんのソシュールもそういうものだったに違いない。その感覚がぼくには大きかった。

そして、言語の問題は現象学の認識論と深く絡んでいる。ソシュールの場合は古典的な認識論を根本的にひっくり返したのですが、そのひっくり返し方のエッセンスは同じなのだという感じを丸山さんのソシュール論から受けたわけです。おそらく丸山さんと自分の直観はかなり近いと思った。それではじめに丸山さんと対談したいと思ったんですね。

それをあえてひとことで言うと、人間の認識の問題ではなくて、意味や価値の根拠の問題が重要なのだという直観です。

丸山言語哲学とは

立川　おそらく丸山言語哲学には、二つの側面があって、一つは〈読み《レクチュール》〉の方法、もう一つは丸山先生の言語哲学の理論的内実そのものだと思うんです。ぼくがいちばん影響を受けたのは、〈読み〉の方法です。ひとことで言うなら、ソシュールを思想家として読んだということ。そういう可能性の地平を切り拓いたということです。

ソシュールは言語学者であったわけで、構造言語学の発展のコンテクストのなかでつねに語られてきた。それじたいは間違いではないですけれど、そういう一科学の一つの歴史の瞬間として位置づけられてきたソシュールではなくて、それを一つのテクストとして読めるのだということ。もちろん原理的にはどんな著者でもテクストとして読めるはずですが、しかし、実際にはそれは難しいことです。それでは、ヤーコブソンやイェルムスレウを思想家として読めるかというと、それはかなり難しいことだと思うのです。
ぼくより前に丸山圭三郎という人がいて、ソシュールを思想家として〈読む〉というディスクールをつくっていてくれた。ぼくの読みの内実は丸山先生とかなり異なりますが、逆に言えば、丸山先生はエピゴーネンをつくらないという対応をぼくらにしてくれた。ぼくがソシュールにかんして何かを語れるということを可能にしてくれたということです。ぼくのソシュール解釈と前田さんのソシュール解釈、また丸山先生のソシュール解釈、これはまったく違うんです。世間では「丸山学派」と言うかもしれないけれど、これがどこが学派なんだと思ってしまうのです。それでもやはり、言語現象を具体的に分析している言語学者たちがソシュールを見る見方とぼくらが見る見方は根本的に違っている。ぼくらはテクストとして読んでいる、ということです。

前田　たしかに、立川さんがおっしゃったとおりなんですが、ぼくの場合丸山先生のむしろ〈読み〉のほうにだんだん異和感をもつようになってきたんです。

それは、いま、お二人が言われていた丸山理論の「わかりやすさ」が不思議になりだしてきたからです。そもそもソシュール自身の草稿はたいへんわかりにくい。そのうえだんだん書くことが少なくなって、沈黙してゆくわけです。

たしかに丸山先生の〈読み〉は、次々に追加されていって、体系としては複雑化してゆくんですが、ソシュールの中心的な難解さ、中心になる難解性が脱落しているのではないかという思いにとらえられたんです。

ぼくはむしろソシュールのわかりにくさに徹底的に降りていきたかった。構造主義がもっている本来的なわかりやすさ、そういうものにも疑問がありましたしね。むろん、それでも丸山＝ソシュールの明快さが、大きな手助けとなったことは間違いありませんが。

立川　そういう意味でいうと丸山先生は、わかりやすさという面と、もう一つは理論家なんですね。テクストの〈読み〉から出発してはいるけれども、テクストの〈読み〉というのはどこかで停止させて、理論的な図式をどんどんつくってゆくというのが丸山圭三郎の歩みで、それに対して、前田さんはテクストそのもの、エクリチュールそのものにこだわって、ソシュールの難解さと同質の難解さを生みだしてゆく。ぼくの立場はおそらく丸山先生と前田さんの中間で、丸山先生の理論化してゆく姿勢にも惹かれる。しかし、ソシュールのテクストはそう簡単に図式化することができない不透明さをもっていて、それにつきあわなければならないというところでは前田さんに近いので、二人の中間にいるんだと思うんです。しかし、ぼくは前田さんに対しても異和感がありますね。ソシュールと同質の難解さをつくりだすというのはどうなのだろうかと……。

竹田　ぼくがわかりやすいといったのは、たんに平易とか明晰ということではなくて、その人がソシュールをこういうふうに受けとったということの芯がよく納得できるということですね。というのは、日本のポストモダニズムの人たちは、本当は、よくわかっていないのではないかと思えるふしがある。文章が難しいとか平明とかいう以上に、この人はこの思想をこういう道筋のなかで受けとっているという、その確信のありようが伝わってくるかこないかということなのです。

　ぼくは言語学それじたいとしては意見を言えませんが、丸山さんがソシュールをどう読んだかについて自分なりの理解があるつもりなので、前田さんに、丸山理論のどこに大きな異和感を覚えるのかということをもう少し言ってもらえればと思うのですが。

丸山理論への異和感

前田　そうですね。いろんなふうに話せると思うのですが、一つの側面から言うと、「一般言語学のソシュール」から引き出せる大きな命題は、言語という否定的な関係の網の目が世界を「切り取って」いるということだ、こういった前提ですね。これは非常にわかりやすい考え方なんですけれども、こういう考え方は実際ソシュールの草稿を読むかぎり直接には出てこないのです。たとえばノート9のなかで事物をつくりだすのは視点であるという、丸山先生がよく引用されますが、あれは事物というのは世界の事物のことを言っているわけではなくて、言語事象のことを言っているわけです。そうすると、この点でも丸山先生の体系の設定の仕方とソシュールの課題の中心とは次元がはっきり異なってくるのです。ソシュールの課題の中心は、言語事象が存在するとはどのようなことかという問いそのものにありますから。

これは本来言語学者の問いではありません。たとえば、言語学者は言語事象をネガティヴな関係、言語という否定的なコードのなかの一つの辞項であるという考え方をするんです。こういう否定性を厳密に定式化して成功したのは、ヤーコブソンたちの音韻論だけです。それ以外に否定的コードとしてラングを考える発想は、音素体系をモデルにしながらけっしてその水準まで否定性をおしすすめてゆくことができない。その点、ヤーコブソンは、やはり自分の方法をよく知っていますから、否定的コードと言い切れるものは音素体系のみだと言っているわけです。否定的コードというのは、閉じられた一定数の辞項でなるコードでなければ純粋にネガティヴな関係性にはなりません。ソシュールはそういうコードのことを言っていない。ソシュールが言っている否定性というのは、ヤーコブソンが規定しているような否定性ではないのです。彼が問題にしているのは、最初から言語事象の存在じたいなわけです。ソシュールが言語単位を否定的なものだというときは、言語事象が世界の側に基盤をもっていない存在だということを言いたいわけなのです。ですから言語単位が存在すること、それじたいのほうへ問いを移していったときには、言語単位はそれ自身のあり方においてポジティヴになるのです。ポジティヴな差異というものを考えなかったらソシュールの単位論は解明できないのです。

竹田　言語単位がポジティヴということの焦点をもう少し言ってくれませんか。

前田　たとえば、純粋に否定的なコード内の辞項というのは、Aというのは非Aでないという規定の仕方をするのですが、非Aでないものがもし無限定にあるとしたらAというものは厳密に規定できません。

たとえば、雨天を示す旗の色と晴天を示す旗の色だけで天候を示すのなら、雨天と晴天は厳密に規定できるのですが、もし、雨天という旗の色を示して、それ以外にも小雨も嵐もそのほか無際限に非雨天としてあるのだったら、雨天の意味というのは厳密に規定できなくなります。そういう場合に雨天という辞項の価値を了解しようと思ったら、そのときにある天候の状態とか、何か体系外的なものを参照する以外にないわけです。ですから、各辞項が純粋にネガティヴであると言うためには、体系が閉じられている必要があるんです。これが、音素論が規定できる否定性なんですけれど、しばしばこういった否定性と世界に対する無基盤性としての否定性が混同されるのです。

ラングが世界に対して無基盤な、言いかえれば恣意的な体系であるということと、ラングが否定的で示唆的なコードであるということとは、けっして直結させられるべきでない。それらのことを分離させなければ、Aでないものは非Aで、非AでないものはAだというような二項対立の閉じられた体系のなかでしか言語というものが了解できなくなる。もし、言語がいわゆる音素体系のように閉じられた関係ではなく、それじたいが差異を産出していくものだとしたら、そういう差異というものは、そのような意味では「純粋に否定的」とは言えないのです。ある意味では言語的なポジティヴィテというものがあるのです。

こういう言語的なポジティヴィテというのは、言語それじたいが産出している一種の質にほかなりません。

竹田　ぼくが丸山さんから受けとった見方をなるべく大づかみに言うと、まず客観の秩序があって、そこに言語がレッテルのように貼りついているのではないということですね。もう一つは、では客観というのは事象のそれじたいの秩序ではなく社会的諸関係の秩序だと考えることができるけれど、しかし、関係そのものに実体性があるのかというとけしてそうではない。実は、それじたい言葉によって分節されているという考え方ですね。そこから丸山さんは、言語の分節それじたいを可能にしているランガージュの根拠という問題に踏み込んでゆくわけですが、さしあたりこれに対して言うと、前田さんの読み方ではソシュールの中心の問題というのはどういうことになりますか。

前田　たしかに、言語は世界の側の質的分離を反映していません。そういう意味で言語が非実体であるということには反対ではないのです。その考えはソシュールにもあるんです。しかし、先ほどから言っているように、そのことが言語を純粋に否定的な分節の網の目とすることに直結するわけではない。世界の側の質とは別の、もう一つの存在としての言語事象が〈ある〉ということ、このことこそソシュールを悩ませた問題なのです。

立川　ソシュールの課題の中心がラングにあるという点では、ぼくは前田さんと解釈が近いですね。前田さんがおっしゃっていたことと絡めて言うと、非常に謎めいていて問題にしなければならないソシュールの一節が第三回講義にあります。差異と対立ということを彼は区別して、〈差異〉があるとすると、それはシニフィアンとシニフィエのレヴェルにしかなく、シーニュ（記号）のレヴェルになると〈対立〉になる。その〈対立〉というのは、純粋な〈差異〉のようにネガティヴなものではなくて、ポジティヴなものであるという言い方をするんです。ふつうソシュールの差異と言われているものを厳密に言うと、〈対立〉と言わなければならない。対立のシステムというのが、まさに前田さんが言った音韻論で厳密に形式化されてゆくことになる。たしかに、ラングをたんにネガティヴなコードとしてとらえるのに問題があるというのは賛成です。さっき指摘されたノート9の「視点が事物を創りだす」というのは、ソシュールにとっては言語学の対象の問題なのです。

もちろん、丸山先生から「文献学的に読む必要はない」と言われれば苦しいのですけれど……。

しかし、ソシュールの言語学はエピステモロジー（科学認識論）なのではないか。むしろそこに中心的課題があり、出発点があるのではないかと思います。丸山先生はそこをもっと一般的な認識論として読んでいるんです。言語によって人間が世界を分節するという話になってしまう。それは丸山理論ではそれでいいし、その考え方じたいにぼくらは影響を受けていますから。

たしかにぼくもある時期、ソシュールは思想家であると言っていましたが、しかし、いまはむしろソシュールの課題は、言語学の問題であり、ソシュールは言語学者であって、言語学という学問が生まれつつあるなかで、「思想」というべきところまでソシュールは踏み込んでしまった、と言うほうが正確だと思うのです。

丸山先生が「ソシュールは言語学者でなく思想家である」というのは、最近では、ぼくは一つのレトリックなのではないかと思うようになってきましたね。

前田 たしかにソシュールが言語学者ではなかったというのは、誰もが言いたい一つのレトリックですが、では、たとえば思想家と呼ばれる人間たちのなかで、ソシュールほど言語を考えた人間がいるかというといないんですね。だからソシュールが演じた〈言語学〉を、彼がいわゆる思想家であったことの証にしようとしてもあまり意味がない。フッサールは哲学者ではなかったのです（笑）。

竹田 ソシュールが思想家かそうでないかということについては、ちょっとぼくには受けとれないのですが、ぼくがソシュールでいちばん大事な点だと思っていることについて言ってみます。

たとえばソシュールはそれまでの言語学の発想に対して、言語を基本的に恣意的な差異の体系として把握するという方法を提示した。これは構造化、形式化ということで言われていますね。言いかえると、まず言語をデジタルなコードの集積とみなせば、そのうえでそのシステムをはっきりさせられると。しかし、この方法をもっと押し進めていくと、そのコードなるものは厳密な法則としてとりだせないことがはっきりしてくる。言語を構造化、形式化することで、言語の問題が全部解けるだろうと思っていたが、それを突き進めていくと、それが不可能であることが見えてくる。ソシュールはそれが不可能になることの理由を言語事象そのもののなかに発見した。ソシュールはそこまでいった。これはどういうことかというと、人間がつくりだすシステム、たとえば言葉とか社会とかいうものは、けっして一義的なあるいはスタティックなシステムではありえないということにつながるわけですね。

これはメルロ＝ポンティが身体論で見出したのとまったく相似形の問題です。丸山さんはソシュールをそういう場所で受けとったと思うんですね。

前田　そうですね。たとえば、ラングが否定的コードでそれは世界を分節するものだ、と言ったときに、その場合分節される世界とはどんなものとして〈ある〉のか、分節する側のラングはどんなものとして〈ある〉のか。〈ある〉ものでなく、たんに関係を形成する主体の活動だけが〈ある〉という言い方ですますのか。それともそうではなくラングというものは何らかの形式性として想定してしまうのか。そういう問題がありますね。その問題は丸山理論もまったく素通りしているわけではない。分節される側の世界と分節する関係の網とがどんな形で存在するのかは、『文化のフェティシズム』で〈身分け構造〉と〈言分け構造〉という概念を出してくるときにある程度明確にされようとしている。

あの概念が出てくる以前は、言語で切りとられる前にも自然的な世界があって、それとは別に人間がつくりだす構造があり、後者は世界を言語的に切りとったものだ、という言い方しかされていない。その自然的な構造が〈身分け〉によるものになった。それは一般化できない真に多様であるべき世界の像ですね。しかし、それは像であって、世界の存在そのものではない。丸山理論では、世界の側の存在を明確にしようとする瞬間と、その問題を抹消してしまう瞬間とが同じになってしまうのではないか。

もう一つは、〈身分け構造〉はそれじたい過不足ないんですが、〈言分け構造〉はそれに対する過剰としてあるということになっている。その過剰によって〈身分け構造〉が破綻してカオスが噴出してくる。言分けられるのはこのカオスというわけでしょう。そうしますと従来、言語が分節するとされていた世界は、ランガージュがもたらす生の流動としてとらえられているわけです。分節するものが分節されるものをつくりだしている。この循環は明らかに、流動、無意識が〈ある〉ことからも、言語が〈ある〉ことからも、わたしたちの眼をおおってはいないかということです。

竹田　お二人の言わんとすることをうまく受けとっているか自信がありませんが、つまり分節する原理があるとしたら分節されるものがあるはずで、分節されるものはいったいどう考えればいいかという問題がありますすね。

言葉が世界を分節する、切りとる、というとき、しかし、その場合分節される〈基体〉のようなものがあるのか、という考え方ですね。

たとえばカントはそれを〈物自体〉と言うのですが、それでは〈物自体〉とは何か、それは認識可能なのかという問題が出てくる。それが近代哲学の認識問題ですね。しかし、現象学では、実は認識というのは、経験するとか、丸山さんの言葉でいえば「生きる《レーベン》」ということが基礎になる。経験するということが認識できるということの源泉なんです。ですから現象学では、〈基体〉なるものがあって、それが認識可能かどうかという問い自身が、背理的な問いだということになります。もう少し言うと、現象学では〈物自体〉としての客観なるものは、けっして何ものにも経験できない世界、ただ認識できるかできないかではなく、そういうことは一つの想定として何かが存在するとしか考えられないものということになる。

これについては『はじめての現象学』（海鳥社、一九九三年）という本でかなり詳しく書きましたが、すると〈物自体〉はどういう存在なのかという問題はそれ以上考えなくてもいいし、考えたとしても答えの出ない無意味な問いだという踏ん切りから現象学は出発するわけです。ですから、それにかんしてだけ言うと、丸山さんが身分けという考え方から出発するのは整合性があると思うのです。

前田　分節されるものの〈基体〉と言われましたが、その〈基体〉が何であるかという問題は現象学ではいったん置いておいてもいい、というのはわかります。しかし、置いておくためにはそれがまず〈ある〉ということを認めなくてはいけないんですね。それがないということになれば現象学の還元は成立しません。この問題は重要ではないでしょうか。しかし、丸山理論ではその点がよくわからない。世界が〈ある〉ということの人間の確信の問題、〈物自体〉が〈ある〉という確信の問題がどうなっているのか。もう一つは、言語が分節する〈基体〉は何か、これはさっきから言っていますように、丸山理論では〈身分け構造〉の破綻から噴出してくるカオスになるわけです。丸山理論ではそれはランガージュが生みだすということになっていますね。

竹田　欲動ということですね。

前田　ええ。ランガージュが過剰としてまずあって、それがカオスをつくりだす。そういう考え方については竹田さんはどう思われますか。

竹田　丸山さんの欲動という概念がぼくのなかでいちばん受けとりにくいところです。

つまりフロイトで言う、まったく意識されない、排除されるだけの無意識――原理的には意識にのぼることができないような世界――が想定されているわけですが、現象学はあらゆる世界を構成された像とその確信の構造として読みとってゆく方法ですから、それをまず実在のものと措定しない。ただ丸山さんはその理論をあくまで仮説的なフィクションだと言われていますが。現象学の場合は無意識の構造がどうあるかというふうには問わないで、まず世界分節の原理を考えるわけです。

ぼくの場合は分節の原理を〈欲望〉という概念で呼んでいます。

そのとき〈欲望〉が何であるか、〈欲望〉の由来はどこなのかということは原理的には言えないし、問う必要もない。なぜならば〈欲望〉とはさまざまな秩序や因果関係をつくりだしている原理それじたいだからです。

現象学は意味や価値の原理論に向かうものですから、その観点で言うと、意味や価値という系は必ず原理的に主体の可能性とか目標ということなしには成立しません。可能性とか目標という連関を可能にするのは、「～したい」とか「～しなければならない」という〝感じ〟があるということですね。

この感じをぼくはエロス性とか欲望とかと呼んでいるわけです。

現象学はそういう場所から、無意識なら無意識の世界ということをそういう想定それ自身を成立させる確信の構造として確認できればいいので、それがどういう「存在」なのかは問わなくていいと考えるんですね。ですから、ぼくの場合、いまいった原理から言うと、客観的に何かが存在するのかという問いは本質的ではなくて、たとえば人間がなぜ動物とは異なった、しかもそこにいろんな謎が現われるような幻想の秩序をもっているのかを了解すること、そのことだけが本質的な問題だと考えるわけです。ただ前田さんが言われたように、現象学が世界がまず〈ある〉という確信というか、信憑から出発するというのはまったくおっしゃるとおりです。そこに丸山哲学にとってクリアにしなくてはいけない大きな問題があるということでしょうか。

言語が〈ある〉ということ

前田　たとえば、それが〈ある〉という信憑から出発しない場合、〈ある〉のは身体の構造化のみだという言い方が出てくる。身体は構造化の活動そのものだと。それに対して言分けというのはどのレベルで生じているのかというと、身分けに対する一つの過剰として生じているという。それでは言分けというのは何を分節しているのかと言うと、今度は身分け構造のある種の破綻から生じてくるような流動、無意識、欲動ということになる。これは、ランガージュが一次的と考えたら欲動は二次的になるという意味ですね。そういう言い方は欲動、無意識が〈ある〉という信憑から出発しなければ成立しないのです。丸山理論のいちばんの問題点は、いつもその信憑性を先送りしようとする形でしか展開されないところにあるのではないでしょうか。

竹田　一つ言い忘れたのは、丸山理論の欲動という概念は大ざっぱに言ってラカンの〈現実界〉に対応されるものですね。ぼくはラカンの〈現実界〉を何かと考えるときに、これはカントの言う〈物自体〉と考えればいいと思っています。つまり丸山理論からぼくが理解するのは、動物だったら個々の個体の経験世界が世界のすべてであるのに、人間は言葉によって関係の世界をつくりあげているため、その経験世界の外側に現に経験してはいないけれど実在として世界の全体が必ずあるという信憑をもつということです。人間はそういう信憑を意識してはいないけれども原信憑として必ずもっていますね。つまり人間は言葉を使うためにそういう〈現実界〉、つまり物自体の世界があるといういわば暗々裏の信憑をもつ。ぼくはそういう形で丸山理論を理解しています。しかし、丸山理論の三層構造は、一方でフロイトの無意識と類比されるところがあり、現象学で言うと、どこかに実体としての欲動がイメージされて、ひっかかる面があるわけです。ただぼくはそれを方法の違いだと思っているので、それほど気にならないのです。

前田　むろん素朴実在論で、無意識という実体を措定するのはダメなのでしょうが、しかし、欲動、無意識が〈ある〉ということから出発したら、そういうものがランガージュをとおしてつくりだされるという言い方ははじめから不可能なわけでしょう。

竹田　それは微妙な点で、もう少しぼくの理解を言ってみます。人間が言葉によって、世界を編み、文化も編むということは、まずそのとおりだと思うのです。ただぼくの言い方だと身体化されてゆくということになります。身体化ということは、中心化、感受化という言葉で言い表せますが、まずはじめは母親との関係、家族との関係のなかで自分を関係づけて自我をもちます。そしてこの自我が人間の身体性の中心軸になるわけです。自我ができるということは決定的なことで、そこに言葉の世界が編みこまれてゆくのですね。自我をもつ人間の身体性そのものが丸山さんの言葉を借りれば、〈言分け〉された、つまり言葉に編みこまれた身体性であると。しかし大事なのは、この身体性は感性化されて感じる能力になっているということです。

要するに人間は、快不快ということ以上に美意識とか異界、不気味さといったことを世界秩序の軸としてもっていますが、それは〈言分け〉された関係の秩序が、人間においてはその身体性に繰りこまれる、つまり新しいエロス的感受の能力として形成されるということなんですね。ぼくの感じではこの人間固有の身体のエロス的秩序を、丸山さんはコードなき差異とか欲動という階層性として示していると思っています。

この人間の身体性は、動物の身体性とはまったく違った本質をもっています。それは形成されるプロセスがあるわけです。現象学はそれをいわば通時的な形成のプロセスと理解すればいいという考え方です。人間は言葉の意識として生きている以上にそのプロセスによって形成された身体性として、つまりエロス的欲望として生きているわけですが、自分をそういうものとしては意識していないし、またそういうものと意識することができない。そこで、それが「自分である」としか言えないこの非知であるような身体性の総体をおそらく無意識と呼べばいいと、ぼくは考えているのです。ですから丸山さんのラング、ランガージュが「コードなき差異」に組こまれていく、動物は、そういう意味での身体性をもたないということは納得がいくのです。

つまりぼくの理解では、そもそも欲動とか無意識がいかに〈ある〉かは、丸山さんがはっきりさせようとしている問題からは括弧に入れていいような問題だということです。ただそれが一種実体論的イメージをもつために論理上不整合が現われる感じがするのではないでしょうか。

立川　ぼくがこだわってみたいのは、丸山理論の図式は、前田さんが言われるようにどこかで言語が〈ある〉という自明性を想定しているのではないかということです。言語の存在の自明性、言語がどう生成するかは疑われていないのではないか。丸山理論では「ランガージュ」ですけれども、言語というものが現実に立ち向かい、言語のほうにつねに主体性があり、その外部に現実的な対象があって、その現実に対して言語がどう作用してゆくか、それによって現実が分節されたり、あるいは分節しきれないカオスが生じてきたりするという図式ですね。

しかし、ソシュールにとっては、言語名称目録を否定し、恣意性の原理を出すことによって、「現実」というものを括弧のなかに入れてしまう、というのが出発点だったのではないかと思うんです。そのなかでラングやパロール、通時態や共時態などのラングのメカニズムも解明しようとしたのだけれども、そうしてゆくうちにかえってラングというものがだんだん謎として立ち現われてきたということだと思うんです。そのために、ソシュールの専門家が集まってあれこれと議論しても、「ラング」という概念をある程度自明のラインで使うだけで、「結局、ラングってなんだろうね」、ということになってしまう。一九九二年にぼくが参加したスリジイ・ラ・サールのコロックで経験したのは、まさにそういう事態でした。

ですから、ソシュールの問題はラングにあって、彼はラングについて決定的な答えを出していないんですね。だから、ラングについては今後も引き続き問いつづけなければならない。それに対して、丸山理論はどこか途中で人間学のほうに行ってしまって、ラングからランガージュへとテーマをずらし、ソシュールの根本課題から遠ざかってしまった。そのへんがおそらくぼくには、丸山先生が竹田さんや栗本慎一郎さんや岸田秀さんなどと議論がかみあってしまうことの理由であるような気がしてしまうんです。あくまでもソシュールを読むという課題を追究して、ソシュールのテクストにつきあうならば、ラングという問題設定のなかでこそ「コードなき差異」とか「欲動」とかの問題は出てくると思うのです。言語と世界、言語と現実とか、あるいは人間と動物の差異とか、そういう人間学的な問題設定のなかで出す必要はまったくないと思うのです。

言語ゲームのリアリティ

竹田　なるほど。ぼくも一時期言語というものは非常にやっかいなもので、これをどう考えればいいかについてかなり悩んだときがあったんですね。しかし、丸山さんをきっかけに理解できたソシュールの考え方と、もう一つのウィトゲンシュタインの考え方を自分のなかでかみあわせてみると、言語というのはこういうふうに考えればいいんだ、という了解のようなものがいまはあります。ぼくの考えを端的に言うと、ラングというのはいわば〈物自体〉のように想定されるものであって、共時態としてのラングの体系が厳密に存在すると言うことはできないんですね。つまりラングを一つの体系あるいはシステムとして想定することはできるけれども、しかし、ウィトゲンシュタインの言葉を借りると、ラングはむしろ個々人の用法に支えられている。しかし、それはラングが個々のパロールによってつくりだされるということとは違う意味をもっている。

たとえば、誰かがばかな失敗をしたときに、「あなたは、なんておりこうさんなんでしょう」と言いますね。これは一般的なラングのコードと違うわけですが、しかし、自分はこういうコードによってこの言葉を喋っているんだということを用法は同時に提示しているんですね。このことは何を意味するのかというと、厳密なコードとしてはけっして言葉の用法は明示できない。しかし、言葉が使われ日常生活でそれが成立している以上、何らかのコードがあるとしか言えない。逆に言えば、何らかのコードがあるというふうにしか言えないにもかかわらず、コードを明示的にとりだすことはけっしてできない。

これは簡単に言えばポストモダン的な「構造と力」の問題であって、構造をつねに動かして変化させているような力があり、その力を理解すれば言語がどのように存在しているのかが了解できるはずだが、この力を構造としてとらえることができない。この問題をどう考えればいいかということですが、ぼくの考えを言うと、力というレヴェルの問題は構造、つまりコードの集合としてのシステムというレヴェルとは違った概念でとらえないといけないということです。

たとえば、ウィトゲンシュタインは、言語を一種のゲームだと考えればいいと、言っています。ふつうゲームはルールによって成り立っていると考えられるし、このゲームのコード（規則）をすべてとりだせばそのゲームの全体が理解されると考えられる。しかし、言語ゲームの本質というのはぼくなりに言えばそれは、たとえばあまり野球のルールをはっきり知らないような少年たちが集まって、何となく〝野球のようなもの〟をやっていると考えればいい。そういう場合厳密なルールがない、審判もルールブックもない、そのつどそのつどみんなでルールを決めたり変えたりしてゆく。言語ゲームは、そういう厳密な根拠をもたないゲームだと考えればいい。

ぼくはこの考え方は、影響関係は別にしてソシュールからウィトゲンシュタインへという現代言語思想の中核だと思います。

この考え方の要点は、ゲームの本質をルールとしてのコードの網の目と考えても意味がない。むしろプレイによっていかにルールが生成されてゆくかについての原理論としてゲームをとらえなくてはいけない、ということだと思います。

　つまりぼくは言語をつねに動かし、言語コードをたえず変転させる力とは、プレイに参加している人間のエロス原理だと考えるわけです。エロス原理という項を置くと、厳密なゲームのルールの根拠もないにもかかわらず、何となくルールが行なわれ、しかもそのルールがたえず変わってゆく、という人間がつくり上げている関係の基礎論が根拠づけられる。それは関係というものを因果的規則の構造ととらえないで、意味や価値の系列の構造ととらえることなんですね。

立川　その竹田さんの言語のとらえ方、言語ゲーム的な人と人との関係性のなかで生成してゆくような言語という考え方は、ぼくにとってもリアリティがあるのです。そういったプラグマティック（言語使用論）的な言語観というのが、ぼくの考えでは丸山先生にも、またソシュールにもまったく欠落しているのではないかと思います。たとえば、丸山先生が「ノモス」というとき、非常にスタティックに固定されたルールのシステムと考えているんですね。ウィトゲンシュタインのいうように、他者との間で教えたり教えられたり、あるいは使いながらプレイしながらつくられていくようなルールであるとか、関係性のなかで生みだされてくるものとしての言語というのを丸山先生は考えていないのではないか。丸山圭三郎的に言うと、コミュニケーションとは、たんなるノモス的な情報伝達にすぎないものであって、そのために「コミュニオン」なるものを出してきてしまうのです。

　ぼくはコミュニケーションとは、たんなる情報伝達だとか言ってそんなにバカにできるものではなく、非常に問題性をはらんだ現象だと思うのです。

　要するに、プラグマティック的な問題次元に丸山先生はまったく関心をもっていないのではないかと考えているということなのです。竹田さんがそんなふうに言語を了解しているならば、丸山先生とはぜんぜん違うのではないかと思うのですが……（笑）。

前田　さっき言われた、伝達が最初にあって、言語学が記述しているようなスタティックなコードというのは、伝達が成立した後に事後的に構成されるものでしかない、あらかじめ決まったルールは存在しないので、つねに他者に向かって成功するかもしれないし、失敗するかもしれない、そういう危険な伝達こそが言語だという後期ウィトゲンシュタインの考え方ですね。

それは、言語があるかないかという問いに対する一つの答えとして成り立ちます。たしかに、プラグマティックスやウィトゲンシュタインの考え方にはぼくも非常に刺激を受ける。やはり、それは言語があるかないかという根底的な問いへの一つの答え方なわけです。しかし、ぼくは全然反対の答え方をしていますが……（笑）。

立川　ですから、竹田さんと丸山先生の対談である『記号学批判／非在の根拠』（作品社、一九八五年）を読んでも、ぼくが竹田さんに共感するのは、リアリティから出発するという姿勢なんです。しかし、むしろ丸山先生にかんしていうと、リアリティが欠如した人ではないかという気がします。丸山圭三郎のリアリティというものがあるとすれば、「現実からの疎隔感」というのがリアリティなのかもしれません。つねに現実から隔ったような感覚をもっていた、という記述を幼少時の思い出として書かれています。それを考えると、丸山先生にとって現実がリアルに見えるということ、そういったリアリティというのは、逆に〈物象化〉ということであって批判すべきだということになってしまう。きっと竹田さんやぼくなんかが考えている「リアル」ということとは違うのではないかと思います。

リアリティから出発するかどうかで、さっき言ったような言語のとらえ方が出てくるかどうかが決まると思うのです。言語論でいうところのディスクールという次元です。ラングでもランガージュでもなく、ディスクールの次元をつうじて言葉がどうなっているかを考えているわけで、ぼくの場合ですと「人が言葉を使うのは他者を誘惑することだ」という視点から考えてゆこうとしているのです。

言語と〈愛〉

竹田　その誘惑というのをもう少し聞かせて下さい。

立川　要するにですね、ぼくの誘惑論は柄谷行人の図式を大きく借りているんですが、ソシュールは認識論的に〈聴く立場〉に立っていると考えます。視点によって対象が生みだされるとソシュールが言うときに、その視点を〈語る主体〉であると次の段階で置くわけです。その〈語る主体〉によって意識されるものが言語学の対象である。それではそれが何かというと、〈意味〉であると設定するわけです。〈語る主体〉にとって存在するものは、意味を担った差異だけで、その意味を担った差異のシステムが、ラングの共時態であるとするわけです。このソシュールの理論はおもしろいし、刺激的です。この〈聴く立場〉の言語論の可能性を追究してゆくと、〈語る主体〉の無意識に相応する〈力〉の場、差異が生まれ、解体される出来事としての通時態にまで行きつくわけです。ですから、丸山先生の「コードなき差異」はランガージュではなくラングの通時態にこそ位置づけられるべきだと思うのです。そういうソシュールの視点を考えてゆくと、実はソシュールの〈語る主体〉とは〈聴く主体〉だということが明らかになります。

しかし、そこでぼく自身が言語を使っている現場での感覚、あるいはコミュニケーションの場でもっているリアリティとソシュールの理論がズレてきたんです。

結局、ソシュールには〈他者〉という問題が欠落していることに気がついたんです。ですからぼくの誘惑論というのは、ソシュール批判が一つの出発点になっています。

ぼくのリアリティとして、コミュニケーションというのはつねに成立しないし、自分の言ったことを理解しない、誤解する、あるいは聴いてさえいないのが〈他者〉なんです。

ぼくのリアリティから言うと、そういう他者に対して語りかけている。自分が意味しようとしていたことが他者にとって同じように意味しているのかわからないし、あるいは意味はまったくもたないのかもしれない、そもそも言葉として聴いてさえいないのかもしれない、そういった体験を核として言語を考えてゆくのがぼくの誘惑論なのです。

竹田　とてもよくわかります。つまり言葉というのは一定のコードやシステムによって意味が通じてゆくというものではなくて、本質的には語る人間と聴く人間の間に断絶がある。言葉のルールやコードというものは何かが通じたと思えたときに事後的にのみ想定できるのだ、という力学の問題ですね。

その問題は、現象学では確信成立の構造という観点で言おうとするわけです。言語が通じるということの問題は、いわば〈教える立場〉と〈聴く立場〉の相関性という場所からとらえる必要がある。一方からの立場からだけでとらえようとするとそもそも通じるとはどういうことかはよく了解できない。そこで現象学の発想からは、いちばんの中心のポイントはたとえばなぜ通じたと思うのかという確信成立の問題になるわけです。

実は、何らかのことが通じたと思えるときに、はじめて言葉はあるルールやコードの差異の体系としてとらえることができるわけですね。それは事後的にのみ規定される。すると言葉をあるシステムだと提示できることの前提は確信の構造の問題にある。たとえば語る側から言えば、「青い空」とか「空が青い」とか言ったときに、いちばん重要なことは、発語した人間が青い空を見て心が動いたその感じと、自分のこの「青い」という言葉が〈語る主体〉のなかでは一致している明証性があるということですね。また語る主体にとっては、自分の「青い」という言葉は自分の感じとぴったりくっついていて、そうであるからこそ、自分の言葉が通じたとか、ちょっと相手は理解しているということが生じる。

逆の聴く立場から言うと、あいつが「青い」と言っているのは、こんな感じを言っているに違いないという確信が生じたり、こんな感じを言ってるのかな、というわからなさが生じる。つまりはっきりわかったりわからなかったりするということの、その源泉として、発語者の発した言葉と「言わんとしたこと」がぴったりくっついているはずだという信憑がまずあるはずだということです。たとえば「君はおりこうさんですね」と言われた時に、こいつは俺のことをバカと言っているのだろうか、それともりこうだと思っているのかということは、そのときそのときの状況で判断するほかない。それは言葉の形式だけをとりだしても決してつかめない問題ですね。そうすると言葉を差異の体系だと分析したときに、言葉をそういうものとして形式化して分析することを可能にしている条件が忘れさられるわけです。

立川さんだとイチカバチカの跳躍ということになるでしょうが、ぼくの考えではそれは、人間間の了解における確信の成立の構造ということが言葉の最後の問題だということになります。

現象学はそもそも確信成立の構造と条件をたしかめるというのが眼目ですが、大きく言ってそれは対象、事物の存在確信の構造ということと他者の了解の構造という二つの側面があるんですね。だからぼくから言えば、〈教える立場〉とか〈聴く立場〉といったことは、つまり間主観的な了解の確信の構造ということが核心点で、それがはっきりすれば、一見奇妙な矛盾として現れる言語的なパラドックスの問題は、もう終わりになると考えるんですね。

立川　竹田さんの話をうかがっていると、けっきょく、語るわたしも他者も、シンメトリックな関係になっているという気がするのです。語る主体と聴く主体、わたしと他者がシンメトリックになるというのが柄谷行人にならった〈聴く立場〉なんですが、つまり聴いている場合というのはどのようにも意味づけできるということです。それを本気で言っているのか、嘘を言っているのか、あるいはわけのわからないことを言っているのかは、聴く立場に立つならば、必ず意味づけできるわけです。しかし、他者を誘惑する、たとえば女性を誘惑する立場では、これは本当に自分の言っている言葉が相手のなかで意味をなしているのかどうかはまったくわからなくなるわけです。もちろん、ぼくの言葉をどう受けとったのか相手に聞いてみることはできますけれど、聞いたところで他者は真実を語るわけではないですから、つねにわからない。誘惑する立場はいつでも不安であって、つまりコミュニケーションとは非対称的なものなのです。

竹田　立川さんの言われていることは、とてもよくわかります。ただ、シンメトリックとおっしゃったけれど、それは違うと思うんです。ぼくの理解では柄谷氏が主体と他者の関係は対称的でないというとき、他者の了解不可能性ということを強調したいというモチーフがあるわけですね。

しかしぼくならば、コミュニケーションの問題はそういう具合には立てません。まず語る側と聴く側の関係がシンメトリックではないというのは、聞き手にこう伝わったなという確信の成立とあいつはこう言ってるんだ、という確信の成立の構造は対称的なものではありえない。そういう問題としてぼくは考えます。それから柄谷氏の考え方は、他者をあくまで了解という行為の外部性として置いておきたいという動機から出ていると思います。彼の非対称性ということはそこからきている。しかし、そこはもう少しきちんと考えたいわけです。

これは、他者論になると思いますが、ぼくは他者をまったき外部性として存在するという前提は、いわば柄谷氏の超越項になっていると思います。ぼくの前提は、他者の了解が一種の「超越」、つまり現象学でいう最終的な確定をもたないというのは、事物存在の確信が超越であるのとまったく同じ原理でそうだといえるにすぎないということですね。ここにコップがあるという確信と、相手はこう言おうとしているんだという確信の違いは、他者というのはたんなる存在の現出ではなくて終わりのない表現性だということになります。そしてそのなかで確信が生じたりまたそれが怪しいものになったりする。そのことを他者がまったき了解の外部性だとは言えないんです。たとえば、ぼくが立川さんと話しているとき、立川さんにここのところは通じたなとか、立川さんの言っているここのところは理解できたなとか、そういう了解と了解の不透明さの繰り返しをたどってゆくわけですね。そして人間にとって他者が他者であることの最も大きなポイントは、すべてはわかりあったり通じあったりできないけれど、ここは互いに通じたという確信の場面が生じてくるということだとぼくは考えます。というのは、そういう場面で人間は自分が関係の世界で生きているという明証性をもつからです。

そういう場面で現実世界の内にあるということの自然な確信が動いているということなんですね。

これはどういうことかというと、他者の他者性の本質は、それが絶対的に了解不可能な外部であるということではなくて、むしろ他者というのは基本的には通じあえないものだけれど、しかし必ず了解可能性があるという点にある、ということなんですね。このことは逆にはならないように思えます。つまり、他者は基本的には通じあえるがまったく了解不可能な点があると考えるなら、言語の意味疎通の本質的な断絶性ということは理解できなくなりますね。またまったく通じあう可能性をもたないものは、「他者」とはいえない。それは異者とか異物と言うべきでしょう。

人間は誰でもいわば自分の確信のなかに閉じこめられていて、そこで他者の外部性ということに思いあたる場面があることはもちろんわかります。だけど他者が他者たることの本質的な意味は、その存在がもう一方で相互的な了解可能性をもっており、そのために人間において関係ということが生きた現実であるということを示している点だと思うわけです。そのように考えないと、ぼくの言い方では関係のエロスが自我を超えていく原理を説明できないわけですね。

コミュニケーションがシンメトリックではないということはそのとおりだとしても、他者がわからないという側面を強調しすぎると、関係というものの中心のリアリティをとり逃すことになると思うのです。柄谷行人のいう他者のわからなさの問題はたしかに刺激的ですが、ぼくはその問題は、現象学の確信の構造として、もっとはっきりとりだせる問題だと考えています。

前田　竹田さんと立川さんの違いはたぶんもっと根本的なものでしょうね。立川さんの言われる他者は、そもそもある内部的な形式論理の一つの臨界点で現われてくるものです。形式論理それじたいにいかなる矛盾がなくても、そこにその形式を共有しない一人の他者が存在していて、彼に何かを教えなければならない、何かを売らなければならないというときには、形式論理の本性は根本から問いなおされなければならないわけです。

そのときはじめて、教える主体とか、売る主体が他者に対して非対称的に成り立つわけです。そういう立場は最初から世界というものを共通の存在として想定していない。それに対して竹田さんの現象学は世界が〈ある〉という信憑、人間の心が〈ある〉という信憑から出発するわけでしょう。むしろ現象学の主題は、なぜ言葉が通じてしまうのかというところからはじまる。

竹田　おっしゃるとおりで、ぼくの場合、人間関係というのはつまりなぜか通じあってしまうということが原事実であり、そこを出発点にしていると思います。だから形式的にコミュニケーションの問題を追いつめると、他者と通じあうということはありえないことのように現われますね。しかし論理上はありえないのに現実には通じあっている。そうである以上、それをパラドックスや謎として提示するのではなくて、通じあったり関係が生じるとかいうことに根拠があると考えたほうがいい。それをどのように言い表わせるか。そういう順序でぼくは考えるんですね。ただそういう考えの順序の問題にはやっかいな面があって、笠井潔という作家と話をしていて、そういう問題で最後に微妙にくい違うところが出てくると、「竹田は世界に対して生来親和的である」などと言われることがある。彼の発想のタイプにも刺激を受けるんですが、笠井潔は小学校のころから先生に疎まれ、つねに登校拒否児童だったわけで、世界に対する異和感からまず出発するようなところがある。そういういちばんはじめの発想の違いを感じることがありますね。おそらく柄谷行人も異和感を起点に発想するようなところがあるかもしれない。そういうことをときどき考えることがありますが、どう言えばいいのかがなかなか難しいですね。

立川　なるほど、前田さんは、ぼくの考えにかんして形式論理が破綻するというのが他者の体験であるとおっしゃいましたが、おそらく柄谷行人はそうかもしれませんが、ぼくの考えはそうではないのです。たしかにぼくは自己同一的な主体を立て、それで誘惑する、相手をズラすことによって自分もズラされてゆく相互の差異化というふうに話を展開していっています。おそらく根底のリアリティでいうと、コミュニケーションは成り立つべきだというのがぼくの根底にはある。他者はぼくの言うことがわかるはずだという確信があって、それが現実の他者とのコミュニケーションのなかで破綻してゆくわけです。

形式論理を破綻させる外部として他者が出てくるというのが柄谷行人の思想だけれども、ぼくの場合ははじめに〈愛〉みたいなものをどこかで想定しているんですね。コミュニケーションは〈愛〉によって支えられていなければならない、というように。その点、竹田さんのいう「関係のエロス」が「自我のエロス」を乗りこえるという考え方に非常に共感しているのです。

竹田　なるほど、いま〈愛〉という言葉を出されたのですが、ぼくもいわば言語の問題というのは、せんじつめれば認識の手段というよりも、〈愛〉の問題、愛したり愛されたりする可能性の問題を根本的なモデルにすればいいと思っているのです。

つまりぼくは、言葉で意味が通じるということの基礎となるモデルは人間どうしの了解関係のことである。人間どうしの了解関係のさらに基礎になるモデルは、好きになるとか愛するという関係であると考えるわけです。人間はその価値観、感受性、身体性は個々バラバラで千差万別であるというのがまず前提ですが、それにもかかわらず、なぜかお互いに共感しあったり、愛情をもちあったりする。そのことの根拠が人間関係の底板であり、だからぼくの言い方では実は言語論の根底はエロス論だと考えるわけです。

前田　他者論というのは、認識論を突きつめていったその極限において現われるものです。そういう認識論は個体化された主体とその対象から出発するわけですが、世界は個体化される手前に、一挙にそれじたいで存在している。唯一であると同時に、真に多様なものとしてです。この直観がなければ実は他者論も起こってくる余地はないんですね。

竹田　その感じはとてもよくわかります。これはフッサールが迷路に迷っている点ですけど、他我の問題では、あそこに存在する人間が自分と同じ主観をもつという確信がいかに生じるかという問題の立て方は奇妙なんですね。そういう問題が出てくるのは認識論的な主観と客観とか、対象と主体、自己と他者という項が、二元論的に立てられるときに出てくるわけです。フッサールの他我論の場合は二元論を破ろうとしてそれに巻きこまれているという感じですけど。

ぼくの場合は、なぜ主体と他者が厳密には通じあうことが不可能であるという論理的なレベルが生みだされるのかという、その問題設定の基盤を解明することが本質的だと考えるわけです。それは、なぜ客観認識が可能かという背理的な問いが論理的なレヴェルとして生みだされたかを問うのと、同じ原則なんですね。

立川　ぼくの場合は、論理的な問題ではないのです。なぜコミュニケーションの不成立という問題を立てるかというと、端的に言えば他者から愛されたいからなんです。そこをたぶんリアリティとして出発点に置くわけです。ですから、ぼくがコミュニケーションと言語を考えるときに恋愛と誘惑をモデルに設定するのは、そこから〈愛〉というものを抜いてしまえば何も問題にならないからです。〈愛〉を前提としなければ、人間と人間の関係にかんするあらゆる議論は不毛です。そこに〈愛〉というものがあったときに、ある特定の他者から愛されたいわけですから、痛烈なディスコミュニケーションの体験にぶつかるわけです。だから、たんに論理的な設定ではないわけです。

竹田　つまり、根本的には人間が基本的に他人とのかかわりのなかで関係のエロスを生きているということ、欲望がそこに向いている事実があるからこそ、ディスコミュニケーションの問題、つまりなぜ通じあわないのかという問い方が出てくるということですね。

立川　よくわかります。

前田　しかし、愛をリアルなものとして考えるのなら、それはいつも潜在的な度合をもっているし、対象と主体との関係もコミュニケーションかディスコミュニケーションかの二項対立にはないでしょう。

立川　コミュニケーションというのは、つねにディスコミュニケーションであるわけですよ。完璧なコミュニケーションはありえない。

前田　それはやっぱり愛を主体の形式論理で、その発展で考えるからではないのですか。

立川　形式論理ではないでしょう。自分のなかにコミュニケーションはこうあるべきだというリアルな理念があるからです。

前田　いや、理念のあるなしではなくてね。たとえばちょっと好き、というのも一つのリアルな愛です。それはそれだけでもう唯一の度合の質をもっていて、かけがえがない。

立川　竹田さんが『恋愛論』（作品社、一九九三年）のなかでお書きになっているように、たとえば恋愛の場合、「完全に愛しあっている」という局面があるわけです。ある瞬間。それは当事者である恋人たちにとっては絶対的な体験であって、ちょっと好きだとかいう悠長なものではないでしょう。それは、度合の問題ではありえない。

言語の普遍性

前田　なぜ通じるのかという問題なんですが、言語論においても言語を一つの閉じられた示差的なコードにしてしまうと、そのコードの外では絶対に通じないわけです。構造主義というのは、いかに諸言語が別の切りとりによって成立しているのかということを強調するんですが、それとはまったく同程度に、あるいはそれ以上に、諸言語というのはどうしてこんなに重なりあうのかという問い方があってもいい。それは諸言語の系統論によって語るべきことでもないし、チョムスキー流の「深層構造」によって説明すべきことでもない。構造言語学はこの問いかけを嘲笑的に切り捨ててきたように思いますね。

竹田　それはまったく賛成ですね。ウィトゲンシュタインの言語ゲームという一見懐疑的な言い方はその点をはっきり突いていますね。

前田　ですから「机」と「テーブル」が、いかに価値が違うかということを強調するわけです。けれどその比較はなぜ行なわれているんですかね。

竹田　翻訳可能性とか、それだけでなく、翻訳した文学から文学性というものをそれなりに理解できる可能性の問題もそこにありますね。

前田　そういった翻訳可能性をふつうはディスクールのほうにずらすことによって、コードにおいて違ってもディスクールでは了解可能であるというふうにすぐにもっていってしまうのです。それで、コードの明確な区分とその自閉性が温存される。

立川　そうすると、前田さんは言語の普遍性に対してどんな考えをもっているんですか。

前田　ぼくは、最初からラングをネガティヴな閉じられたコードとは思っていないんです。ラングそのものは最初からそれこそ丸山先生が好んで言う「コードなき差異」であって、「コードなき差異」は、不可避的にポジティヴなものです。諸言語は明確な区分をもたないポジティヴな差異によって、無数の度合で隔たったり、溶けあったりする。通じあうことは、その度合のなかにしかないし、それで何も不足なものはありません。

竹田　なるほど、いま前田さんの言わんとされていたことが、だいぶわかった気がするんですけど、いわば、まったく知らない言語圏に誰かがポッといても、しばらく生活すると必ず言語を覚えることができるということですね。

前田　そういうことも含まれます。

竹田　ただ、その場で通じるというのは言語として通じているんですかね。

前田　もちろんそうです。

立川　でも外国語の体験でいうと、コードをまったく知らなかったら通じないでしょう。

前田　コードは事後的な観念だから。

立川　もちろん、そうですが。これは厳密な言い方ではないのですが、事後的に生みだされるコードというのは、ある程度母語というものを共有しているときに起こってくる問題で、外国人とコミュニケーションできるかというのは、まずコードの問題として立てざるをえない。

前田　ソシュールが言っているように、たとえば、フランス語とイタリア語が違うということと、パリの人がサヴォワの方言の人と会話できることとの間には程度の差異しかない。

立川　でも、日本語とフランス語ではコードの問題に直面せざるをえない。

前田　それは、わたしたちがそこにコードの差異を見いだしてしまうからです。

立川　そのへんは、バフチンたちが問題にしていると思うんですが、ソシュールたちの立場をバフチンは客観主義的な言語観といって批判しています。要するに、ソシュールたちの立場は外国語を問題にしていて、母語の問題ではないと言うのです。それに対して、フォスラーなどの主観主義的言語観やバイイの文体論などは母語の体験から出発していると言うんです。

前田　母語というのは自己同一的なコードに一致してしまうんですか。

立川　いいえ、母語であるからこそ、自己同一的なコードではなくなるわけです。逆に、外国人とのコミュニケーションというのは安易に考えてしまうことができるんです。言語ゲームではなく、文法的なコードの問題になってしまうので。

前田　ぼくは別に安易には考えていない。「外国人」とか「外国語」とかいう発想が、すでに自己同一的なコードの支えをとりこんでいると言いたいのです。言語《ラング》の存在という問題から言えば「外国語」は〈存在〉しない。このことは少しも気楽なことではありません。

立川　それはよくわかります。ぼくの言葉で言うと、通時態のレベルでは「〜語」というアイデンティティがそもそも成立しませんからね。

丸山言語哲学への希望

前田　丸山先生には「生の円環運動」というモデルがありますね。つまりノモスからカオスへ、カオスからノモスへと循環していく図式です。いわゆるネガティヴな差異があって、それが身体のなかにカオスを生みだしていって、そのカオスをネガティヴな差異が分節して、それがコスモスに行って、それがまたノモス化してゆくという循環になってゆくわけです。この循環は一種の生産性として語られているけれども、やはり抽象的に閉じられた関係のように思えるのです。カオスを生みだすものはロゴスで、ロゴスの存在理由はカオスを切りとることになるならば、いったいそういう循環図式がわれわれに対して積極的に何をもたらすのかがときとしてわからなくなる。ぼくは丸山先生にこの「生の円環運動」を描くと同時に、超越するような、もう一歩押し進めた欲動の存在論的な次元を開いてもらいたい。むろん、そんなことを希望する権利はぼくにはありませんが。

立川　現在までの丸山先生の到達点として、『ホモ・モルタリス』（河出書房新社、一九九二年）があると思うんですが、ぼくは連載中に読んだときは、正直いって何なんだろうという感じがあったのです。しかし、もう一度読み直してみて、かなりいい本だという感じをもったんですね。丸山圭三郎という人は、言語学から出発して、言語哲学に行った。しかし、ここで明らかなのは、もうほとんど文学者になってきたな、という感じなのです。もとをただせば丸山先生は文学者だし、実際に小説もお書きになっていて、ある対談でも、メルヒェンのような小説を書いたことがあると言っていたと思いますが、ぼくはこの本のエピローグというのがいちばん重要だと思うのです。このエピローグは、メルヒェンみたいな小説です。理論から逃げたように見えるかもしれないのですけれど、実はこの本の核心はエピローグの「赤の〝ひとかた〟」のなかにこそあって、丸山圭三郎のある意味ではすべてがここにある。前の理論的な部分というのは、この小説の註釈になっている、というのがぼくの読みなのです。しかし、丸山先生が思想家として現われたときには、理論というものを抜きにしては考えられなかった。ある意味では必死に抑えながら、迂回した形でようやくここまで到達したわけで、おそらく丸山先生がいちばんやりたかったのは、こういう小説を書くことではないかという気がする。それは、ぼくなんかはやっぱり弟子なんだなと思うんですが、愛情をもって読むかぎりはそう読めるし、今後は作家としてどんどんやっていってほしいなと思うのです。

この本のあとがきに、「この物語を Al Que Quiere（To One Who Wants It）に捧げる」とあります。この本を望む者に、この物語を望む者に捧げると。ここには丸山先生の他者に対する悲観的な立場がよく表われているし、それを丸山先生は「思想家の孤独」という言い方をするのだけれども、だからこの本にかんして言うと、もう本当にこの本を望む者にしか読みえない本になってきているのではないかと思います。

つまり丸山先生にとって、人間論として十分に読みうるかどうかということは、だんだんどうでもいいことになっているのではないか。いままでは、たしかに、汎時的な、パンクロニックな人間論・文化論を提出してきたのだけれども、ここまでくるともう問題なのは、丸山圭三郎という固有名詞であって、固有名詞のビオグラフィー、固有名詞の人生記述をいかに出してゆくかだと思うのです。そういう意味で、『ホモ・モルタリス』はいままでの丸山圭三郎の歴史のなかで画期的な本だと思いますね。おそらくそれはずっと丸山先生がやりたくて、迂回した形でやってきたことだと思うので、もうこの方向で次は小説を書いていただきたいですね。

竹田　立川さんのおっしゃる感じもとてもわかる気がします。ただ、ぼくが思うのは、無意識の問題をどう考えるかにおいて、率直に言って現象学では、うまく処理できないような課題があるのです。たとえばフロイトやラカンに対して批判もあるんですが、つねに気になるところがある。もともとフロイトの精神分析は神経症の治療体系からきていて、神経症や精神病の現象にかんしてとても刺激的な観点を提出したわけですね。現象学から言うと、フロイトの考え方はそういう確かめ尽くせない領域を一つのフィクション（物語）で説明したということになる。だけどまったくのフィクションかというと、それはある程度の治療体系にもなりうるものとして成立しているわけなんですね。たとえばフロイトの夢理論なんかを読むと、方法的には非常に異和感がわいてくるんですが、では、夢の不思議さみたいなものをどう説明するかというと、現象学ではもう留保しておくほかないというところがあるんですね。現象学の場合は無意識の構造がこうなっているという仮説をぜんぜん置かないからです。同じように、丸山さんが展開されているラカンのシュレーバー論などにはやはり刺激される面が多くある。神経症や精神病にかんしてはフロイト派とかユング派とか、またミンコフスキーの現存在分析などいろいろありますが、この問題ではどうも深層心理学のほうがあるおもしろさを感じるんですね。それは、おそらく深層心理学が膨大な臨床経験のうしろだてをもっているからだと思います。現象学では無意識というのは人間の身体性とか、時間性に還元して考えるという方法をとるわけですが、その考え方は、やはり深層心理学のいままでの知見の積み重ねの恩恵を受けざるをえないんですね。人間の存在の理解という点でこの領域は、これからますます大きな意味をもつはずで、ぼくは、そこは丸山さんが立っておられる場所からいってもその展開をまだまだ深めていただきたい領域だと思っています。ともあれ、ぼくと丸山さんでは方法がまったく違うわけですけど、ぼくのなかでは丸山さんの理論の展開は、これはだいぶ離れたなという感じがないんですね。その理由は、思想のいちばん中心のモチーフが重なっているからだと思います。丸山さんがどう思われるかはわかりませんが。ぼくは丸山さんの思想の方法や形でなく、その底にある声の響きが抵抗なく耳に入ってくるという感じがあるんです。ですからぜひ小説もお書きになりながら（笑）、そういった領域をもっと展開させていってもらいたいなと思いますね。

（一九九三年七月二九日。丸山圭三郎は、この年の九月一六日に逝去した）

【メルロ=ポンティの言葉】

言葉とは、われわれの実存が自然的存在を超過している、その過剰性のことである。
La parole est l'excès de notre existence sur l'être naturel.

語る言葉と**語られる言葉**という区別を立てることもできるかもしれない。前者は、意味的志向が発生状態で見いだせるような言葉である。ここでは、いかなる自然的対象によっても定義づけられないようなある一つの「意味」のなかで、実存が分極化するのであり、実存がふたたびおのれと合体しようとするのも存在の彼方においてであるので、実存はそれゆえ、おのれの自身の非存在の経験的支えとして、言葉を創造するのである。言葉とは、われわれの実存が自然的存在を超過している、その過剰性のことである。

——メルロ=ポンティ『知覚の現象学』(1945)

On pourrait distinguer une *parole parlante* et une *parole parlée*. La première est celle dans laquelle l'intention significative se trouve a l'état naissant. Ici l'existence se polarise dans un certain "sens" qui ne peut être défini par aucun objet naturel, c'est au-delà de l'être qu'elle cherche à se rejoindre et c'est pourquoi elle crée la parole comme appui empirique de son propre non-être. La parole est l'excès de notre existence sur l'être naturel.

——Maurice Merleau-Ponty, *Phénoménologie de la perception*

メルロ=ポンティ(1908－61)は、フッサールの現象学をフランスで独自に発展させた哲学者。メルロ=ポンティにおいて、言語論は知覚論と切り離しえない。ここでは、言語が知覚の継続ないし延長でありながらも、知覚を超越するものであることが示されている。人間は、言語をもつことによって初めて、知覚の世界(「自然的存在」)を超えて、抽象的な思考能力あるいは象徴化能力を獲得したのである。

Ⅲ　ソシュールからイェルムスレウへ

言語学と文学の出会い、あるいは記号論の誕生

二〇世紀最大の出来事として、スイス人による現代言語学の創造、アイルランド人、フランス人による現代文学の冒険、そしてデンマーク人による記号論の基礎づけを忘れてはなるまい。

文学とは言語の芸術だということ。文学作品は、何よりもまず言葉によって織りなされているということ。このあたりまえの事実に人びとが気がついたのは、実はそれほど昔のことではない。一九世紀後半以降の近・現代文学の冒険とともに、二〇世紀初頭における現代言語学の成立が、この事実の発見に大きく寄与しているのだ。

ソシュール、あるいは言語の自律性

一九世紀の比較言語学・歴史言語学に対して、現代の新しい言語学の基礎を打ち据えたのは、スイスの鬼才、フェルディナン・ド・ソシュール（Ferdinand de Saussure, 1857-1913）にほかならない。

ソシュールが明らかにしたのは、言語というのは実体ではなく〈恣意的なシステム〉だということ、つまり言語は言語の外部にある現実にはいっさい根拠をもたないということである。言葉の〈意味〉は、言語の外にある現実の対象や観念ではなく、言葉と言葉の相互の関係によって生み出される。言いかえれば、言語というのは外部に存在するなんらかの〈根拠〉——事物や観念——を指し示す道具ではなく、言葉たちのあいだの〈戯れ〉、あるいは〈関係のネットワーク〉としての自律的な存在だということである。したがって、ソシュー

ル、およびソシュールの影響下に成立した構造主義（構造言語学）がもたらしたのは、〈言語の自律性〉の発見だと言ってよいだろう。そして、言語学とは、このような自律的システムとしての多種多様な〈個別言語（les langues）〉——フランス語、アイルランド語、トルコ語など——の分析・記述を通じて、人類に共通する〈言語〉そのもの（la langue）の普遍的特性を解明しようとする科学のことである。

現代文学、あるいは言語の露呈

他方、現代文学におけるさまざまな方法的実験は、次のことを明らかにした。文学作品にとって本質的なのは、その作品の外部にある〈根拠〉——作品の意味とか作者の思想——ではなく、作品を構成している言葉そのものだということ。作品は作者の所有物ではなく、言葉は作品の外部を指し示さないということ。これは〈作者の死〉と〈言語の露呈〉という表現に要約することができるが、この現象は、マラルメやシュールレアリスム以降の現代詩、フロベール、プルースト、ジョイス以後、とくにアラン・ロブ=グリエをはじめとするヌーヴォー・ロマン以降の現代小説において顕著に見られる。

要するに、〈言語〉の存在そのものへの注目が、現代の言語学と文学に通底する共通のモチーフだと言ってよい。

ソシュール以後の構造主義の発展は、文学を言語学的研究の対象にしようとする動向とも交錯している。たとえば、二〇世紀初頭のロシア・フォルマリズムは、個々の文学作品を現実世界から独立した「閉じたシステム」として分析し、言語学的文学研究の先駆的運動をなした。実際に、フォルマリズム運動のなかで詩的言語の研究（＝詩学）に貢献したロマーン・ヤーコブソン（Roman Jakobson, 1896-1982）は、同時にプラハ言語学サークルを創設した構造言語学者でもあったのである。

記号論、あるいは広義の言語学

では、厳密に言って、文学というのは言語学の研究対象になるのだろうか。

言語学本来の対象は、システムとしての言語、すなわちソシュールの言う〈ラング（langue）〉であり、日常言語である。この視角から見るならば、文学作品というのは、システムとしての日常言語にもとづいて二次的に創造される特殊な言語実践であって、言語学固有の対象と考えるのは難しい。もちろん、本来の言語学、すなわちラングの言語学とは別に、ディスクール（言説）の言語学、あるいはテクストの言語学が生まれ出てきていることも確かである。

しかし、〈ディスクール〉もしくは〈テクスト〉としての文学作品は、狭義の言語学の対象というよりは、言語学を含む広義の言語科学としての〈記号論（sémiotique）〉の一対象であると言ったほうが正確だろう。実際、記号論の諸分野のなかでもっとも発達しているのは、ロラン・バルト、アルジルダス＝ジュリアン・グレマス、ジュリア・クリステヴァ、ウンベルト・エーコらによって推進されてきた文学記号論であり、文学記号論こそが記号論の他の分野をリードしているというのが実状である。しかも、エーコは『薔薇の名前』や『フーコーの振り子』を、クリステヴァは『サムライたち』という長篇小説を発表しているように、記号論と文学とは精神史的にもきわめて近接した領野なのだ。

イェルムスレウ、あるいは偉大なる逆説

現代の文学研究に多大な影響を与えた言語学者として、デンマーク構造主義を代表する異才、ルイ・イェルムスレウ（Louis Hjelmslev, 1899-1965）の名をあげないわけにはゆかない。テクスト、連辞関係／範列関係、デノテーション／コノテーション、メタ言語といった文学作品の分析に必要不可欠な用語は、すべてイェルムス

レウに由来しているからである。

文芸評論や現代思想において多用される〈メタ言語（métalangage）〉とは、通常の言語が言語以外のあらゆる事象を語り、記述するのに対して、もう一つ別の言語を語り、記述する二次的な言語のことである。他方、メタ言語の対象になる一次的な言語は、〈対象言語〉と呼ばれる。例をあげるならば、「この花は美しい」という発話に対して、「「花」は名詞である」という発話は、そこここに咲いている現実の花ではなく、「花」という言語記号そのものを対象としているために、メタ言語的な発話である。これは、本来は論理学者、タルスキーの用語だったが、イェルムスレウが言語学に導入し、さらにロラン・バルトをつうじて記号論の用語として定着したものである。

「ソシュールの唯一かつ真の後継者」と呼ばれるイェルムスレウ、先行者ソシュールの直観を極限にまで形式化したイェルムスレウ、このイェルムスレウのきわめて形式的な言語理論（言語素論（glossématique））は、文学とはいっけん無関係のように見えながらも、文学研究や文芸批評のもっとも豊かな発想源でありつづけている。イェルムスレウの偉大な逆説は、そこにあるのだ。

〈聴く立場〉の言語学——ロマーン・ヤーコブソン

ロマーン・ヤーコブソン（Roman Jakobson, 1896-1982）は、ソシュール以後の最大の言語学者の一人として知られる。彼の立場は、構造主義、とりわけ**機能主義的構造主義**と言われる。

モスクワから、プラハ、コペンハーゲン、そしてニューヨークへ

モスクワ生まれのロシア人、ヤーコブソンは一九一五年、モスクワ大学在学中にモスクワ言語学サークルを創設した。一九二〇年にはチェコスロヴァキアに移り、一九二六年、マテジウスらとともに**プラーグ言語学サークル**を創設、のちに参加したトゥルベツコイとともにこの学派を代表した。プラーグ学派は、コペンハーゲン、ジュネーヴとともに**構造言語学**の代表的学派の一つであり、とりわけ音韻論の発展に大きく貢献した。一九三九年、ナチス・ドイツのチェコ侵略により、コペンハーゲンへ逃れ、ブレンダル、イェルムスレウらと言語理論について議論。その後もオスロ、ストックホルムを転々とした。

一九四一年には、スカンディナヴィアからアメリカ合衆国へと移動する。まず、フランス・ベルギー出身の学者たちが設立したニューヨークの自由高等研究院で講義し、またニューヨーク言語学サークルにも参加した。文化人類学者、クロード・レヴィ＝ストロースとの出会いがのちの**フランス構造主義**の出発点になったことは、よく知られている。実際、ラカンなど言語学者以外の構造主義者たちにもっとも直接的な影響を与えたのは、ソシュールよりもむしろヤーコブソンであると言ってよい。

ヤーコブソンは典型的なコスモポリタンの生涯を送り、移動の先々で新しいサークルを創設し、さまざまな

芸術家・科学者たちとの交流のなかで自らの学問の地平を拡大し、また周囲に影響を及ぼしていった。「サークル」という戦闘的な共同研究のあり方は、人間ヤーコブソンによって体現されている。

科学者としてのヤーコブソンは、さまざまな科学的知見を総合してゆく経験主義的な精神の持ち主であり、途方もなく多様な分野に介入した実践的な「分析家」であった。その意味では、ソシュールの後継者という位置づけは当たらない。ソシュールの後継者とは、イェルムスレウのような「理論家」をいう。モスクワ、プラーグ、アメリカにおける前衛詩人や画家たちとの交流をつうじて培われた文学・芸術への愛、それを言語学的に検証しようとしたのがヤーコブソンの詩学的言語学であると言えるだろう。

音から意味へ

一般言語学から音韻論・文法学・失語症研究・詩学といった多様な領域をつうじて、ヤーコブソンの終生変わらぬ関心は、言語における**音と意味の関係**へと向かっている。たしかに、言語というのは、音と意味という本来異質な二つの領域からなる現象であり、言語というものの最大の謎はここにあると言えるかもしれない。

調音音声学から音響音声学へ、音声学から音韻論への転換の必要性と歴史的変化をたどりながら、ヤーコブソンが強調するのは、音の生理学的産出や聴取の物理的メカニズムではなく、音のもつ「目的」と「機能」を理解することの重要性である。音の目的・機能とは、**〈意味〉**を伝えることにほかならないという。

もし人が見知らぬ言語で話しかけてきたら、われわれは当然のことながら何よりもまえにこう考える。この発話は何を意味しているのか。これらの語は何を意味しているのか、と。何にもまして重要なのは、語の意味を差異化する音の弁別機能なのだ。

（『音と意味についての六章』一九七六年、原書、p.43）

言語記号のシニフィアンとはあくまでも「意味するもの」、意味との関連にある音である。この点で、ヤーコブソンの立場は、言語の「目的」である意味を言語分析の対象からはずしたブルームフィールドたちのアメリカ構造主義と対立する。

大切なことは、担われる意味との関連にある言語の音、要するにシニフィアン［意味するもの］としての音を検討すること、そして何よりもまず音と意味のあいだの関係の構造を解明することなのだ。

(*Ibid.*, p.115)

聴く主体による意味の了解

だとすれば、ヤーコブソンの「音と意味の関係」への一貫した関心というのは、ソシュールの《聴く立場》に帰着すると言っても間違いではないだろう。つまり、彼の言語学も、ソシュールと同様に、**聴く主体による意味の了解**という体験に認識論的な基礎を置いているということだ。

たしかに、ヤーコブソンは、ソシュールの継承者であるとともに、批判者としても知られている。たとえば、言語記号の二つの原理、恣意性と線状性に対する批判者、共時態／通時態の区別に対する批判者として。だが、言語理論の根底において、彼がソシュールの認識論的前提を共有していることは明らかである。

人は聴かれるために話すのだ、とわれわれは述べた。人は理解されるために聴かれることを望むのだ、とつけ加えなければならない。それは、発声行為からいわゆる音への道のりであり、音から意味への道のりなのだ！

(Ibid. p.37)

つまり、ヤーコブソン言語学の根底に想定されている「人間」とは、言葉を聴く主体なのだ。《聴く主体》とは、聴いた音のなかに意味を読みとろうとする人間である。ヤーコブソン的人間は、つねに「手段」としての音（シニフィアン）から「目的」としての意味（シニフィエ）をめざす機能的人間なのだ。

彼の言語学において問題になるのは、物理的現象としての音ではなく、音の「機能」、すなわち人間的（社会的・文化的）現象としての音である。そこで、彼の関心は音のもつ**弁別機能**（意味を区別する機能）へ、弁別的単位としての**音素**《フォネーム》へ、さらには音素《フォネーム》を構成する**弁別特徴**へ、またそれら諸要素間の**二項対立**へと向かってゆく。これらすべての根底にあるのは、音を意味に結びつけて理解するという言語のつかまえ方にほかならない。

したがって、ヤーコブソンの「機能主義」と「目的論」も、《聴く立場》の言語論の一つのヴァリエーションにすぎないと考えることができるのである。

【ロマーン・ヤーコブソンの主要著作】

『一般言語学』（みすず書房）、『音と意味についての六章』（みすず書房）、『言語音形論』（L・ウォーとの共著、岩波書店）、『詩学から言語学へ』（K・ポモルスカとの共著、国文社）、『ロマーン・ヤーコブソン選集』（全三巻、大修館書店）

【ラカンの言葉】

無意識は言語のように構造化されている。
L'inconscient est structuré comme un langage.

(…) すでにすっかり明らかなことは、徴候というのは言語分析のなかに全面的に解消されるということである。なぜなら、徴候はそれ自身、言語(ランガージュ)のように構造化されているからであり、それは言(パロール)がそこから解き放たれなければならない言語(ランガージュ)だからである。

——ジャック・ラカン「精神分析における言《パロール》と言語《ランガージュ》の機能と領野」(1953)『エクリ』

(...) il est déjà tout à fait clair que le symptôme se résout tout entier dans une analyse de langage, parce qu'il est lui-même structuré comme un langage, qu'il est langage dont la parole doit être délivrée.

——Jacques Lacan, "Fonction et champ de la parole et du langage en psychanalyse", *Ecrits*

ジャック・ラカン(1901－81)は、フロイトの精神分析にソシュールの言語学を接ぎ木することによって、新しい構造主義的な精神分析をつくりだした。彼は、無意識を記号体系としての言語とのアナロジーにおいて形式化するという新たな視点を提出したのである。この句は、ラカンの理論全体を要約するものとして有名であり、ラカン自身や彼の弟子たちなどによってさまざまな論考の対象とされてきた。たとえば、「言語のように」(comme un langage)の不定冠詞 *un* は、何を意味するのか。いわゆる「言語」(*le* langage)とはどう違うのか。いまだに謎の多い一句である。

形式としての言語――ソシュールからイェルムスレウへ

構造主義と内在主義

「言語は形式であって、実質ではない（La langue est une forme et non une substance）」（*Cours de linguistique générale*, p.169）は、スイスの言語学者、フェルディナン・ド・ソシュール（Ferdinand de Saussure, 1857-1913）の〈構造主義〉と〈内在主義〉を凝縮した命題である。

第一に、言語の本質は一方で音や文字といった表現の実質、他方では意味や概念といった内容の実質にはなく、関係のネットワークとしての〈形式＝構造〉にあるということ（構造主義）。

第二に、言語学は言語のさまざまな実質を対象とする諸科学――物理学、生理学、哲学、論理学、心理学、社会学等々――に依存することなく、言語学に固有の対象として〈形式〉をもつということ。すなわち、言語外的な視点を排し、言語に内在的な視点を獲得することによって、言語学は自律的な科学として成立するということ（内在主義）。

イェルムスレウが指摘するように、ソシュールが言語学の対象を明確化するために提唱した有名な二分法のうち、ラング（langue）は形式に、パロール（parole）は実質に対応する。ソシュールが言語学に固有の対象として個人の発話であるパロールではなく、記号のシステムとしてのラングを選択したことは言うまでもない。したがって、この命題は、まさにソシュールによる〈言語学的なるもの〉の確立という身振りを要約する表現になっているのである。

関係のネットワークとしての形式

いまいちど、この命題の第一の側面（構造主義）に立ち戻って、言語が実質ではなく形式であるということの意味を考えてみよう。

ソシュールは、言語においてある要素とある要素とが「同一」であると言えるのはどういうことなのかという、〈同一性〉の問題にこだわった。そして、同一性には二種類のものがあることに思いいたった。第一の同一性は、「実質的同一性」とでも呼べるもので、たとえば、わたしが自分の服を盗まれて、それをある古着屋で見つけ出したとすれば、盗まれた服と見いだされた服とのあいだには素材上、実質上の同一性がある。それに対して、第二の同一性とは、「形式的同一性」とでも言えるもので、たとえば「ジュネーヴ＝パリ、午後八時四五分発、急行二本」のあいだの同一性のことである。昨日の列車と今日の列車のあいだには素材的に同一のものは何もないかもしれない。車両も違えば、乗務員も乗客も異なっている。にもかかわらず、われわれはそれらを「同一」の列車と見なすのである。それは、これら二本の列車が鉄道のダイヤという一つのシステムのなかで同じ位置を占め、ほかの諸々の列車と同じ対立関係のなかにあるからである。

言語において、ある要素とある要素とが「同一」であると言われるときの同一性は、この二種類の同一性のなかの第二のもの、すなわち「形式的同一性」にほかならない。たとえば、フランス語の cheval（馬）と chevaux が同じ単語だと言えるのは、あるいは後者が前者の複数形だと言えるのは、どうしてなのか。それをこれらの単語の音声なり文字なりの実質のなかにいくら探ったところで、答えは出てこない。明快な答えを引き出すには、これらの単語を言語《ラング》のシステムのなかに置きなおしてみるしかない。cheval と chevaux をシステムのなかに置きなおしてみると、この対は tigre（虎）と tigres や、chien（犬）と chiens などの規則的な単数・複数の対と平行していることが明らかになる。実質を見ているだけでは明らかにならない形式上の同一性が、言語《ラング》のシステム内の記号間の関係を探索することによってのみ明らかになるのである。それによって、cheval は抽象的な単位 CHEVAL ＋単数、chevaux は CHEVAL ＋複数と分析することができるようになる。

要するに、〈形式〉とは記号たちがとりむすぶ関係のネットワークのことであり、ソシュールによればこれこそが言語の本質を形づくるというのである。

このような分析は、言語学者が恣意的に行なっているものではなく、言語《ラング》（ここではフランス語）を実際に話している、語る主体たちがなかば無意識的に行なっている分析に対応している。語る主体たちは、tigre／tigres とまったく同じように、cheval／chevaux を意識のなかで連合させ、さらにはこれら二つの対をも連合させている。したがって、ソシュールの考える〈形式〉というのは、純粋に科学的な抽象化ではなく、語る主体たちにとっての〝リアリティ〟に対応しているということを忘れてはならない。

「言語は形式であって、実質ではない」という命題は、ソシュール言語学の根本原理（構造主義と内在主義）を凝縮するものだと述べたが、文献学的には問題がないわけではない。というのも、これはソシュール自身の言葉ではなく、彼の講義を聴いた学生たちのノートをもとに『一般言語学講義』（一九一六年）を編纂したシャルル・バイイとアルベール・セシュエ、なかでもセシュエの創作であることが明らかにされているからだ。実際、ソシュールは「形式」と訳した forme をシステム・構造の同義語としては用いておらず、ごくふつうの「形態」という意味でしか用いていない。「言語は形式であって、実質ではない」に対応する原資料を引用しておこう。

> 言語《ランガージュ》は、そのさまざまな顕現をつうじて、素材（matière）や実質（substance）を呈することはなく、生理的・物理的・精神的な諸力の結合した、あるいは孤立した作用（actions）だけを呈している。
>
> (N9. 1 = 3295, p. 1, fr. 1976)

ソシュール自身は、言語は実質ではなく、力であり、作用であると述べているのである。ここから、ソシュールは〈形式〉、すなわちシステムや構造の思想家ではなく、〈力〉の思想家であるという解釈を引き出すことができるかもしれない。いずれにしても、ソシュール自身の発言に由来するものではないとはいえ、「言語は形式であって、実質ではない」という命題が、ソシュール言語学のエッセンスを凝縮したものとして、構造主義の言語学者たちに多大な影響を与えたという歴史的事実を否定することはできない。

イェルムスレウによる構造主義と内在主義の完成

ソシュールの構造主義と内在主義をもっとも完全な形で継承し、それを形式的な言語理論として確立したのが、デンマークの言語学者、ルイ・イェルムスレウ（Louis Hjelmslev, 1899-1965）にほかならない。イェルムスレウは、こう書いている。

> 一般言語学では、言語《ラング》は形式であって実質ではないということ、諸々の言語要素はそれらを顕現する実質によって定義されるのではなく、それらの関数関係的価値（valeur fonctionnelle）によって定義されるということ、したがって言語学は実質とその諸々の質を捨象する形態論として組織されなければならないということをずっと以前から認めてきた。しかし、言語学は、この原理から実践的帰結のすべてを引き出したというにはいまだほど遠い状態にある。われわれ自身、ここから諸々の必要な理論的帰結を引き出し、いくつかの典型的な適用を提示しようとしてきた。一般的に形式よりも実質を扱っている古典的言語学と対比して、われわれが問題にしている理想的形態論には〈言語素論〉（GLOSSÉMATIQUE）という名称を与えることができ、言語要素は〈言語素〉（GLOSSÈMES）と呼ぶことができる。

内容素材—内容実質 → **内容形式 ⇔ 表現形式** ← 表現実質—表現素材

（《Accent, intonation, quantité》1937, *Essais Linguistiques II*, Travaux du Cercle Linguistique de Copenhague, Vol.XIV, Nordisk Sprog- og Kulturforlag, 1973, p.183）

イェルムスレウは、ソシュールから内容／表現、形式／実質の二分法を継承しただけでなく、ソシュールが漠然と「実質」と呼んだもののなかに二つの層を区別した。一つは言語の〈形式（forme）〉によって分節される以前の連続体で、これを〈素材（matière）〉と呼んだ。もう一つは、〈形式〉の網の目によって素材が分節されたもの、すなわち構造化された連続体で、これを〈実質（substance）〉と呼んだ。これによってソシュールの言語記号モデルはより整合的な形に定式化され、言語素論《グロセマティック》の記号モデルは、六つの層をふくむことになった（図を参照）。

言語学の一次的な対象は、もちろん内容形式と表現形式（および両者のあいだの相互依存関係）であり、これがソシュールの記号モデルを構成する二面、すなわち記号内容《シニフィエ》と記号表現《シニフィアン》に対応している。内容面においても表現面においても、素材はなんらかの形式の実質としてしか科学的認識の対象になることはないし、実質の記述もまた形式の記述に従属することになる。ソシュール以上にイェルムスレウが形式を重視するのは、形式こそがある言語を別の言語と区別し、特徴づけるものだからである。イェルムスレウによれば、たとえばフランス語と英語の差異は、実質の差異ではなく、形式の差異、すなわち同じ素材＝連続体をどのように分節し、構造化するかの違いなのである。「わたしは知らない」という同じ内容素材をフランス語は「je ne sais pas」と形式化し、英語は「I do not know」と形式化する。つまり、イェルムスレウは、諸言語の多様性＝相対性の鍵をこの〈形式〉の差異というところに見ているのである。

言語学から記号学へ

さらに、言語の本質的定義から音や文字といった実質を排除し、形式のレヴェルで言語を定義することによって、デンマーク語やフィンランド語といった狭義の言語〈自然言語〉以外のさまざまな文化現象をも〈言語〉と見なすことができ、言語学は記号学に等しくなるという重大な帰結も生じることになる。イェルムスレウの視座において、たとえば、衣服は記号学的な意味での〈言語〉の一つである。衣服が〈言語〉であると言えるのは、〈言語〉を実質〈素材〉ではなく、形式の次元で定義したからだ。衣服は、単に身体を寒さから保護するといった機能をもつだけでなく、それが人間たちの社会生活のなかで何らかの表意機能を発揮し、解釈を呼びおこすために、一つの〈言語〉と見なすことができる。つまり、衣服という言語には、自然言語と同様に内容と表現という二面が認められ、解釈可能なのである。そこで、記号学者は、衣服という〈言語〉の内容面と表現面の形式の水準に注目し、内容形式と表現形式の構造分析に着手する。このようにして、衣服をはじめとして、文学作品、絵画、建築、広告、料理といったありとあらゆる文化現象が記号学的分析の対象になるのである。

イェルムスレウの形式主義は、『一般言語学講義』の命題「言語は形式であって、実質ではない」から最大限の帰結を引き出すことによって、言語学から記号学が誕生するその臨界点を明示化し、ソシュールが予告した〈記号学〈sémiologie〉〉に明確な基盤を与えることにも成功したのである。

【参考文献】

Ferdinand de Saussure, *Cours de linguistique générale*, Edition critique préparée par T. de Mauro, Paris : Payot, 1972（フェルディナン・ド・ソシュール『一般言語学講義』（原著1916年）小林英夫訳、岩波書店、一九七二年）

Rudolf Engler, *Edition critique du Cours de linguistique générale de Ferdinand de Saussure*, Wiesbaden : Otto Harrassowitz, 1967-74.

Louis Hjelmslev, *Omkring Sprogteoriens Grundlæggelse*, 1943 ; réédition, Travaux du Cercle Linguistique de Copenhague, Vol.XXV, 1993（ルイ・イェルムスレウ『言語理論の確立をめぐって』竹内孝次訳、岩波書店、一九八五年）

立川健二『《力》の思想家ソシュール』〈叢書・記号学的実践〉、書肆風の薔薇（＝水声社）、一九八六年。

立川健二『愛の言語学』夏目書房、一九九五年。

Françoise Gadet, *Saussure, Une science de la langue*, Paris : PUF, 2e édition, 1990（フランソワーズ・ガデ『ソシュール言語学入門』立川健二訳、新曜社、一九九五年）

Ⅳ　イェルムスレウ、極北の言語学

イェルムスレウ言語学のために

多言語の科学としての言語学

ルイ・イェルムスレウ（Louis Hjelmslev,1899-1965）は、言語学者であった。ここで「言語学者」というのは、とくに複雑な定義を必要とするようなものではない。まずは、自然言語の記述を行なう人という意味である。[1]

このように当たり前のことを書かなければならないのは、ここ十数年来の日本のソシュール研究においては、言語学が何よりも多種多様な諸言語の科学だということが忘却されてきたからだ。諸言語の多様性に興味をもたずに、言語一般の本質的解明をもくろむ哲学的研究を〈言語哲学（philosophie du langage）〉と呼んで〈言語学（linguistique）〉と区別するなら、イェルムスレウの名は、そのような言語哲学的なコンテクストのなかで、ソシュールとの関連で言及されることがほとんどだったと言わざるをえない。

本稿以降の一連の論考は、〈言語学思想〉研究の立場から、言語学者たちの思想を論じる言説から〈言語哲学〉的偏向をとりのぞき、彼らを〈言語学〉本来の場所に戻してやることを目標としている。なぜなら、〈言語学〉とは、何よりもまず多種多様な諸言語（les langues）の記述を中心的活動として、それをつうじて最終的に言語一般（le langage）の本質解明をめざす経験科学であったはずだからだ。

イェルムスレウが己れの「唯一の先駆者」と呼んだソシュールも、また「ソシュールの唯一かつ真の後継者」（グレマス）と呼ばれたイェルムスレウも、言語学者であって、言語哲学者ではない。つまり、二人とも言語学史のなかではきわめて理論家肌の存在ではあるが、にもかかわらず、まずは〈言語学のなかでももっとも厳密な方法と確実な成果をもたらした）比較言語学のプロであり、具体的な諸言語の分析を実践しつづけた科学者であったということである。[2]

彼らの出発点は、言語にかんする哲学的・思弁的な考察にはなく、具体的な個別言語の経験的記述にあった。また、彼らの目標は、「言語とは何か」という本質の問いに答えるための一般理論ではなく、多種多様な自然言語の記述のための言語理論を提出することだったと言うことができる。

彼らは、本質的に多言語の世界に遊ぶことの好きな人間だった。言語の多様性というのは、人類の所有物のなかでも最大の驚異、最大の奇跡ではないだろうか。言語学者とは、この多様性の神秘と快楽にとりつかれた人間のことだと言ってよいだろう。実際、イェルムスレウは、『二五言語によるアンデルセン「皇帝の新しい衣服」（裸の王様）』というマルチリンガル・ブックを編纂している。[3] また、彼が言語学専攻の学生たちに要求していたのは、彼の理論の知識ではなく、「さまざまな言語の徹底的な知識」だったという。[4]

このような意味で、《イェルムスレウ言語学》が存在するのであり、その根底には多言語世界が横たわっているのである。

イェルムスレウ言語学の歩み

イェルムスレウ言語学の発展を、エーリ・フィシャ=ヨーアンセンの提案した分類[5]に修正をくわえて、初期・中期・後期に分けることを提唱したい。あわせて、主要著作を列挙しておこう（括弧内は執筆言語。＊は邦訳あり）。

【初期】一般文法・比較言語学の時代：一九二八〜三五年

（1）『一般文法の原理』一九二八年（仏）＊

（2）『バルト語研究』一九三二年（仏）
（3）『言語体系と言語変化』（遺著、一九三四年執筆）一九七三年（デ）
（4）『格のカテゴリー』第一部、一九三五年（仏）

【中期】グロセマティック構築の時代（理論構築期）：一九三六～四三年
（5）『格のカテゴリー』第二部、一九三七年（仏）
（6）『言語理論の確立をめぐって』一九四三年（デ）＊
（7）『言語理論のレジュメ』（遺著、主として一九四三年前後に執筆）一九七五年（デ→英）

【後期】グロセマティック発展の時代（記号論・理論修正・応用期）：一九四四～六五年
（8）『言語理論序説』（6の改訂英訳）一九五三年（英）＊
（9）「言語の重層性」一九五四年（仏）
（10）『エッセ・ランギュイスティック』（一九三七～五七年の論文選集）一九五九年（仏・英）
（11）『言語――入門』（一九四一年前後に執筆）一九六三年（デ）＊
（12）『エッセ・ランギュイスティックⅡ』（遺著、一九三三～五七年の論文選集）一九七三年（仏・英・独）

イェルムスレウ言語学の視点と成果

一九八〇年代の後半から、言語学者・記号学者のあいだでイェルムスレウ再評価の動きが高まっている。[6] だが、従来、イェルムスレウとグロセマティックに対する言語学者たちの評価は[7]、けっして高いとは言えなかった。たとえば、言語学辞典や言語学史に典型的に見られる次のような発言がある。

言理学は、言語理論というよりも、一般記号学のモデルを提示しているのであって、その中には現在でも興味ある洞察が含まれている。残念なのは、このモデルによる個別言語の記述的研究が皆無に等しいことである。

（林哲郎／安藤貞雄『英語学の歴史』英潮社、一九八八年、一五三頁）

これは、イェルムスレウの著作として、これまで『言語理論の確立をめぐって』（世界的には『言語理論序説』のタイトルで知られる）だけが有名であり、この本しか読まれてこなかったことに起因している。この本は、言語学のエピステモロジックな基礎づけと言語分析の方法論を提示した著作としてさまざまな言語学者たちに高く評価され、立場を超えて引用されている。しかし、忘れてならないのは、この本があくまでも理論への「序説」として書かれており、「理論」本体は提示されていないということである（それは遺著の『言語理論のレジュメ』に集大成されるが、この怪物的書物を「解読」できた人はいまのところほとんどいない）。まして、研究の「成果」が提出されていないのは、当然である。つまり、一九四三年の著書が提示しているのは、エピステモロジックな「視点」と「方法」の基礎的な素描にすぎないのだ。

要するに、グロセマティックに対して言語学者がいだいてきた不満というのは、このラディカルな言語理論が具体的にどんな「成果」を諸言語の分析にもたらすのか、それが見えにくいことにあったと思われる。逆に、イェルムスレウの仕事がグレマス、バルト、エーコといった記号学者たちに高く評価されてきたのは、理論の抽象度の高さや、その一般的な射程によるものである。つまり、自然言語以外の記号構造《セミオティック》にも適用可能な言語理論だからにほかならない。

イェルムスレウを盟友、ウルダルから分かつもの

イェルムスレウが抽象度の高い理論の構築者であるとともに、諸言語の分析においても相当の「成果」をもたらしていることは、彼の著作リストを眺めるだけでも明らかである。博士論文『バルト語研究』からわかるように、彼の本来の専門はリトアニア語を中心とした、印欧語族バルト語派の比較言語学であった。処女作『一般文法の原理』で提出した枠組みを発展させて、格という文法カテゴリーの「一般文法学」的研究にとりくんだ初期の重要著作『格のカテゴリー』では、カフカース諸語とエスキモー語の格システムの分析を試みている。また、グロセマティック理論をとりあえず完成させた後にも、彼は具体的な言語分析をいくつも行なっており、「現代フランス語の表現体系」（一九四八年）、「デンマーク語の表現体系のアウトライン」（一九五一年）といった論文を発表している。

グロセマティックにおいて、「言語」という概念は、たしかに自然言語だけでなく、それ以外のさまざまな記号構造（sémiotiques）にも適用可能なように定義されている。つまり、グロセマティックは本質的に記号論的である。ここには、記号論の基礎づけという点で見れば最高にドラマティックな転回がはらまれているのだが、逆に自然言語の記述を本業とする言語学者たちから見れば不満な点もあったわけだ。

ところで、イェルムスレウが一九三三年以来、年下の友人、ウルダル（Hans Jørgen Uldall, 1907-1957）とグロセマティック構築のために緊密な共同研究を行なったことは、「言語学の歴史において唯一無二のこと」（フィシャ＝ヨーアンセン）として知られている。彼らの共著として企画された『グロセマティックのアウトライン』の第一部「一般理論」をウルダルが書きあげたときに、イェルムスレウがなかなか序文に署名せず、刊行を五年も遅らせたこと、またウルダルが書いた第一部を基礎として第二部を書くことができなかったことには、ウルダルの「人文科学の代数学」に対する不満があったと推測できる。つまり、イェルムスレウは、あくまで

も自然言語の分析ための基礎理論としてグロセマティックを位置づけていたのであって、あまりに抽象的な一般理論に走ったウルダルには異和感を覚えざるをえなかったということなのだ。ここでも、イェルムスレウをウルダルから分かつ鍵は、自然言語の学としての言語学にほかならないのである。[8]

ただし、ウルダルの名誉のためにつけ加えておくと、彼は言語学が非常によくできる人だった。彼は、二〇歳のときに英国のダニエル・ジョーンズのもとに留学してその音声学的分析の才能を認められ、またコペンハーゲン大学の恩師、イェスペルセンの推薦によってアメリカの人類学者、フランツ・ボーアズのもとに派遣されてアメリカ・インディアン諸語のフィールド・ワークを行ない、とりわけマイドゥ語（現在ではニセナン語と呼ばれる）の研究において重要な業績を残している。[9] ホルガー・ペーゼルセンのもとで学び、一九世紀的な比較言語学者としての教育をうけたイェルムスレウに較べると、ウルダルのほうがより二〇世紀的な言語学の技能を身につけた言語学者だったとさえ言えるかもしれない。

わたしは、記号論を基礎づけたイェルムスレウをひとまず置いて、言語学者としてのイェルムスレウを、現在と未来の言語学のために読み直してみたいと思う。したがって、ここではグロセマティックの系列に属さないテクスト群、とくに『格のカテゴリー』という知られざる名著を中心的にとりあげてゆくことにしたい。

【註】

1　イェルムスレウにしたがえば、「自然言語」という言い方は正確ではない。これでは、エスペラントのような人工言語が排除されてしまうからだ。いわゆる狭義の言語（「言語学的言語（linguistic languages）」）は、数学言語や化学式言語のように特定の目的に縛られた言語（「制限的言語（restricted languages）」）とは違って、あらゆる目的に使用できる。したがって、それはほかのあらゆる言語を翻訳する能力もつのである。そこで、イェルムスレウは、自然言語のかわりに「非制限的言語（unrestricted languages）」、あるいは「合い鍵言語（pass-key languages）」という呼称を提案している（《The Basic Structure of Language》（1947），*Essais linguistiques II*, Travaux du Cercle Linguistique de Copenhague, Vol.XIV, 1973, p.122）。邦訳は、ルイ・イェルムスレウ「言語の基本構造」、立川健二訳、『PHILOLOGIE』第七号、現代言語論研究会、一九九七年。

2　イェルムスレウは、一九三七年にコペンハーゲン大学の比較言語学教授のポストを恩師のホルガー・ペーゼルセンから引き継いでいる。当時のコペンハーゲン大学では、言語学＝比較言語学であり、比較言語学教授というのは一人しかいない。ちなみに、同時代のデンマークの言語学者でいえば、イェスペルセンはコペンハーゲン大学の英語学教授、ブレンダルはロマンス語学教授であった。

3　H. C. Andersen, *Kejserens nye Klæder, Paa femogtyve sprog*, Udgivet af Louis Hjelmslev & Axel Sandal, København : C. A. Reitzels Forlag, Axel Sandal, 1944.

4　Eli Fischer-Jørgensen, 《Louis Hjelmslev, October 3, 1899 - May 30, 1965》, *Acta Linguistica Hafniensia*, Vol.IX, 1965/66, Copenhague, p. xix.

5　Eli Fischer-Jørgensen, *Ibid.*, p. v.

6　一例だけあげるなら、ヨーロッパの一一人の論者が参加したイェルムスレウ論集が一九九三年に刊行されている。*Louis Hjelmslev et la sémiotique contemporaine*, Rédigés par Michael Rasmussen, Travaux du Cercle Linguistique de Copenhague, Vol.XXIV, 1993.

7　グロセマティック（glossématique, glossematics）とは、イェルムスレウとウルダルが、彼らの形式的・内在的言語学を従来の言語学から区別するために創った名称（ギリシャ語の glossa「言語」から）。通常は、イェルムスレウの言語理論の代名詞として用いられる。なお、日本語では「言語素論」「言理学」などと訳されている。

8　ウルダルの生涯と業績にかんしては、Eli Fischer-Jørgensen, 《Introduction》, H. J. Uldall, *Outline of Glossematics, Part I : General Theory*, Travaux du Cercle Linguistique de Copenhague, Vol.X-1, 1957 ; Second Edition, 1967 を参照。

9　亀井孝／河野六郎／千野栄一編『言語学大辞典』第四巻、三省堂、一九九二年。「マイドゥー語族」（宮岡伯人）の項を参照。

言語のなかの主体

「語る主体」の行方

イェルムスレウがソシュールより一歩進化した点は、言語学の対象を構築するための認識論的基準（＝視点）として「語る主体の意識」に依拠することを心理主義的な立場として退け、言語理論をより形式化することを試みたことだ。つまり、言語学の対象、より具体的には言語《ラング》の単位を析出するにあたって、「語る主体の意識」なるものに依拠する必要のない形式的な言語理論を構築したのである（それは、ソシュールに対する批判としてではなく、同時代のプラーグ学派の音韻論に対する批判として展開されている）。イェルムスレウは、ソシュール言語学の核心を引き継いで（『講義』だけでなく、『覚え書《メモワール》』も）、形式主義＝関係論を徹底することによって、認識論的基準としての「語る主体の意識」を不要にする、逆に言えば形式化してしまうことに成功したのである。[1]では、「語る主体」はもはや言語学とは関係なくなったのか。ラングの科学としての言語学は、主体を完全に追放してしまったのだろうか。

そうではない。イェルムスレウは、ラングという言語学の対象そのもののなかに主体の痕跡を見いだした。彼は、言語《ラング》のなかに形式化された（言語の形式に反映された）主体を言語学の対象として研究する道を切り拓いたのである。言語の外部にある主体ではなく、言語としての主体が問題になるのだ。

言語《ラング》のなかの主体というテーマがもっとも尖鋭的に現われているイェルムスレウの著書は、『格のカテゴリー――一般文法的研究』である。[2]この書物は、『言語理論の確立をめぐって』で確立されるグロセマティック以前の著作であるためほとんど読まれることがなかったが、一九八〇年代後半からのイェルムスレウ・ルネサンスとともに、もっとも現代的なテクストの一つとして再発見されてきた。

この書物は、サブタイトルにも表われているように、イェルムスレウのいう〈一般文法〉構築の一環として、前著『一般文法の原理』[3]の続篇として書かれている。つまり、壮大な一般文法構築プロジェクトのなかで、まずは「格」という文法カテゴリーの言語類型論的研究に着手したものなのである。

格は空間概念を表わす

世界の諸言語のなかには、名詞が数多くの格をもつ言語、格という文法カテゴリーが重要な働きを演じている言語が存在する。そもそも、日本語にも一〇の格があると考えられる。[4]

格という形態素カテゴリーの「基本的意味」は何かという問いにかんして、イェルムスレウは、伝統的に「場所論者」(localistes)と呼ばれる文法学者たちの立場に与している。つまり、格というのは根本的に空間的な関係を表わすカテゴリーであり、それ以外の用法(意味)はこの空間的意味から派生したというのである。そして、空間的関係は、近接性(+)・静止性(0)・離去性(−)という三項によって定式化される。

ところが、ここにおいて、すでに主体が介入してくるのだ。なぜなら、空間的関係というのは、けっして客観的な関係ではなく、つねに語る主体(話者)の立場からとらえられた主観的な関係だからである。[5]

格システムの第三次元(主観性—客観性)

イェルムスレウは、さまざまな言語の格システムを分析するにあたって、三つの次元を設定している。すなわち、場所論によって設定された第一次元(近接性—離去性)にくわえて、第二次元(密接性—非密接性)、第三次元(主観性—客観性)である。おおざっぱに言うなら、格の数が少ない言語は第一次元しかもたず、格の数が増えるにつれて第二、第三次元を備えることになる。一般文法が理論的に予想する格の数は、最小値が二（一格では格とは言えない）、最大値が二一六（＝6^3）だという。ただし、イェルムスレウによれば、これまで知られている言語のなかで第三次元をもつものは、カフカース（コーカサス）諸語に属するタバサラン語（五二格）とラック語（四八格）の二言語しかなく、理論的最大値と経験的最大値とのあいだには大きなずれが存在する。[6]

要するに、先に示唆した格関係の主観性がもっとも明確に、つまり言語システムのなかに形式化されているのはこの第三次元（をもつ言語《ラング》）においてだと言うことができる。イェルムスレウは、格システムの第三次元にかんして次のように書いている。

> 二つの対象間の関係は、**客観的に**、すなわち思考する個人（individu pensant）を考慮せずに考えることもできれば、また**主観的に**、すなわち思考する個人との関連で考えることもできる。下論理的システム（système sublogique）において、**上に**（*au-dessus*）と**下に**（*au-dessous*）の共通観念は客観的に考えられた二つの対象間の関係であり、それに対して、**前に**（*devant*）と**後ろに**（*derrière*）の共通観念は、主観的に考えられた二つの対象間の関係である。（中略）
>
> **鳥は樹の後ろにいる**とか**鳥は樹の前にいる**とか言うとき、わたしは、観客（spectateur）としてのわたし自身に対するわたしと樹の相対的な位置を通常指示している。たとえば、**わたしは樹の後ろにいる**と言うときには、わたしは、いま観客の役を演じているわたしの対話者に対するわたしと樹の相対的位置を通常指示している。他方、**鳥は樹の下にいる**、**鳥は樹の上にいる**、**わたしは樹の下にいる**と言うならば、わたしは、これらの表現によって、観客の視点を考慮にいれずに二つの対象の相対的位置を指し示しているのである。（中略）観客が問題の対象に対して位置を変えれば、**前に**あったものは**後ろ**になることがある

し、その逆もありうるのだが、上にか下にかの選択は、観客の占める位置によっては決定されないし、それとは無関係でありつづける。

（*La catégorie des cas*, Première partie, 1935, pp.132-133）

イェルムスレウがここで指摘しているのは、発話のなかに発話行為の主体（sujet de l'énonciation）と対話者の痕跡が書きこまれているということである。つまり、ラングというのは、言語外に対して閉ざされた硬いシステムではけっしてなく、このように「役者」と「観客」、あるいは語る主体と聴く主体という（間）主体性の要素をとりこんで機能する、柔軟なシステムだということにほかならない。

ヒュルキリ語の格システム

主体性がどのように形式化されているかは個々の言語によって異なっており、具体的に分析してみなければ、ラングのなかの主体性の布置がどうなっているかはわからない。ここでは、イェルムスレウが『格のカテゴリー』のなかで分析した一四の北東カフカース諸語（およびエスキモー語）のなかから、ヒュルキリ語（le hurquili）のケースを紹介してみよう。[7] この言語の格システムは、顕在的な第三次元（主観性―客観性）はもたないのだが、それでもこの次元の意味によって浸透されているという。

ヒュルキリ語の格のなかには、**主観性**［**主体性**］（*subjectivité*）の一般観念の強い契機を伴なうものがある。つまり、離去性（éloignement）と近接性（rapprochement）の一般観念は、この言語《ラング》では大部分が語る主体との関連で考えられており、その結果、語る主体は、いわば自分の個人的目標域に含まれる諸関係と含まれない諸関係（あるいは、より正確には、含まれるか含まれないかが指示されない諸関係）とのあいだに恒常的に差異を見いだすのである。語る主体の圏域に属するもの、語る主体の直接的な観察野に入るものとして定義されるいくつかの関係があるのに対して、そうでない関係もある。だから、この言語《ラング》では、主観的に［主体との関連で］思考される諸関係とそうでない諸関係とのあいだに顕著な区別があるのである。
(*La catégorie des cas*, Deuxième partie, 1937, p.25)

ヒュルキリ語は、イェルムスレウの分析によれば二三の格を有し、これらは「比較格・連辞格」と「場所格」との二系列に分類される。場所格（cas locaux）というのは、カフカース諸語にのみ特有の格ではなく、フィンランド語やハンガリー語のようなウラル語族に属する言語でも発達している。[8]ヒュルキリ語の場所格のなかから、「方格」と「第Ⅳ離格」にかんする記述を見てみよう。

B方格（*latif*）（小辞ゼロ）、近接性を指し示す。しかし、理解する必要があるのは、この主観性に浸透された区域が、ヒュルキリ語のシステムの第一次元の基盤にあって、方格にかんしてもほかの諸々の項にかんしても、観客の視点から考えられた運動を必然的に引き起こすという事実である。ところで、あるものに近接するものは、たいていの場合は同時に観客にも近接する。なぜなら、あるものに近接される対象は、通常は既知あるいはアプリオリに立てられたものであるはずで、したがって、想像されたものであれ現実のものであれ、観客の観察野の内部に見いだされるはずだからだ。（中略）

γ第Ⅳ離格（*IVme ablatif*）（小辞 *-sad*）、〈別の対象から離脱して、同時に観客に近接して〉ということを意味する。（中略）この格セルは、まったく明白なことに近接性と離去性という二つの観念を同時に伴なうことになる。つまり、客観的［対象の］視点では離去性があり、主観的［主体の］視点では近接性があるのだ。第Ⅳ離格の価値においては、ある対象が別の対象から離脱するのだが、それでも主観的な［主体の］観察野のなかにとどまることになっている。第Ⅳ離格は、消滅なしに離去を指示するのである。

（*Ibid*., pp. 28-30）

これを、たんにヒュルキリ語（ダルガン語）という特殊な言語にだけ見られる現象と見なすなら、興味は半減してしまうだろう。ところが、言語学者の科学的な分析は、標準的な言語と特殊な言語があるというような通常のイデオロギーを解体するのである[9]。

言語《ラング》のなかへの主体性の浸透、とくに「観客」としての語る主体の視点からの空間関係の把握という現象は、たとえば日本語にも見られるはずである。格ではないが、「離れてくる」、「離れていく」というときのように、「テクル」と「テイク」という補助動詞の用法は、方向性（近接性／離去性）によるヒュルキリ語の場所格の分析を彷彿とさせる[10]。

こうして見てくると、語る主体というものを言語《ラング》自身が形式化するにあたって、また言語《ラング》のなかの主体性の痕跡をわたしたちが読み解くにあたって、イェルムスレウの提示した格の場所論的な理解、すなわち近接／静止／離去という図式は非常に有効だと言ってよいだろう[11]。

【註】

1　一例をあげるならば、「語る主体」への依拠は、「換入テスト」という操作――記号の表現面と内容面の構成要素を同定するための操作――によって置きかえられることになる。

2　Louis Hjelmslev, *La catégorie des cas : Étude de grammaire générale*, Première partie, Universitetsforlaget i Aarhus, 1935 ; Deuxième partie, Universitetsforlaget i Aarhus, København : Levin & Munksgaard, 1937. 『格のカテゴリー』は、第一部と第二部が合本された原書復刻版がドイツで出版されており、入手可能である（München : Wilhelm Fink

Verlag, 1972)。翻訳は、スペイン語訳だけがある。Louis Hjelmslev, *La categoría des los casos : Estudio de gramática general*, Versión española de Félix Piñero Torre, Madrid : Editorial Gredos, 1978.

3 *Principes de grammaire générale*, Det Kongelige Danske Videnskabernes Selskab, Historisk-filologiske Meddelelser, XVI, 1, København, 1928.『一般文法の原理』、小林英夫訳、三省堂、一九五八年。

4 すなわち、到格（マデ）、向格（ヘ）、属格（ノ）、主格（ガ）、与格（ニ）、対格（ヲ）、離格（カラ）、比格（ヨリ）、共格（ト）、具格（デ）。

5 この点にかんして、また下論理的システム（融即的対立関係）の論理は論理学の論理ではなく、無意識の論理（フロイト）に対応するという重要な論点にかんしては、立川健二『誘惑論――言語と（しての）主体』〈ノマド叢書〉、新曜社、一九九一年、第XI章を参照。

6 ただし、第二次元までもつ格システムの理論的最大値は三六格（＝6^2）だが、それは実際に北東カフカース諸語のアバール語によって実現されている。

カフカース諸語とは、黒海とカスピ海にはさまれた地域にある言語のうち、印欧語族、アルタイ語族のテュルク諸語とモンゴル諸語、セム語族に属する言語を除いたものの総称で、およそ四〇の言語が数えられている。要するに、いずれの語族との関連もいまだに明らかになっていない言語群のことである。もっとも有名なのはグルジア語（ジョージア語）で、話者は約三八〇万人。最近内戦が伝えられるロシアのチェチェン共和国のチェチェン語も、このカフカース諸語に属する。

7 ヒュルキリ語は、現在では北東カフカース諸語、ラック・ダルガン語群に属するダルガン語の一方言として位置づけられている。ダルガン語は方言差が大きいために、ときに方言名で呼ばれることがある。イェルムスレウは、ロシアの言語学者、ウスラールとその後続研究者の資料を利用したために、ヒュルキリ語という名称を踏襲したのである。ダルガン語は、ロシアのダゲスタン自治共和国の中央部で話され、現在の話者数は二三万一千人である（千野栄一「ダルガン語」、亀井孝／河野六郎／千野栄一編『言語学大辞典』第二巻、三省堂、一九八九年、六八五頁）。

8 小泉保『ウラル語統語論』大学書林、一九九四年、第1章「格とその体系」を参照。小泉保は、基本的にイェルムスレウの場所論に依拠している（六頁）。

9 角田太作『世界の言語と日本語――言語類型論から見た日本語』くろしお出版、一九九一年、二一頁を参照。

10 小泉保『日本語教師のための言語学入門』大修館書店、一九九二年、一三〇頁を参照。

11 どうしてかという「根拠」を追究するのは、言語学ではなく言語哲学の仕事だろうが、場所論の根拠を人間の認知のメカニズムに求めることも可能かもしれない。小泉保『ウラル語統語論』、五頁を参照。

また、場所論は、言語《ランガージュ》の本質論において語られるべきコミュニケーション（＝誘惑のプロセス）の理解にも適用できることだろう（本書、「愛と差異に生きるわたし」、註6を参照）。

【イェルムスレウの言葉】

学者にとっては、これから創造すべき科学を眼のまえに見ることほど素晴らしいことはない。

Pour un savant il n'y a rien de plus beau que de voir devant soi une science à créer.

言語学は慣用と発生論に対してのみ熱心に興味をしめしたけれど、構造と類型論はほとんど未開拓の領野である。言語学は、この中心的問題を解決していないし、提起さえしていない。（中略）しかし、学者にとっては、これから創造すべき科学を眼のまえに見ることほど素晴らしいことはないのである。

——ルイ・イェルムスレウ『言語』（1963）

La linguistique ne s'est intéressée sérieusement qu'à l'usage et à la génétique, alors que la structure et la typologie sont un terrain presque vierge ; la linguistique n'a pas résolu、ni même posé, les problèmes centraux. (...) Mais pour le savant rien n'est si beau que de voir devant lui une science à faire.

——Louis Hjelmslev, *Le langage*

ルイ・イェルムスレウ（1899－1965）は、ソシュールの言語学を継承・発展させ、グロセマティック（言語素論）という独自の言語理論をうちたてたデンマークの言語学者。従来の言語学は、純粋に形式的な「構造」として言語をとらえることがなく、その歴史や慣用ばかりを研究してきた。言語を純粋に形式的な視点から考察する構造科学としての言語学は、いまだに確立されていないということである。この句には、既成の学問の枠組みに満足せず、新しい科学を基礎から構築しようとする創始者の情熱があふれている。

この句は、フランス記号論の大御所、Ａ・Ｊ・グレマスが引用して有名になった。そこで、見出しにはグレマスによる訳文をあげておいた。

格とは何か

格という文法カテゴリー

イェルムスレウの一般文法によれば、文法カテゴリー（形態素カテゴリー）には、主として名詞にかかわる（厳密には発話全体を特徴づけない）カテゴリーとして格・比較・数・性・冠詞があり、主として動詞にかかわる（発話全体を特徴づける）カテゴリーとして人称・態・強調・相（時制をふくむ）・法がある。[1] このなかで、彼が一書を著わして徹底的に研究したのが、「格」というカテゴリーにほかならない。

言語といっても英語しか思い浮かばない人たちには、「格」はたんなる文法の小問題にすぎず、そこに言語の重要問題が潜んでいるとは想像できないかもしれない。英文法ではふつう主格・所有格・目的格の三つを数えるだけだし、代名詞以外には所有格と共通格しか見られない。しかし、世界の諸言語のなかには、名詞が実に数多くの格をもち、その働きが顕著な言語が存在する。よく知られている語族でいえば、ウラル語族の諸言語は名詞の変化格の多いことで知られ、フィンランド語とエストニア語は一五格、ハンガリー語は一八格、ジリヤン語のイニヴァ方言は何と二八格を有するという。

小泉保によれば、伝統的に「場所格」と呼ばれる六格――内部格（内格・出格・入格）と外部格（所格・離格・向格）に分類される――のみならず、フィンランド語の全一五格がイェルムスレウの場所論、すなわち近接性（＋）・静止性（0）・離去性（－）の三項によって体系化されうるという。[2]

		単数形		複数形
(a) 文法格：	主格	talo	「家が」	talo-t
	属格	talo-n	「家の」	talo-j-en
	対格	talo-n	「家を」	talo-t
(b) 一般格：	様格	talo-na	「家として」	talo-i-na
	分格	talo-a	「家の部分」	talo-j-a
	変格	talo-ksi	「家に（なる）」	talo-i-ksi
(c) 場所格：	内格	talo-ssa	「家の中に」	talo-i-ssa
	出格	talo-sta	「家の中から」	talo-i-sta
	入格	talo-on	「家の中へ」	talo-i-hin
	所格	talo-lla	「家の所に」	talo-i-lla
	離格	talo-lta	「家の方から」	talo-i-lta
	向格	talo-lle	「家の方へ」	talo-i-lle
(d) 付帯格：	欠格	talo-tta	「家なしで」	talo-i-tta
	共格	………	「家と共に」	talo-i-ne- 所有語尾
	具格	jala-n	「足で」	jalo-i-n

フィンランド語の名詞 talo の格変化[3]

- ●静止状態を表わす格（0）：属格、様格、内格、所格、具格
- ●あるもの「から」離去してゆく運動（起点）を表わす格（－）：主格、分格、出格、離格、欠格
- ●あるもの「へ」近接してゆく運動の目標（着点）を表わす格（＋）：対格、変格、入格、向格、共格

形態格、意味格、そして形式格

しかし、そもそも、フィンランド語には一五格あるとか、カフカースのタバサラン語の格総数は五二、ヒュルキリ語（ダルガン語の方言）は二三、チェチェン語は一八などと言えるのは、どうしてなのか。また、それぞれの言語を記述する文法学者によって格の数が微妙に異なるのは、いったいどういうわけなのか。[4] ラスクによれば、イェルムスレウによれば、などといちいち付け加えなければならないというのは？

たとえば、英語にしても、その格総数を決定するのは容易なことではない。代名詞は別として、名詞の形態にのみ着目すれば、*-s*（もしくは *of* …）という形成素（formant）

をもつ属格と、形成素ゼロの非属格とが区別できる。だが、仮に「語順」というファクターを認めるならば、属格にくわえて、主格・目的格・与格という四格が認められることになるだろう。[5]

まさにソシュールが指摘したように、言語においては視点に先立って対象が実体として与えられているわけではない。したがって、ここではイェルムスレウがどのような「視点」にもとづいて格という「対象」を構築したのか、その対象画定の問題を考えてみよう。

松村一登は、格概念のなかに、「名詞句の形態上のしるし」としての「形態格」と、「名詞句（の表わす対象）が動詞の表わす動作・行為などにおいて果たすさまざまな役割」としての「意味格」の二つを区別している。とりあえず、前者を重視するのが構造主義、後者を重視するのがフィルモアの格文法だと言ってよいだろう。

> 格文法は、意味格の体系は人間の認識構造の反映であって、普遍的な（すべての言語に共通の）ものであるとする仮説に基づく文法モデルである。格文法は魅力のある考え方だが、統合的な文法モデルとしては致命的な欠点がある。意味格（名詞句の意味役割）を認定する客観的な方法が提案されていないため、意味格の一覧が研究者ごとに異なり、すべての言語に共通する意味格の体系を明らかにする段階からはほど遠い状態にあるからだ。
>
> （「『格』と認識」月刊『言語』、Vol.22-10、一九九三年一〇月、六九―七〇頁）

イェルムスレウが、「意味格」や「深層格」といった、どの言語にも見いだされるようなアプリオリな存在を想定していないことは確実である。個々の言語の格システムを取り出すときに彼が準拠する「形式（forme）」とは、システム内部における各々の格の「価値（valeur）」によって決定されるのであって、いわゆる形態、すなわちイェルムスレウの言う「音相（aspect phonique）」とは完全に別のものである。

つまり、イェルムスレウは、語順のように屈折語尾以外の表現手段による格も理論的に認めることによって、形態格でも意味格でもない第三の格、いわば「形式格（cas formel)」とでも呼べるものを設定していると言えるのである。[6]

ラングではなく、システム

ここで注目したいのは、『格のカテゴリー』のなかにさりげなく置かれた次の一文である。

あらゆる観念はどんな言語《ラング》においても表現されうるが、どんなシステムにおいても表現されうるというわけではない（Toute idée peut être exprimée dans toute langue, mais non dans tout système）。

（*La catégorie des cas*, Première partie, 1935, p.135）

ここには言語学という学問のエッセンスが、少なくとも構造主義のエッセンスが間違いなく凝縮されている。たとえば、単数と複数という観念は、日本語でも、数詞や形容詞を名詞に付け加えることによって表現することができる。「一軒の家」、「二軒の家」、「複数の家」というように。だからといって、日本語に「数」というカテゴリーが存在するわけではない。つまり、単数・複数の観念は、日本語という「ラング」によって表現できないことはないが、日本語の「システム」では表現されえない。言いかえるなら、日本語の文法システムは、「数」という（形態素）カテゴリーをもたないということなのである。

どの言語も潜在的にはすべての言語を翻訳する能力をもつ（**普遍性**）、しかし、システムを乗り越えることは困難である（**相対性**）――イェルムスレウの思考は、この問題圏から離れることがない。だから、彼は、前置詞という語彙的カテゴリーが格と同様に空間関係という意味領域を覆っていることを認めながらも、前置詞を格と見なすことには慎重なのである。[7]

次の一節は、『格のカテゴリー』全体の「視点」を要約するものだ。

言語学がこれまで屈折語尾によって物質的に表現されるところにしか格を認めようとしなかったとしても、この同じカテゴリーが同じ差異的意味特徴によって構成され、しかし屈折語尾という手順とは別の手順によって表現されることによって見いだされる言語《ラング》は存在しないのか、という決定的な問題が残っている。格という観念が記号表現《シニフィアン》における何らかの差異によって表現されていない言語《ラング》があるなら、格はこうした言語《ラング》には存在しない。しかし、格という観念がどんなものであれ記号表現《シニフィアン》におけるなんらかの差異によって表現されるような言語《ラング》があるならば、格はこうした言語《ラング》において、屈折語尾的メカニズムを好む諸言語と同じ資格で存在するのである。

(*La catégorie des cas*, Première partie, p.21)

このテーゼは、「格の一般文法」創設にとって決定的な意味をもつ。ここでイェルムスレウが闘っているのは、古典的なギリシャ・ラテン文法であれ、一九世紀的なインド・ヨーロッパ比較文法であれ、ある特定言語の文法を普遍的モデルと見なす「特定共時的文法(grammaire idiosynchronique)」であり、「やぶにらみ文法(squinting-grammar)」にほかならない。[8]ラテン語のように語尾変化によるもの以外を「格」と認めないとしたら、一般文法の立場からする格の研究など成立しようがないではないか。

この闘いのために彼が依拠したのが、ソシュールから受け継いだ「形式」と「価値」という言語学思想である。[9]言語間の差異とは、形式《フォルム》の差異にほかならない。イェルムスレウ独自の用語では、それは表現と内容のはざまに立ち現われる「外延性(l'extensional)」の領域である。[10]

システムの諸々の項（ここでは格）は、表現される概念それぞれの**拡がり**（*étendue*）によって秩序づけられるのであって、こうした概念の**内容**（*contenu*）によって秩序づけられるのではない。システム内部の諸々の対立関係を構成するのは、問題の諸々の格のあいだにある内包的関連ではなく、それらの外延的関連にほかならない。

（中略）ある格の定義は、システムに入る他の諸々の格によって、そしてこうした他の格に対するその差異的価値――これは外延的事実である――によって決定される。

あらゆる言語記号は、外延的視点からはその**価値**によって、内包的視点からはその**意味**（*signification*）によって定義されるのである。

（*La catégorie des cas*, Première partie, pp.102-103）

イェルムスレウの一般文法＝言語類型論は、個々の言語の〈システム〉を起点として、言語一般の〈カテゴリー〉をめざしている。つまり、諸言語の相対性（多様性）を徹底的に肯定しつつ、言語の普遍性へと近接してゆくのである[11]。

【註】

1 Louis Hjelmslev,《Essai d'une théorie des morphèmes》(1938), *Essais linguistiques*, Travaux du Cercle Linguistique de Copenhague, Vol. XII, 1959 ; Deuxième édition, 1970.

2 小泉保「言語の本質について」月刊『言語』Vol.6-4、一九七七年四月。小泉保『ウラル語統語論』大学書林、一九九七年、第一章を参照。

3 小泉保『ウラル語のはなし』大学書林、一九九一年、八八―八九頁。離格の訳語「家の中から」を、小泉保『フィンランド語文法読本』

大学書林、一九八三年、一二四頁により「家の方から」と訂正した。

4　フィンランド語にかんしても、現在、一四格説と一五格説とがある。一四格か一五格かというのは、対格（単数は属格、複数は主格と同じ形態）を数えるかどうかの違いである。松村一登「フィンランド語入門」月刊『言語』Vol.14-8、一九八五年八月、四九頁を参照。

5　Louis Hjelmslev, *La catégorie des cas : Éude de grammaire générale*, Première partie, Universitetsforlaget i Aarhus, 1935, p.114, pp.118-119.

6　イェルムスレウ自身の用語ではないが、「形態格」を cas morphologique、「形式格」を cas formel と呼んで、区別することにしたい。

7　*La catégorie des cas*, Première partie, p.78, 107.

8　イェルムスレウがいま生きていたなら、「英語やぶにらみ文法」に対して闘いを挑んだかもしれない。

9　イェルムスレウによる「価値」の定義は、「意味の差異的最小値（minimum différentiel de signification）」と簡潔だ（*La catégorie des cas*, Première partie, p.20）。後のグロセマティックからは「価値」という用語は姿を消すが、「価値」という発想そのものが消滅したのではなく、「関数関係（fonction）」を中心とする概念群によって再定式化されたのだと考えるべきだろう。

10　イェルムスレウの用語法には、extensional/intensional（外延的／内延的）にくわえて、extensif/intensif（外括的／内括的）、extense/intense（外制的／内制的）というよく似た三つの対概念がある。第二の対は、融即的対立関係の二項を形容し、外括項／内括項を区別する。第三の対は、発話全体を特徴づける文法カテゴリー（外制的）と特徴づけない文法カテゴリー（内制的）とを区別する。なお、この三つの対概念のいずれも、グレマスの記号論辞典に採りあげられている（A.J.Greimas et J.Courtès, *Sémiotique : Dictionnaire raisonné de la théorie du langage*, Tome 2, Paris Hachette, 1986）。

11　しかしながら、イェルムスレウが理論の例証として分析した北東カフカース諸語とエスキモー語は、すべて明示的な形成素で表現される格のシステム、すなわち、古典文法が認める格語尾という手法に頼る格システムを有している（*La catégorie des cas*, Deuxième partie, 1937, p.77）。要するに、彼が実際に分析したのは「形態格」のシステムだったのである。また、彼があれほど格の豊かなウラル諸語の分析を回避したのは、意味素（sémantème）と形態素（morphème）の区別という未解決の根本問題に触れないための措置であった。この問題にかんしては、立川健二「ヒュルキリ語の格システム――ルイ・イェルムスレウ『格のカテゴリー』第二部から」、『人間・言語・情報』第一一〇号、東北学院大学学術研究会、一九九五年三月を参照。

言語と言語の差異はどこにあるのか

五　言語による「わたしは知らない」

仮にイェルムスレウの著作として、中期の『言語理論の確立をめぐって』[1]だけしか後世に残されていないと仮定したとしても、その理論的言説のなかにわたしたちのいう《イェルムスレウ言語学》を読みとることは不可能ではないと思われる。[2]逆に、言語の多様性に対する想像力を欠いた読み手には、グロセマティックはただ抽象的で無味乾燥な理論としか映らないかもしれない。この本だけを読んでイェルムスレウを批判する人が少なくないと先に指摘したけれど（本書、「イェルムスレウ言語学のために」）、大多数はこの本をほんとうには読まずに、グロセマティックは具体的な言語の分析には役立たないとか、イェルムスレウはソシュールの亜流だとか言って済ませているのではないだろうか。

さて、この本には、「諸言語間の差異とは何か」という言語学にとってもっとも本質的な問いの一つに答えようとしているところで、非常に印象にのこる一節がある。[3]いささか長いことは覚悟のうえで、引用しておこう。[4]

このようにして〔以下に示す〕連鎖

デンマーク語　*jeg véd det ikke*

英　　語　　*I do not know*
フランス語　*je ne sais pas*
フィンランド語　*en tiedä*
エスキモー語　*naluvara*

は、あらゆる点で異なっているにもかかわらず、われわれはこれらの連鎖が共通する要因、すなわち原意［meningen］、思想そのものをもっているということを発見できる。（中略）つまり原意は、言語が異なればそれに応じて異なるやり方で、秩序立てられ、分節され、形成されていると考えることである。デンマーク語では、まず最初に *jeg* わたし、次いで *véd* 知っている、それから目的語〔det それを〕、それから否定語〔*ikke*〕が来る。英語では、まず最初に「わたし」、それから動詞概念［*do*］が来るが、これはデンマーク語の文では独立して別に現われてはいない。それから否定語、それからやっと〔不定詞〕「知る」という概念が来る（しかし〔デンマーク語の直説法現在〕「*véd*」に相当する概念はどこにもないし、また目的語もない）。フランス語では、まず最初に「わたし」、それから一種の否定語（しかしこれは、デンマーク語や英語の否定語とはまったく別ものである。なぜならこれは、すべての結びつきで否定の意味を持たないからである［虚辞の *ne* という現象がある］）、それから「知っている」、そして最後に、一風変わった特別な記号［*pas*］が来る。これは一部の人からは否定語と呼ばれているが、また一方では、一歩、二歩の「歩」を意味することもできる。英語の場合と同じように目的語はない。フィンランド語では、まず最初に「わたしは―ない」を意味する動詞（あるいはもっと正確に言えば、「ない―わたし」である。なぜなら、「わたし」を示す記号のほうが後に来るからである。フィンランド語での否定語は、人称と数の変化する動詞である。*en*「わたしは―ない」、*et*「きみは―ない」、*ei*「彼は―ない」、*emme*「われわれは―ない」などである）が来て、その後から、ほかの結びつきでは命令の意味を持つ形［現在語幹］で「知る」という概念が来る。目的語はない。エスキモー語では、「ない知っている―である―わたし―それ」であり、これは *nalo*「無知」から派生した動詞に、一人称主語と三人称目的語を示す接尾辞がついたものである。

(Louis Hjelmslev, *Omkring sprogteoriens grundlæggelse*, 1943, p.47 : ルイ・イェルムスレウ『言語理論の確立をめぐって』竹内孝次訳、岩波書店、一九八五年、六二―六三頁。〔 〕は訳者の竹内、［ ］は立川による補足)

自分の母語でありこの書物の執筆言語であるデンマーク語、同じゲルマン系の英語、ロマンス系のフランス語にくわえて、非印欧語からはウラル語族のフィンランド語、そしてデンマーク領グリーンランドで話されているエスキモー語――イェルムスレウが知っていた数十の言語のなかからわずか五言語をとりだして、その統辞論的な形式《フォルム》の差異――類型論的な差異と言ってもよい――をきわめて教育的に提示したものだが、この一節を読むだけでも、彼がいかに諸言語の多様性を楽しんでいるかが伝わってくる。イェルムスレウ先生は、わたしたち学生に向かって、「どうだい、すごいだろう、言語っていうのはこんなにも違うものなんだよ」と語っているかのようだ。たしかに、非印欧語のフィンランド語とエスキモー語の記述は、言語学の初学者を瞠目させ、言語の世界の多様性に覚醒させてあまりあるものだ。

グロセマティックは、自然言語以外の記号構造の分析という記号論《セミオティック》的方向性をもっているだけではなく、多種多様な自然言語――彼のいう「汎用言語（pass-key languages）」――の分析のための基礎的な認識論・方法論を構築し、さらには言語類型論への方向性をも打ち出しているのである。グロセマティックとは、第一義的には言語の多様性に対応するための基礎理論にほかならない。

このことを右に引用した鮮やかな一節とともに頭にとどめながら、そこでイェルムスレウが提出している言語理論そのものの核心を以下において取り出してみることにしよう。

内容／表現、連続体／形式／実質

言語は、ソシュールによって記号のシステムと定義された。一見自明とも思われるこの言語概念を、イェルムスレウとともにもう少し厳密に考えてみよう。[5]

言語は、どんなものであれ、二つの面をもっていると想定することができる。言語のこの二面を、とりあえず**内容**と**表現**と名づけることにする。一つの面しかもたない対象は、言語とは呼ぶことができない。また、内容面と表現面とが同型の構造をもつならば、理論の経済性から、内容面と表現面を二つに分析する必然性はない。こうした対象を**シンボル体系**と呼んで、言語とは区別することにしよう（交通信号、チェス・ゲームなど）。[6]

ここで注意すべきことは、内容と表現は独立した存在ではなく、相互依存関係を結んでいるということだ。

> 表現はそれが内容の表現であるということによってはじめて表現なのであり、また内容はそれが表現の内容であるということによってはじめて内容なのである。
>
> （『言語理論の確立をめぐって』五九頁）

内容と表現のあいだの相互依存関係を、イェルムスレウは**記号関数関係**（仏 fonction sémiotique：英 sign function）と呼んでいる。

さて、言語の科学的分析の出発点において、とりあえず一つの想定を行なっておく必要がある。それは、内容と表現の二面がそれぞれ「不定形で分析されていないかたまり」をなしているという想定である。イェルムスレウは、これを「原意（デ mening：英 purport）」とか「素材（仏 matière）」とか名づけているが、誤解を与えやすい表現なので、わたしは、ウンベルト・エーコにならってこれを**連続体**と呼びかえることにしたい。[7]連続体とは、諸言語の多様性にもかかわらず、すべての言語に共通のファクターだ、と、とりあえず考えておこう。世界の諸言語が多様であり、互いに異なっているのは、個々の言語がそれぞれ固有の**形式**（仏 forme）をもっているからである。この場合の「形式」とは、目に見える形（形態）ということではなく、関数関係《フォンクシオン》のネットワークのことだ。それぞれの言語の形式は、連続体のなかに、異なったやり方で、恣意的に境界線を引くのである。色彩スペクトルという内容の連続体を何色に、またどのように分析するかは、それぞれの言語形式によって異なっている。たとえば、地理的に隣接する英語（＝イングランド語）とウェールズ語のあいだであっても。

英語	green	blue	gray	brown
ウェールズ語	gwyrdd	glas	llwyd	

（Louis Hjelmslev, *Prolegomena to a Theory of Language*, 1961, p.53）[8]

また、母音という表現の連続体をa/e/i/o/uと五つにしか分析しない日本語のような言語もあれば、それに加えてä/ö/yという三つの母音を有するフィンランド語のような言語もある。したがって、言語の形式とは、**連続体を構造化する原理**と理解してよいだろう。

それぞれの言語はこの無定形な「思想の塊」の中に自分の境界を定め、その中に異なった要因を異なった順序で浮び上がらせ、異なった場所に重心を置き、これら重心に異なった強調を与える。これは非常に多種多様な模様を形作る、まったく同じ一握りの砂粒のようであり、あるいは、ハムレットの目に、一分ごとに姿を変えてうつるあの空に浮ぶ雲のようである。

（『言語理論の確立をめぐって』六二頁）

では、形式によって境界線を引かれた連続体は、どうなるのか。不定形の連続体は、特定の言語形式によって分析された結果、**実質**（仏 substance）へと変容する。言いかえれば、形式は、連続体の切り分けをつうじて、個々の実質を生みだすということだ。**内容の実質**とは現実の物理的対象（言及対象《レフェラン》）および語る主体が対象にかんしてもつ概念（要するに意味）のこと、**表現の実質**とは音や文字などの物理的性質のことと考えておけばよい[9]。形式が連続体の構造化であるならば、実質とは**構造化された連続体**のことである。

内容形式と表現形式によって、しかもこれらによってのみそれぞれ内容実質と表現実質は存在し、これらはちょうど広く張った網が、自分の影を分割されていない表面に投げかけるときと同じように、形式が連続体に投影されることによって現われる。

（『言語理論の確立をめぐって』六九頁、訳語を変更）

以上のイェルムスレウの言語＝記号モデルの理論的説明のバックグラウンドに思い描いてほしいのは、「言語哲学」的な原理・原則より、むしろ「語学」的な細目・具体例である。たとえば、世界の諸言語が「わたしは知らない」と表現するときの、その可能性の数々。デンマーク語 *jeg véd det ikke* とフィンランド語 *en tiedä* の差異が、どこにあるのかということ。

イェルムスレウのテクスト＝思考は、徹底的に言語学的であって、そこに言語哲学の入りこむ余地はいっさいないのだ。

【註】

1 Louis Hjelmslev, *Omkring sprogteoriens grundlæggelse*, Travaux du Cercle Linguistique de Copenhague, Vol.XXV, 1993 (Edition originale, 1943); Louis Hjelmslev, *Prolegomena to a Theory of Language*, Translated by Francis J. Whitfield, Revised English edition, Madison : The University of Wisconsin Press, 1961 ; Louis Hjelmslev, *Prolégomènes à une théorie du langage*, Traduit du danois par Una Canger avec la collaboration d'Annick Wewer, Paris : Editions de Minuit, 1968-71 ; ルイ・イェルムスレウ『言語理論の確立をめぐって』竹内孝次訳、岩波書店、一九八五年。その他、ロシア語訳（1960年）、イタリア語訳（1968年）、スペイン語訳（1971年）、ドイツ語訳（1974年）が存在する。

原典のタイトルに忠実なのはレプスキーによる伊訳と竹内による日本語訳だけであり、それ以外は、英訳を踏襲して控えめな『言語理論序説』というタイトルをもつ（控えめというのは、「言語理論」につく冠詞が定冠詞から不定冠詞に格下げされているからだ）。デンマーク語原典の本書が日本語で読めるのはありがたいが、英訳・仏訳などで読んだほうがわかりやすいような気がする。

2 それは、いわば原資料なしに、『一般言語学講義』だけ残したソシュールを読もうとするようなものである。ただし、イェルムスレウは自分自身で『言語理論の確立をめぐって』を書いたけれど。

3 記号学者、クリステヴァによる批判があるが、ここではあえて問題にしないことにする。ジュリア・クリステヴァ『詩的言語の革命——第一部・理論的前提』原田邦夫訳、勁草書房、一九九一年、三一—三六頁。

4 厳密にいえば、同一の連続体が言語によって異なった、すなわち恣意的な形式化を受けることを説明するにあたって、内容／表現、過程／システムという2×2＝4の組み合わせがあるわけだが（内容の過程、内容のシステム、表現の過程、表現のシステム）、以下に引用するのは「内容の過程」のケースである。

5 ここまで少々とばしすぎたので、ここであらためて記号論的言語学の基礎を復習しておくことにする。

6 くわしくは、《The Basic Structure of Language》, 1947, *Essais linguistiques II*, Travaux du Cercle Linguistique de Copenhague, Vol. XIV, 1973 を参照。邦訳は、ルイ・イェルムスレウ「言語の基本構造」立川健二訳、『PHILOLOGIE』第七号、現代言語論研究会、一九九七年。

7 ウンベルト・エコ、『テクストの概念』谷口勇訳、而立書房、一九九三年、三〇頁。

8 言語と文化の相同性という議論がここから引き出され、記号論や文化人類学で大きく利用されることになる（A・J・グレマス『構造意味論』（1966年）田島・鳥居訳、紀伊國屋書店、一九八八年、三〇頁）。これは、一部の論者が主張するような凡庸な考え方などではない。小田亮の美しい書物『構造人類学のフィールド』世界思想社、一九九四年、一二一—一二三頁を参照されたい。

9 ソシュールが言語学の領域から排除したと言われる言語外の現実（言及対象《レフェラン》）は、このように「内容の実質」という資格で、イェルムスレウによって言語学のなかに取り戻されている。

この演壇は、「演壇」という記号の可能な意味の一つであり、この演壇は物理的性質のものであります。内容の実質が表現の実質よりも必然的に非物質的であるなどと思い込むのは、たんなる空想にすぎませんが、これこそ古代と中世まで遡る物理的なるものと心的なるものの恣意的な分割に由来して普及している思想なのです。

(Louis Hjelmslev,《Entretien sur la théorie du langage》, 1941, *Nouveaux Essais*, Paris : P.U.F., 1985, p.80)

グロセマティック、《全体言語学》として

わたしは、文字どおり彼に誘惑された。わたしがイェルムスレヴィアンかどうか、そしてなぜそうなのかと尋ねるなら、率直にこう答えよう。わたしの美的感覚によってだ、と。『序説』は、わたしがいまだかつて読んだなかでもっとも美しい言語学のテクストだと思う。(中略)わたしはいつでもイェルムスレヴのように書こうとしてきたけれど、もちろん成功したためしがない。

(A-J・グレマス[1])

虚構としての連続体

イェルムスレヴの定式化によって、わたしたちは言語=記号を構成する六つの層(strates)を手に入れたことになる[2]。

このイェルムスレヴの記号モデルでは、記号を構成するのは**表現の形式**と**内容の形式**であり、それぞれソシュールの記号モデルの**シニフィアン**と**シニフィエ**に対応する。表現の側だけでなく、内容の側にも形式があることに注意しておきたい(だから「形態」ではない)。**実質**は、形式=記号に付着しているものの、その外部に存在するものと考えられる。「記号は内容実質のための記号であり、また表現実質のための記号でもある」(『言語理論の確立をめぐって』七〇頁[3])。これは、ソシュールによる伝統的な言語=名称目録観《ノマンクラチュール》との壮絶な闘いを受けての、イェルムスレウ流の卓抜な定式化として理解できるだろう。

内容連続体――内容実質 → **内容形式 ⇔ 表現形式** ← 表現実質――表現連続体

しかしながら、ここには一つの認識論的な転倒がはらまれている。なぜなら、わたしたちはすべての言語に共通する連続体の存在を最初に想定したものの（五言語に共通の「わたしは知らない」のように）、**連続体**というのは現実には何らかの（特定言語の）形式の実質としてしか存在しえないからだ。

> 連続体の形を決定するのは、もっぱら言語の関数関係 [sprogets funktioner]、つまり記号関数関係 [tegn funktionen] とそこから演繹できる関数関係である。連続体はその度ごとに新しい形式のための実質となり、しかも形式のための実質とならなければ、まったく存在することはできないのである。
>
> （『言語理論の確立をめぐって』六三頁）

言いかえれば、「不定形で分析されていない」連続体そのものは、わたしたちの認識を逃れ去るということだ。わたしたちに認識可能なのは、関係のネットワークとしての（個々の言語の）形式、および形式によって生みだされた実質だけなのである。

> 連続体は、それ自体では認識できるものではない。なぜなら、認識の前提はある種の分析だからである。連続体は形成 [forming] を通してはじめて認識できるようになるもので、したがって形成がなければ、連続体は科学研究の中にはまったく存在を持たないことになる。
>
> （八九頁）

だから、連続体というのは、形式による実質の生産プロセスをとおして、事後的に想定された理論的仮構にすぎないと考えられる。フロイトの「無意識」が、ある種の現象を説明するために想定されたフィクションであるのと同じように。

言語学から記号論へ

ここで、言語理論は一つのエピステモロジックな選択を行なう。実質と連続体をとりのけて、形式を優先的に分析するという**内在主義**の選択である。このように形式の分析を中心に置く「言語の内在的代数学」を、イエルムスレウは**グロセマティック（言語素論）**と名づけ、従来の言語学との根本的差異を強調している。グロセマティックは、ソシュールの構造主義的、内在主義的言語学の継承・発展にほかならない。

実は、ここにはある決定的な転回が胚胎されている。なぜなら、実質と連続体を考慮せずに形式だけを分析する以上、言語理論は、デンマーク語やエスキモー語といった自然言語以外のさまざまな**記号構造**《セミオティック》にも適用可能であることが明らかになるからだ。つまり、意味あるいは音や文字という実質を括弧にいれて、形式的構造の次元でのみ言語を定義するならば、狭義の言語（＝汎用言語）のみならず、文化のなかのさまざまな構造をも「言語」と見なさざるをえなくなるのである。[4] ここにおいて、わたしたちは、ソシュールの提出した記号学の構想に合流することになる。

> 言語《ラング》は観念を表現する記号のシステムであり、だとすれば、文字法《エクリチュール》・聾唖者のアルファベット・象徴的儀礼・礼儀作法の諸形式・軍事信号などと比較されうるものである。ただ、それはこれらのシステムのなかでもっとも重要なものである。
>
> そこで、**社会生活のさなかにおける記号**《シーニュ》**の生を研究するような科学**を構想することができる。それは、社会心理学の、したがって一般心理学の一部門をなすことだろう。われわれは、これを**記号学**《セミオロジー》（ギ

リシア語の sēmeîon「記号」から）と名づけようと思う。（中略）言語学はその一般科学の一部門にすぎず、記号学《セミオロジー》が発見する法則は言語学にも適用可能であるに違いないから、言語学は、このようにして人間的事実全体のなかでよく定義された一領域に接合されることになるだろう。

(Ferdinand de Saussure, *Cours de linguistique générale*, Paris : Payot, 1972, p.33)

つまり、**内在主義**という一つの限定を出発点にすえることによって、逆に言語学の対象は自然言語の範疇をはるかに超え出てしまう。言語学は、いわば言語学に徹することによって、逆説的にも記号学という広大な科学に変身する。イェルムスレウにとって、言語学は記号学の一部であるどころか、言語学と記号学は実は完全に同一のものなのだ。

このような類型学的階層は、個別言語から言語種（l'espèce langue）まで上昇してゆき、理論的には、記号学的構造の一般原理に到達する瞬間まで停止することがない。F・ド・ソシュールの思想および記号論理学《ロジスティック》のより最近の研究によって認識できたことは、言語学的言語（la langue linguistique）はもっとも広義の「言語（la langue）」の可能な顕現の一つをなすにすぎないということであり、この広義の「言語」は、変形構造として組織されたいかなる記号システムをも含んでいるということである。

(Louis Hjelmslev, 《Linguistique structurale》, 1948, *Essais linguistiques*, Travaux du Cercle Linguistique de Copenhague, Vol.XII, 1959 ; Deuxième édition, 1970, p.25)

この引用から明らかなように、イェルムスレウの言う「言語《ラング》」とは、記号システムの一種ではなく、記号システム一般のことである。この点で、彼の「ラング」という用語の用法がソシュールのそれとは異なっていることに注意しなければならない。ソシュールの言う「ラング」とは、常識的な意味での言語（音声言語）のことだからである[5]。

さらに《全体言語学》へ

しかも、言語学の拡張はこれだけにはとどまらない。イェルムスレウの理論装置は、諸々の言語＝記号構造《セミオティック》を階層的に組織化し、記号学そのものを対象とする**メタ記号学**なる究極の科学まで構想する。そして、メタ記号学は、何と言語学が出発点において排除した**実質**の記述を行なうというのだ。つまり、メタ記号学とともに、言語理論は言語外の事物や概念までをも分析の対象に据えることになるのである。

わたしたちは、実にドラマティックな転回に立ち会っている。第一段階における排除は実は一時的なものにすぎなかったのであり、そこで排除されたすべてのものが言語理論のなかに再統合されてゆくのだから。

> 言語理論はその出発点の立場では恒常性、システムそして内的関数関係をただ一つの目的とする内在性を持つものとして立てられたが、これは表面的には流動性とニュアンス、生命と具体的な物理学的・現象学的現実を犠牲にしてのことであったと思われるかもしれない。一時的にではあるが、視野を枠で囲んでしまったのは、言語そのものからその秘密を引き出すために支払わなければならなかった代償である。しかし、まさにこの内在的視点を通して、またこの視点によってこそ、言語そのものは自分が要求した代価を返してくれるのである。今までの言語科学の場合よりさらに高尚な意味で、言語はふたたび認識における中枢となったのである。
>
> （『言語理論の確立をめぐって』一四五―一四六頁）

だとすれば、最終的には「言語理論の中枢から解明の光の与えられない対象は、まったく見出されないようになる」（一四五頁）。そして、言語理論の最終的な展望は、次のように語られる。

言語理論は内在的必然性に導かれて、単に言語体系をその図式と慣用、その総体と個別部分の中に認識するようになるだけではなく、また言語の背後に人間と人間社会を、そして言語を通して、人間の認識領域のすべてをも認識するようになるのである。（一四六頁）

内在的構造主義から出発したイェルムスレウの言語理論は、このようにして怖るべき広大な射程を獲得するにいたる。それは、言語＝記号《セミオティック》構造の構造分析にとどまらず、語用論（言及対象《レフェラン》と語る主体）、社会言語学（言語の社会的変異）、言語類型論、文学の科学（テクスト分析）、エピステモロジー（科学の理論）、記号論理学をふくめ、人間とその文化全体を研究の視野におさめることになる。しかも、諸科学の成果の雑多な寄せ集めではなく、あくまでも統一的な視点から。

このような言語学を、わたしたちが《全体言語学》と呼んでいけないことはあるまい（野間宏の「全体小説」にならって）。

感動的な言語学書

冒頭に引用したように、フランスの記号学者、グレマスは、ここまでわたしたちが読んできた『言語理論の確立をめぐって』について、「わたしがいまだかつて読んだなかでもっとも美しい言語学のテクストだ」と語っている。美しい言語学書は、ほかにも何冊かあるだろう。しかし、ドラマティックで、感動的でさえある言語学書というのは、イェルムスレウのこの著書を措いてほかにないのではないか。

著者の母語デンマーク語で書かれ、一九四三年に刊行された『言語理論の確立をめぐって』は、その一〇年後に出版された改訂英語版以降は、『言語理論序説』（*Prolegomena to a Theory of Language*）のタイトルで世界的に知られることになる。[6] 実際、イェルムスレウはこの著書をあくまでも読者を言語理論へといざなうための「序説《プロレゴメナ》」として書いたのであり、理論本体にかんしては、彼の死後十年目に刊行された『言語理論のレジュメ』[7]を待たなければならなかった。難解という評判の『序説』も、怪物的な『レジュメ』に較べれば、重厚なメインディッシュの前の軽いオードヴル、あるいは浩瀚な専門書を前にした新書版といったところかもしれない。

【註】

1 A.-J. Greimas, in Herman Parret, *Discussing Language*, The Hague : Mouton, 1974, p.58.
2 *Cf.* Jürgen Trabant,《Louis Hjelmslev : Glossematics as General Semiotics》, in M. Krampen et al. *Classics of Semiotics*, New York : Plenum Press, 1987, p.94.
3 ルイ・イェルムスレウ『言語理論の確立をめぐって』竹内孝次訳、岩波書店、一九八五年。以下、この本からの引用では訳語を一部変更したところがある。
4 ただし、内容と表現の二面をもつという条件を満たすならば。本書、「言語と言語の差異はどこにあるのか」を参照されたい。
5 Jürgen Trabant, *op.cit.*, pp. 91-92.
6 仏訳・西訳・独訳も、このタイトルを踏襲している。
7 Louis Hjelmslev, *Résumé of a Theory of Language*, Edited and translated with an introduction by Francis J. Whitfield, Travaux du Cercle Linguistique de Copenhague, Vol.XVI, 1975.
『レジュメ』は、『序説』と同時期の一九四三年頃にほぼ完成したと考えられてきたが、厳密にいえば、一九三六年から一九五八年という二〇年以上の歳月をかけて練りあげられたことが明らかにされている（Alessandro Zinna,《La glossématique entre théorie et objet》, in

Louis Hjelmslev et la sémiotique contemporaine, Rédigés par Michael Rasmussen, Travaux du Cercle Linguistique de Copenhague, Vol. XXIV, 1993, pp. 178-179)。

言語類型論序説――言語の多様性、そしてその彼方へ

言語研究の歴史――多様性の還元として

数千年におよぶ言語研究と言語思想の歴史は、諸言語の多様性を前にした人類の戸惑いと、それに対する闘いの歴史として読みなおすことができる。それを出発点において象徴するのが、『旧約聖書』にある「バベルの塔」の神話である。

世界中は同じ言葉を使って、同じように話していた。（中略）彼らは、「さあ、天まで届く塔のある町を建て、有名になろう。そして、全地に散らされることのないようにしよう」と言った。

主は降って来て、人の子らが建てた、塔のある町を見て、言われた。「彼らは一つの民で、皆一つの言葉を話しているから、このようなことをし始めたのだ。（中略）我々は降って行って、直ちに彼らの言葉を混乱させ、互いの言葉が聞き分けられないようにしてしまおう。」

主は彼らをそこから全地に散らされたので、彼らはこの町の建設をやめた。こういうわけで、この町の名はバベルと呼ばれた。主がそこで全地の言葉を混乱（バベル）させ、また、主がそこから彼らを全地に散らされたからである。

（「創世記」一一、一―九、『聖書』新共同訳、日本聖書協会、一九八七―八八年）

人類は、この諸言語の多様性をありのまま肯定する強さをもたなかった。そのために、何らかの原理に還元して理解しようという努力を続けてきたのである。それは、諸言語の普遍性をどこに見いだすか、その探究の歴史であったと言ってもよい。

一七世紀のポール＝ロワイヤルの『文法』（一六六〇年）と『論理学』（一六六二年）に代表される論理主義は、言語の背後の普遍的思考なるものによって、言語の現実的多様性を単一性へと還元しようとした。しかも、そこで想定されていた普遍的論理というのは、フランス語という特定言語《イディオム》の論理（たとえば主語・動詞・目的語という語順）にほかならなかった。[1] イェルムスレウは、ある特定言語をモデルとする文法をイェスペルセンに倣って「やぶにらみ文法（squinting-grammar）」と呼び、執拗に批判している。[2]

一八世紀までの言語哲学と伝統文法の時代と縁を切り、実証的な言語研究を開始したと言われる一九世紀。[3] しかしながら、一九世紀の比較言語学でさえ、サンスクリットの「発見」に代表されるような経験的知識の増大によっていっそう明らかになった諸言語の多様性に対して、インド・ヨーロッパ（印欧）諸語の「系統樹」を作り、これらに共通の起源＝「祖語」を仮構することによって、それを単一性へと還元しようとした。いずれにしても、なんらかの統一原理は必要だったのだ。それは、論理主義とは別種とはいえ、多様性の単一性への還元という同一操作のヴァリエーションにすぎなかったのである。

フランスの言語学者、フランソワ・ラスティエは、次のように述べている。

> あらゆる違いを考慮しても、原初的な印欧語は、歴史・比較言語学において、生成文法における深層構造と同じ役割を演じている。すなわち、それは、理論が隠れた現象へと物象化される場所なのである。
> （François Rastier,《Introduction》, Louis Hjelmslev, *Nouveaux essais*, Paris : PUF, 1985, p. 12）

また、ジャン＝クロード・ミルネールの指摘することも、ラスティエと同じ方向を向いている。

印欧語は、変形論者たちの深層構造と無関係ではない。ただし、二つの違いがある。（1）深層構造がそれだけでは一言語に相当することができないものとして定義されているのに対して、印欧語は一言語としての十全なステイタスを備えている。（2）印欧語の文字法《エクリチュール》は、論理学には属していない。

(Jean-Claude Milner, *L'amour de la langue*, Paris : Seuil, 1978, p.109)

二人の言語学者が指摘するように、比較言語学における「祖語」の役割は、二〇世紀後半のチョムスキーの生成文法においては「深層構造」によってとって代わられることになる。しかも、この深層構造は、多様な諸言語を研究してそこから抽出されたのではなく、実際にはほとんど（チョムスキーたちの母語である）英語という一言語の分析から得られたものにすぎない[4]。だとすれば、生成文法による普遍性の設定は、伝統的な論理学的文法による普遍性の設定の仕方と、本質的にどんな差異があるのだろうか。これもまた、言語研究の歴史を貫通してきた同じ旋律の変奏にすぎないのではないだろうか。

構造主義——言語のデモクラシーとして

比較言語学と生成文法のはざまにあって、二〇世紀前半に成立した構造主義だけは、言語の多様性を多様性のままに肯定する視点をもちえたと言うことができる。

ソシュールとサピアによって切り拓かれた構造言語学の時代は、規範主義に対する記述主義、そして言語の歴史ではなく構造への着目によって、いわば〈言語のデモクラシー〉とでも言うべき認識をもたらした。すなわち、すべての言語は、固有の構造をもつことによって相対化されるということだ。かつてのギリシャ語やラテン語のように特権的なモデルとなる言語はもはや存在せず、言語間のヒエラルキーは消え去ってしまう。すべての言語は、その文明や歴史、文字のあるなしとは無関係に、完全に「平等」になったのである[5]。

この構造主義の認識は、言語学の随伴科学である文化人類学の成果とも結びついて、文化の相対性、あらゆる文化の平等という決定的な認識をもたらした。この意味で、構造言語学の果たした「政治的」役割には測りしれないものがあるのだ[6]。

言語類型論——多様性を包含した普遍性として

イェルムスレウの初期から中期の〈一般文法〉、そして後期の〈言語類型論〉は、このような構造主義の認識を待ってというよりも、その進展とまさに同時進行的に形成されていった。

それは、〈一般文法〉という名が示すように、ある種の普遍性の探究であることは間違いない。しかし、それは構造主義的であることによって、論理主義とも、歴史主義とも、生成主義とも完全に一線を画している。つまり、あくまでも諸言語の構造的多様性の肯定をつうじての普遍性の探究なのである[7]。

逆に言えば、イェルムスレウの〈一般文法〉は、たんに諸言語の多様性と相対性を認めるだけで終わろうとはしない。それならば、現実には個別言語の記述が少しずつ集積されてゆくだけで、世界の諸言語の全体を統一的に見る視座、すなわち諸々の個別言語学を超越する〈一般文法〉の成立の余地はないだろう。別の言い方をすれば、イェルムスレウは、諸言語の多様性・相対性を強調するだけで、言語間にいかなる関係も見いだされないような立場にはけっしてとどまろうとしないのである。

多様性を肯定しつつも、何らかの普遍性を見いだすこと。それが〈一般文法〉の目標であって、そのための武器が〈類型〉という概念である。アプリオリに設定される普遍性でもなく、発生論的な同系性でもなく、多様性・相対性の単なる確認でもなく、個別言語と一般言語の中間に設定される理論的な水準としての〈類型〉。イェルムスレウの一般文法は、〈言語類型論〉として実現されることになるだろう。

> 網羅的な言語類型論［sprogtypologi］が言語学に課せられているもっとも大きな、もっとも重要な課題である。（中略）その課題は、結局は、全体的にいかなる言語構造が可能であるか、これらの言語構造がなぜ可能なのか、他のものはなぜ可能でないのか、という問いに答えることである。（中略）言語類型論によってのみ、諸言語がどのような一般的法則にしたがって変化し、ある類型［type］がどのような変化の可能性を含んでいるかについての理解に到達する希望を抱きうるからである。類型論によってのみ、言語学はまったく一般的な視点まで高められ、一つの科学になる。
> （L・イエルムスレウ『言語学入門』（原著1963年）、下宮忠雄／家村睦夫訳、紀伊國屋書店、一九六八年、一二八頁[8]。原語を補い、訳語を一部変更した）

言語の多様性に対する不安と闘争という人類の歴史のなかにあって、イェルムスレウは、独自かつ革命的とさえ言える回答を提示したと言えるのではないだろうか[9]。

イェルムスレウとエスペラント

現在の「英語帝国主義」、あるいは「英語支配」と呼ばれる事態は、言語の多様性を忘却させる性質のものだ[10]。それが言語学の内部で実現されたものが、生成文法——少なくとも一時期の——と言ってよいだろう。一言語の世界。

それに対して、ある意味では同じく普遍性の探究、一言語探究の試みでありながらも、国際補助言語として人為的に創造されたエスペラントは、言語の多様性をつねに意識した運動として発展してきた。エスペラントの実践は、エスペランティストたちのいう「民族言語」が多種多様であることを忘却させることがない。諸々の民族言語が多様であるがゆえにこそ、いかなる言語を話す民族にも有利・不利のない共通の人工言語が必要だという論理。エスペランティストは、その論理をつねに内外にむけて発信し、反復しつづけてきた。

その意味で、イェルムスレウ言語学は、普遍性の探究として、生成文法よりもエスペラントのほうに言語学思想的に親和性があると考えて間違いあるまい。

しかしながら、エスペラントが徹底した規則性、文法構造の極度の単純性を追究した言語であるのに対して、イェルムスレウの言語類型論が仮定する〈一般言語〉[11]は、最大限の多様性を包みこんだ〈可能性〉のシステムとして設定されている。

たとえば、『格のカテゴリー』で設定された〈一般言語〉は、理論的最大値として二一六の格を有する。現実の諸々の言語は、その〈可能性〉のなかのごく一部分を実現するにすぎない。イェルムスレウが確認しえた言語のなかでは、最大の格総数をもつタバサラン語でさえ五二格しかもたないのだから。他方、エスペラントは非対格と対格の二格しかもたないし、この形態論的なシンプルさこそがそのめざすところであった。

エスペラントは究極の単純性を志向し、イェルムスレウの言語類型論は究極の多様性を包含しようとする。だから、エスペラントとイェルムスレウは、多言語の世界を徹底的に意識しつつも、正反対の方向を向いていると言えるかもしれない。

ところで、一九世紀から二〇世紀にかけて、シューハルト、ブレアル、ソシュール、ボードアン・ド・クルトネ、イェスペルセン、メイエ、サピア、マルティネなど、数多くの言語学者が、エスペラントをはじめとする国際補助言語に多少とも肯定的な関心を寄せていたことが知られている。[12]では、イェルムスレウのエスペラント評価はどうだったのかと言えば、確実な証拠はほとんどないし、強い関心をいだいていたとは想像できない。[13]

多種多様な自然言語――イェルムスレウの用語では「言語学的言語」あるいは「汎用言語」――の尽きることのない魅惑に惹かれつづけた言語学者にとって、人工言語エスペラントの整合性と単純性は、おそらくエロティスムを掻きたてる恋の対象とはなりえなかったのだろう。

【註】

1　マリナ・ヤグェーロ『間違いだらけの言語論――言語偏見カタログ』（原著1988年）伊藤晃／田辺保子訳、エディション・フランセーズ、一九九四年、第二一章を参照。

2　オットー・イェスペルセン『文法の組織』（原著1933年）宮畑一郎訳、文建書房、一九七一年、八八頁。
Louis Hjelmslev, *La catégorie des cas*, Première partie, Acta Jutlandica, VII-1, 1935, pp. 16-17, p. 47, 80 ;《La structure morphologique》, 1939, *Essais linguistiques*, Travaux du Cercle Linguistique de Copenhague, Vol.XII, 1959 ; Deuxième édition, 1970, p.125, 128.

3　わたしの言語研究史の区分は、ほぼエミール・バンヴェニストに負っている（「言語学の発展を顧みて」（1963年）、『一般言語学の諸問題』岸本通夫監訳、みすず書房、一九八三年）。

4　角田太作「脱西欧型の類型論を目指して」、バーナード・コムリー「〈言語類型論〉入門［上］」、月刊『言語』Vol.23-9、一九九四年九月を参照。

5　Fred Poché, *L'homme et son langage : Introduction à la linguistique*, Lyon : Chronique Sociale, 1993, p. 41, 44.

6　田中克彦『言語学とは何か』岩波新書、一九九三年、一五五―一五七頁。

7　ただし、イェルムスレウは「普遍的」という用語を斥け、「一般的」をとっている。

言語《ランガージュ》のシステムとは、一般的な実現可能体のシステムであって、普遍的な実現物のシステムではない。だから、一般文法学を普遍文法学と混同してはならない。一般文法学は、実現可能な諸事実とそれらの実現のための内在的諸条件を識別することによってなされるのである。

（《La structure morphologique》, *op.cit.*, p. 131）

8　隠れた名著『言語学入門』の邦訳は、残念ながら現在品切れである。ただし、デンマーク語原典のほか、英訳・仏訳・伊訳・西訳が入手可能である。この本を非常に高く評価している日本の言語学者に、故・千野栄一がいた（『言語学への開かれた扉』三省堂、一九九四年、一〇四頁、一二八頁）。実際、この本は、イェルムスレウ言語学、とくに彼の言語類型論の概要を知るのに最適である。

9　日本では、故・金子亭がイェルムスレウの言語類型論の現代的意義を再評価していた（「言語類型論の方法」、月刊『言語』Vol.23-9、一九九四年九月、二一頁）。

10　ジャン=クロード・ミルネール「ララング」（1983年）立川健二訳、『イマーゴ』Vol.5-12、青土社、一九九四年一〇月、一〇九頁を参照。

11　〈一般言語〉を何と呼ぶかは、イェルムスレウ言語学の時期によって変化している。初期から中期には「ランガージュ（le langage）」（『一般文法の原理』、『格のカテゴリー』）、後期には「言語種（l'espèce langue）」（「構造言語学」）と名づけられている。

12　後藤斉「言語学史の中の国際語論」、月刊『言語』Vol.12-10、一九八三年一〇月を参照。

13　彼がエスペラントに言及しているのは、わたしの知るかぎり「言語の基本構造」（原著：1947年）立川健二訳、『PHILOLOGIE』第七号、現代言語論研究会、一九九七年だけである（本書、「イェルムスレウ言語学のために」の註1を参照）。

【メイエの言葉】

言語のシステムにおいては、すべてが張りあっている。
Tout se tient dans le système d'une langue.

いかなる言語も複合的な表現体系を構成している。このシステムにおいては、すべてが張りあっており、個人的な改新は、たんなる気まぐれに由来してこのシステムに厳密に適合していないならば、すなわちそれが言語の一般規則と調和していないならば、システムのなかに受けいれられることは困難である。

——アントワーヌ・メイエ『歴史言語学と一般言語学』—「一般言語学研究の現状」(1906)

Une langue constitue un système complexe d'expression, système où tout se tient et où une innovation individuelle ne peut que difficilement trouver place si, provenant d'un pur caprice, elle n'est pas exactement adaptée à ce système, c'est-à-dire si elle n'est pas en harmonie avec les règles génératеs de la langue.

——Antoine Meillet, "L'etat actuel des études de linguistique générale", 1906, in *Linguistique historique et linguistique générale*

二〇世紀初頭のフランス言語学界の大御所、アントワーヌ・メイエ（1866－1936）の口ぐせ。言語というのは、そのすべての構成要素がたがいに絡みあい、関係しあっているシステムだ、ということ。この思想は、彼の師であったソシュールに由来するが、メイエはそれを通俗化した。メイエのシステム理解は、ソシュールに較べると後退している。システム（関係）がその構成要素（辞項）に先立つと考えたソシュールと違って、メイエは諸要素がまずあって、それらが集まってシステムができると考えているふしがある。このフレーズを、間違ってソシュールのものとして引用する者がいるので注意したい。

デカルトからイェルムスレウへ――言語への信頼感の回復

デカルト、あるいは言語に対する不信感

言語学者や文学者といったいわゆる言語の専門家を別にして、一般の日本人は言語に対する不信感が強い。言葉によっては自分の想いを他人に伝えることができないという、コミュニケーションにおける言語不信の感覚は、日本文化の根底に横たわっているものだと言ってよさそうだ。

しかしながら、言語に対する不信感は、日本文化にのみ固有のローカルな現象ではなく、「沈黙の文化」である日本と対比して「言葉の文化」と考えられることの多いヨーロッパの哲学においても、その底流をなしてきた。ヨーロッパの哲学における言語不信の伝統は、少なくとも近代哲学の創始者と言われるデカルトまで遡行することができる。

ルネ・デカルトは、『哲学原理』（一六四四年）のなかで、人間がなぜ誤りをおかすのか、その原因を四つあげている。第一の原因は感覚的性質を事物に帰してしまう幼年期の先入見、第二の原因は幼年期の先入見を大人になっても忘れられないこと、第三の原因は感覚に現前しないもの（純粋に知的なもの）に注意を向けることが困難であること。そして最後に、われわれの誤りの第四の原因が言語だというのである。

我々は言語の使用によって、我々のすべての概念をばこれを表現する言葉［paroles］と結合し、そしていつも、この言葉と結びつけてでなければ覚えていないのである。そして後になると、事物よりも言葉

のほうを、より容易に思い出すから、我々はいかなる事物についても、その概念をば言葉の〔示す〕あらゆる概念内容から分離するほど、判明な概念を有つことは殆ど全く無く、殆どすべての人の思惟は、事物よりもむしろ言葉を相手にするのである。従って彼らは極めてしばしば、かつて理解したと思い込み、或いは正しく理解した他の人から聞いたということで、実は理解されていない言葉［termes］に同意を与えるのである。

（Descartes 1644：第一部七四節、仏訳：143；邦訳：九〇―九一頁。〔 〕は訳者の補足、［ ］は引用者の補足）

われわれ人間は、言語をとおして思考するから誤りをおかすのであって、言語がなければ正しく思考することができる。もう少し正確に言えば、言語の単位である語ではなく、思考の単位である観念によってのみ思考を進めるならば、人間は誤りをおかすことがないというのである。語を抹殺することが不可能ならば、すくなくとも、語は観念に従属しなければならない。

このデカルトの言語不信の根底にある考え方は、普遍主義であると言ってよい。すなわち、多種多様な諸言語の存在とは無関係に、普遍的な「思考」なるものが存在し、言語というのはせいぜいそれを代行再現する媒体、しかも不正確に映しだす出来の悪い媒体にすぎない、世界を構成するのは事物と観念だけであって、言語はできれば存在しないほうがよい、というのがデカルトの本音なのである。言語は透明な媒体であるべきだし、そもそも言語はこの世界に不要である。このフランス一七世紀の哲学者の夢は、後世の多くの哲学者たちによって共有されることになるだろう。

したがって、デカルト哲学は、言語を中心的な研究対象とする知の営為を阻害することはあれ、推進することなどないはずなのである。言語研究者がデカルト哲学を出発点に置くとすれば、最初からみずからの研究対象を二次的で余計なものとして貶めておくという、きわめて屈折した精神態度をとらざるをえないことになる。

ジュリア・クリステヴァが的確に指摘するように、チョムスキーの著書の標題である『デカルト派言語学』というのは、根本的に矛盾した連辞なのだ（Kristeva 1981 : 158 ; 邦訳：二三五頁）。

普遍主義から相対主義へ

しかしながら、このようなデカルト哲学にもとづいて言語を研究した人びとが、以後の言語研究の歴史において決定的な影響力をもつことになる。ポール＝ロワイヤル修道院の隠者たちである。アルノーとランスローが一六六〇年に『一般理性文法』を出版し、アルノーが今度はニコルと『論理学、あるいは思考する術』を一六六二年に出版している。時間的順序としては『文法』が『論理学』に先立っているのだが、論理的順序ではむしろ『論理学』が『文法』に先行している。なぜなら、「デカルト派」の彼らにとって、言語は普遍的な思考を代行再現する媒体にすぎず、言語を研究する文法は、思考を研究する論理学を基礎とせざるをえないからだ。語が観念の「記号」にすぎないことが、これらの書物のなかでは強調されている。

「明晰でないものはフランス語ではない」という言葉で知られるリヴァロールの『フランス語の普遍性について』（一七八四年）も、このようなデカルト的普遍主義・論理主義の流れのなかにあると考えてよいだろう。彼は、フランス語がどの言語よりも明晰で論理的であることの論拠として、語順をあげている。主語・動詞・目的語という語順、すなわち動作主・行動・感受者の順序で名づけることが「自然な思考の順序」であって、このような語順をもったフランス語は「理性」の言語であり、「情念」の順序にしたがう「倒置の言語」に優越するというのである。このような普遍主義・論理主義的な言語観は、当然の帰結として、諸言語間にヒエラルキーを設定する差別主義的な言語観へと傾斜してゆく。ＳＶＯという語順が「論理的」であるならば、この語順をもたない言語は「逸脱した」言語と見なさざるをえないからだ。たとえば、ＳＯＶを基本語順とする日本語などは、非論理的で原始的な言語として位置づけられることになるだろう[1]。

一七世紀以来の普遍主義的な言語観が転覆されるのは、二〇世紀に入ってからのことだ。フランス語が高級な言語で日本語は低級な言語にすぎないというような諸言語間のヒエラルキーを一挙に転覆したのは、ソシュールに始まる構造主義の言語学であると言ってよい。アメリカ大陸では、サピアやウォーフがそれまで知られていなかったアメリカ・インディアン諸語を研究し、諸言語の相対性を強調するようになる。すべての言語は、その話者数や歴史、文明度、文字のあるなしとは無関係に、それぞれ固有の構造をもつことによって「対等」であることが明らかにされた（Poché 1993：41, 44）。構造主義は、言語学と文化人類学の協働によって、〈言語と文化のデモクラシー〉という画期的な認識をもたらしたのである。

ソシュールに代表される相対主義的な言語観が思想史のなかで果たした役割は、デカルト以来ヨーロッパ人が言語に対していだいてきた根深い不信感を粉砕し、言語への信頼感を回復させたことにある。なぜなら、ソシュールたちは、現実に存在する諸々の言語《ラング》は一つの普遍的な思考を代行再現する媒体ではなく、個々の言語《ラング》がそれに固有の思考や世界を創り出していると考えることによって、言語に対する思考の優位という固定したパラダイムを転倒し、言語を（いまや相対化された）思考の根底に置いたからである。

イェルムスレウ、あるいは言語への信頼

ソシュールの唯一かつ真の後継者と言われるルイ・イェルムスレウは、一九三六年にコペンハーゲンで開かれた第四回国際言語学者会議で「形態素理論の試み」というタイトルの研究発表を行ない、その議事録は一九三八年に刊行されている。

この画期的な論文は、イェルムスレウ独自の記号理論と関数関係（fonction）の理論にもとづいて形態素カテゴリー――いわゆる文法カテゴリー――の一般文法の全体像を素描したものである（Fischer-Jørgensen 1991：182 によれば、この論文は「言語の重層性」（一九五四年）とともにイェルムスレウのもっとも重要な論文である）。

〈一般文法〉とは、処女作の『一般文法の原理』（一九二八年）でその壮大な構想が提示されて以来、『格のカテゴリー』（第一部一九三五年、第二部一九三七年）において格という一つの形態素カテゴリーの研究に適用されたように、初期・中期のイェルムスレウが追究しつづけたものだ（後期には〈言語類型論〉と名称を変える）。それは、多種多様な個別言語——ラング——を超えて、一般言語——ランガージュ——のシステムを記述しようという冒険的な試みにほかならない。〈一般文法〉が対象とするランガージュとは、個々のラングのなかには実現されていないが、〈可能性〉として存在するカテゴリーのシステムなのである。

> われわれが列挙してきた諸々の形態論的カテゴリーは、**一般的**なものであって、**普遍的**なものではない。それらは、どの言語《ラング》状態のシステムのなかにも実現されたものではなく、ランガージュのシステムのなかに**可能性**として存しているのだ。
>
> （Hjelmslev 1938 : 162-163）

> ここまでわれわれが問題にしてきた諸々のカテゴリーや相関関係は、したがってランガージュの**あらかじめ確立された**カテゴリーや相関関係であって、ラングに**先立って存在し**、一般的で実現可能なものである。特定の言語《ラング》においてそれらを実現するのは、結合関係と限定関係にほかならない。
>
> （*Ibid*.: 163）

この論文で注目すべきなのは、イェルムスレウがこれらの「形態素カテゴリー」と「概念カテゴリー」の関連、すなわち言語固有のカテゴリーと本来哲学があつかう思考のカテゴリーとの関連について論じているところである。それは、彼の記号モデルを構成する〈形式〉と〈実質〉のあいだの関係として語られている。

言語記号は原理的に恣意的なものでありつづけるから、形式と実質のあいだにはいかなる必然的な絆もない。他方、だからといって可能な絆がありえないというわけではない。このようにして、われわれがいま打ち立てた諸々のカテゴリーとある種の概念カテゴリー（catégories notionnelles）とのあいだには、絶対的な一致はないものの、それでもつねにある種の**親和性**（*affinité*）がある。その結果、ある概念カテゴリーが特定の形態論的カテゴリーのなかに特別の容易さをもって形成されるのに適することになり、またこの親和性が形式と実質のあいだの絶対的調和に到達する最適状態を予見することもできるのである。

（*Ibid*.: 161）

これの先駆的発言は、三年前に刊行された『格のカテゴリー』第一部のなかに見いだされる。どちらのテクストにおいても、イェルムスレウの言い方は微妙である。彼は、言語のカテゴリーが思考のカテゴリーを反映するという伝統的な見解を反復しているのではなく、両者のあいだには何らかの関係があり、前者が後者の基礎にあると言っているのだ。

言語《ラング》の諸々のカテゴリーの意味的内容を研究する者なら誰でも、これらのカテゴリーがいわば認識論的カテゴリー（catégories épistémologiques）を構成していることを理解しないわけにはゆかない。言語《ラング》のカテゴリーと思考のカテゴリーとのあいだには、密接な関係がある。だからといって、同一性があると言うのではない。まえもって主張できるのは、言語《ラング》が結局のところ認識論的システムを構成しているということ、したがって、言語《ラング》のもっとも深い諸概念が論理学的分析の最終概念と原理的に同じ性質のものだということだけなのである。

（Hjelmslev 1935 : 29）[2]

一覧表		内率的 カテゴリー 客観的	外率的 カテゴリー 主観的
関係性 （同ネクサス的なネクシー的統率関係；動態的カテゴリー）	第一次元（動態的）：方向性（近接性—離去性） 第二次元（静態的）：密接性—非密接性 第三次元（主観的）：主観性—客観性	格	人称と態
強度 （異ネクサス的なネクシー的統率関係；静態的かつ動態的カテゴリー）	次元：強い強度—弱い強度	比較	強調
粘性 （同ネクサス的かつ異ネクサス的なネクシー的統率関係；静態的カテゴリー）	第一次元（静態的）：離散的状態—集約的状態 第二次元（動態的）：拡張性—集中性 第三次元（主観的）：質量性—点括性	数と性	アスペクト （時制をふくむ）
現実性 （同ネクサス的または異ネクサス的なネクシー的統率関係；静態的でも動態的でもないカテゴリー）	第一次元（静態的）：非現実性—現実性 第二次元（主観的）：欲望される実現—欲望される実現の否定 第三次元（動態的）：非実現—実現	冠詞	法

「形態素理論の試み」の詳細な紹介は省略せざるをえないが、イェルムスレウは一般文法研究の成果をコンパクトな一覧表にまとめている。それは、印欧諸語のみならずさまざまな個別言語の研究を起点として、ランガージュのシステムのなかに存在する「形態素カテゴリー」と哲学的・論理学的な「概念カテゴリー」との「親和性」という着点に到った、彼の一般文法的思索が凝縮されたタブローである（Hjelmslev 1938 : 157. 本文の記述により一箇所訂正したところがある）。

そして、イェルムスレウは、この論文を次のように力強く結んでいる。

　ここで試みられた理論は、（中略）もしわたしの見るところが正しいならば、同時に言語学と哲学に対していくつかの帰結をもたらすことだろう。最後に、わたしは哲学的帰結を強調しておきたい。それぞれのカテゴリー内部の諸々の次元を要約することによって、先験的で基本的な四つのカテゴリーの表に到達した。すなわち、**関係性**（*relation*）のカテゴリー、**強度**（*intensité*）のカテゴリー、**粘性**（*consistance*）のカテゴリー、そして**現実性**（*réalité*）のカテゴリーである。言語《ランガージュ》の事実は、われわれを思考の事実に導いてくれたのである。

言語《ラング》とは、それによってわれわれが世界を概念化する形式である。言語《ラング》事実を援用せずには、客観的で決定的な認識理論は存在しないのである。

言語学なしに哲学は存在しないのだ。

（Hjelmslev 1938：164）[3]

彼にとっては、言語が思考に依存するのではなく、逆に思考のほうが言語に依存している。言語が思考に先行し、言語学が哲学に先行する。だから、哲学なしでも言語学は可能だが、言語学なしには哲学は可能ではないというのだ。

ここにおいて、イェルムスレウは「デカルト派言語学」の伝統と完全に訣別していると言うことができる。イェルムスレウが樹立しようとしたのは、まさに「言語的言語学」（Hjelmslev 1963：9；仏訳：25；邦訳：三頁）であって、それは哲学、論理学、心理学、社会学といった他のあらゆる科学から自律した言語学、構造的かつ内在的な原理につらぬかれた言語学にほかならない。言語というものは、認識の手段であるために、ふつうの語る主体にとっては本質的に「無視されることを欲する」（Hjelmslev 1943：6；仏訳：11；邦訳：三頁）ものだ。しかし、この認識手段をあえて認識対象にすることよって、言語という光源から全世界を把握しようというのが中期以降のイェルムスレウが構築したグロセマティックなのである。

以上から明らかなように、ソシュールによって創設され、イェルムスレウによって明確な基礎づけをなされた〈言語学〉とは、本質的にアンチ・デカルト的な言語思想にもとづいた科学であるほかはなく、間接的な仕方ではあれ、われわれの言語への信頼感を回復させてくれたのである。[4]
「わたしは言葉が信じられない」と深く感じているある個人が「わたしは言葉が信じられる」と言える心境に到るには、何らかの根本的な変化を生きぬく必要があることだろう。同じように、ヨーロッパの歴史が言語不信（デカルト）から言語に対する信頼（イェルムスレウ）へと到るにも、三〇〇年という長い歳月を必要としたのである。

【参考文献】

Antoine Arnauld & Claude Lancelot, *Grammaire générale et raisonnée*, 1660, Introduction de M. Foucault, Paris : Républications Paulet, 1969.

Antoine Arnauld & Pierre Nicole, *La logique ou l'art de penser*, 1662, Introduction de Louis Marin, Pairs : Flammarion, 1970.

Viggo Brøndal, *Essais de linguistique générale*, Copenhague : Ejnar Munksgaard, 1943.

René Descartes, *Les principes de la philosophie*, 1644, Traduction française par l'abbé Picot, 1647, *Œuvres philosophiques*,Tome III（1643-1650）, Edition de Ferdinand Alquié, Paris : Editions Garnier,1973 ; デカルト『哲学原理』桂寿一訳、岩波文庫、一九六四年。

Eli Fischer-Jørgensen,《Glossematics》Kirsten Malmkjær（ed.）, *The Linguistics Encyclopedia*, London & New York : Routledge, 1991.

Louis Hjelmslev, *La catégorie des cas : Étude de grammaire générale*, 1935-37, Première partie, *Acta Jutlandica* VII,1,Universitetsforlaget i Aarhus, 1935 ; Deuxième partie, *Acta Jutlandica*, IX,2, Universitetsforlaget i Aarhus, København : Levin & Munksgaard, 1937 ; Zweite verbesserte und mit den Korrekturen des Autors versehene Auflage der Ausgabe Kopenhagen 1935-37, Zwei Teile in einem Band, München : Wilhelm Fink Verlag, 1972.

Louis Hjelmslev,《Essai d'une théorie des morphèmes》, 1938, *Essais linguistiques*, Travaux du Cercle Linguistique de Copenhague,Vol.XII, Nordisk Sprog- og Kulturforlag, 1959 ; Deuxième édition, 1970.

Louis Hjelmslev,《La structure morphologique》, 1939, *Essais linguistiques*.

Louis Hjelmslev, *Omkring Sprogteoriens Grundlæggelse*, 1943, Travaux du Cercle Linguistique de Copenhague, Vol.XXV,1993 ; *Prolégomènes à une théorie du langage*, Traduit du danois par Una Canger avec la collaboration d'Annick Wewer, Paris : Editions de Minuit, 1968-71 ; ルイ・イェルムスレウ『言語理論の確立をめぐって』竹内孝次訳、岩波書店、一九八五年。

Louis Hjelmslev, *Sproget : En introduktion*, København : Berlingske Forlag, 1963 ; *Le langage : Une introduction*, Traduit du danois par Michel Olsen, Paris : Editions de Minuit, 1966 ; L・イエルムスレウ『言語学入門』下宮忠雄／家村睦夫訳、紀伊國屋書店、一九六八年

城生佰太郎／松崎寛『日本語「らしさ」の言語学』講談社、一九九五年。

風間喜代三／上野善道／松村一登／町田健『言語学』東京大学出版会、一九九三年。

Julia Kristeva, *Le langage, cet inconnu : Une initiation à la linguistique*, Paris, Editions du Seuil, 1981 ; ジュリア・クリステヴァ『ことば、この未知なるもの——記号論への招待』谷口勇／枝川昌雄訳、国文社、一九八三年

Bertil Malmberg, *Histoire de la linguistique, de Sumer à Saussure*, Paris, PUF, 1991.

Fred Poché, *L'homme et son langage : Introduction à la linguistique*, Lyon : Chronique Sociale, 1993.

Fred Poché,《La linguistique, une école pour la rencontre de l'autre : Regard et ouverture philosophique sur les sciences du langage》,『PHILOLOGIE』第六号、現代言語論研究会、一九九五年。

Antoine de Rivarol, *L'Universalité de la langue française*, 1784, Présenté par Jean Dutourd, Paris : Arléa, 1991.

Marina Yaguello, *Catalogue des idées reçues sur la langue*, Paris : Editions du Seuil, 1988 ; マリナ・ヤグェーロ『間違いだらけの言語論——言語偏見カタログ』伊藤晃／田辺保子訳、エディション・フランセーズ、一九九四年。

【註】

1　現代の言語類型論によると、日本語のようにSOVを基本語順とする言語が世界の諸言語に占める割合は約五割（朝鮮語、トルコ語、モンゴル語、ヒンディー語など）、フランス語のようなSVOのタイプが約四割（英語、スペイン語、フィンランド語、中国語など）、VSOのタイプが約一割（アラビア語、ヘブライ語、アイルランド語、タガログ語など）である（風間ほか 1993：143、城生／松崎 1995：126）。リヴァロールの言う自然な語順なるものがローカルな論理を普遍化したものにすぎないことは、明白である。

2　Hjelmslev 1935：32, 49 も参照。

3　Hjelmslev 1939：132 にも同じ主旨の発言がある。

4　現代の言語学史のなかにデカルト主義者をさがすならば、イェルムスレウの論敵であったヴィゴ・ブレンダルを措いてほかにない。ブレンダルの言語学（正確には言語哲学と言うべきか）は、具体的な諸言語を普遍的・論理的なカテゴリー（類概念、関係概念）によって分析する試みである。デカルトの『方法序説』のデンマーク語訳を一九三七年に出版したくらいだから、彼自身も自分がカルテジアンであることを認めただろうと思われるが、彼の言語理論のすべてがデカルト哲学、ないしはデカルト的な言語観に還元できるというわけではない。ブレンダルの言語理論、とりわけ対立関係の理論には、イェルムスレウのそれと同様に、反デカルト的な要素も見いだすことができるからだ。

V 愛と差別の言語学に向けて

固有名詞への愛を生きる――恋愛の記号論

〈意味を求める動物〉から〈恋する動物〉へ

スイスの言語学者、フェルディナン・ド・ソシュールを創始者とする〈記号論〉によれば、人間とは〈意味を求める動物〉にほかならない。記号論の根底に据えられているのは、人間があらゆる現象の背後に意味を読みとり、つねに意味に反応し、さらにはみずから意味を創りだす存在だ、という人間観である。

記号論から〈恋愛の記号論〉へと踏み出すために、それをもう一歩進めて、人間とは〈恋する動物〉である、と言ってみたい。「意味を求める」ことと「恋愛をする」ことは、人間を定義する別々の二つの属性ではない。意味を求めることは恋愛をすることの前提であり、〈恋する動物〉とは〈意味を求める動物〉の、よりラディカルな定式化なのだ。

人間以外の動物は、〈意味〉を求めないから、性欲に駆られて交尾するだけで、恋愛をするわけではない。それに対して、ぼくの恋を駆りたてるのは、愛するあの人の性的な身体よりも、ぼくとの関係性のなかに投げ出されてくる言葉、行為、態度の〈意味〉である。恋愛を支えているのは身体でも性欲でもなく、〈意味〉というきわめて人間的な現象にほかならないのだ。

〈記号論〉とは、言語学が用意した理論的枠組みを、フランス語や日本語といったいわゆる自然言語以外のさまざまな対象へと、想像力を駆使して適用する実践的な学問である。言語学が「まじめ」で「こつこつ」と積み重ねられる学問であるとすれば、記号論には、ある意味で「ふまじめ」、よく言えば「冒険的」な発想の飛躍が必要とされる。

「記号論的な飛躍」とは、どんなものなのか。ここでは、イェスペルセンの古典的な言語学書を飛躍的に読み変えることをつうじて、〈恋愛の記号論〉の具体的なイメージをお眼にかけることにしよう。

ぼくは、なぜこの人を愛するのか

ぼくがこの人を愛するのは、彼女が「かわいい」からか。それとも、彼女が「ハーフ」だからか。あるいは、そんなこととは関係なしに、彼女この人が他と取り換えのきかない、ほかならぬ「マリー」だからなのか。

このことを記号論的に表現し直してみると、次のようになる。ぼくの彼女への愛は、①「かわいい」という**形容詞**（**属性**）への愛なのか。②「ハーフ」という**普通名詞**（**属性の束としてのカテゴリー**）への愛なのか。③「マリー」という**固有名詞**（**唯一無二の個体**）への愛なのか。

形容詞から固有名詞へ

英国の哲学者、ジョン・スチュアート・ミルによれば、**固有名詞**はある個体（たとえばマリーという女性）を指し示すが、それがどのような属性（かわいいとか、声が柔らかいとか）をもつかは、まったく指示も暗示もしないという。たとえば、普通名詞の「人間」は、人間を他の動物から区別するような身体的特徴、言葉を話す能力、理性、社会性等々、さまざまな属性を意味としてふくんでいる。ところが、固有名詞「マリー」は、普通名詞「人間」のような意味（内包）をもたない。それは、対象（外延）を直接指示するだけである。ソシュールの用語で言えば、固有名詞とは**シニフィエ**（**記号内容**）なき**シニフィアン**（**記号表現**）であり、**レフェラン**（**言及対象**）を直接指示するだけなのだ。

ミルの理論は、その後の論理学者や言語学者たちの固有名詞論の枠組みをなし、たとえばヴィゴ・ブレンダルの『品詞論』（一九二八年）にまで引き継がれている。

しかし、ブレンダルの師にあたるデンマークの言語学者、**オットー・イェスペルセン**（一八六〇—一九四三）は、**『文法の原理』**（原題は *The Philosophy of Grammar*『文法の哲学』一九二四年）という言語学の古典のなかで、経験主義的な立場から、この「固有名詞＝無内容説」に批判をくわえている（イェスペルセンは、ぼくたちが学校で勉強した英文法のもとを作った人である）。彼の考えでは、固有名詞は無内容であるどころか、実際に言葉が使用される場面においては、普通名詞以上に豊かな意味内容をもつ。「マリー」という固有名詞は、辞書（ラング）レヴェルでは何も意味していないとしても、ぼくの知っているある特定の「マリー」のいる状況のなかでは（ディスクールの次元）、実に無数の属性をもっているというのである。

John という名称も、それが用いられるそれぞれの文において、一つの明確な意味をもっており、その意味は文脈および場面によって示されるのである。ミルの術語を用い——しかし彼の意見とは全く反対に——私は敢えてこう言いたい。（実際に用いられるかぎりでの）固有名はもっとも多数の属性を〝内包〟するものである、と。ある人のことを初めて耳にしたり、その名前を初めて新聞で読んだりするとき、その人は〝名前だけ〟であるが、その人のことを余計に聞いたり見たりするにつれ、その名前はそれだけ意味のあるものとなってくるであろう。

（『文法の原理』半田一郎訳、岩波書店、一九五八年、六二頁）

次に、イェスペルセンは、「**特殊化**（specialization）」という概念を使って、固有名詞を形容詞、普通名詞と比較する。**固有名詞**がもっとも「特殊化」されており、**形容詞**がもっとも一般的で「特殊化」されていない。そして**普通名詞**は、「特殊化」の度合いにおいて固有名詞と形容詞の中間に位置づけられる、というのである

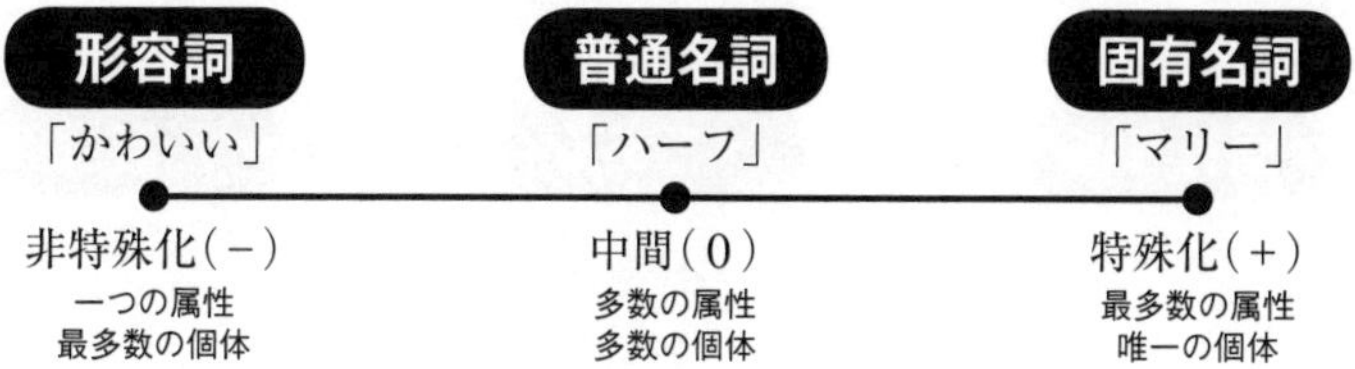

図1　形容詞→普通名詞→固有名詞

(図1)。

形容詞→普通名詞→固有名詞の順でより特殊化してゆく。この順で、属性の数は増大し、反比例的に個体の数は減少する。たった一つの対象を指し示す固有名詞は、それだけ汲み尽くせないほどの属性をはらんでいる、ということなのである。

> 私は、形容詞の場合一つの性質を抽出するのに対して、実詞〔=普通名詞〕では、それが表示する諸性質の複合性のより大きい点をむしろ強調したいと思う。この複合性は非常に重要なものであり、形容詞に形容詞を積み重ねてゆくことによって、実詞の喚起する概念の完全な定義にまで到達することができるのは、きわめて稀な場合にすぎず、そこには常に、(中略)或る定義しえないX、すなわちそれまでに挙げてきた諸性質の〝持ち主〟と考えられる或る核体が残るであろう。
> (前掲書、八〇頁)

普通名詞、さらには固有名詞が汲み尽くせない複合性をもち、形容詞をいくつ重ねても定義し尽くせないことは、文法的には比較級をもたないということによって証明される。まさに、固有名詞は「比較」できない。マリーはマリーであって、ほかの誰とも比較できない、唯一無二のかけがえのない存在なのだ。

同一者の論理/愛の論理

形容詞→普通名詞→固有名詞という「特殊化」の度合いの差異は、これらを文のなかに置いてみれば、いっそう明らかになる。イェスペルセンは、品詞論だけではなく統辞論（文の分析）にも同じ「特殊化」の概念を適用して、「主語は比較的限定されており特殊的であるのに反して、述語はそれほど限定されておらず従ってより多くの事がらに当てはめられるものである」（一九三頁）と述べている。

① Her father is old.
② John is a father.

①の主語（father）によって指し示される対象の数が述語（old）の適用される人や物の数よりも少なく、したがってより「特殊」であることは明らかである。年老いているもの、古いものは、「彼女の父親」だけではないからだ。さらに、②の John が father 以上に「特殊」であることも。世の中には、「ジョン」以外にもたくさんの「父親」が存在する。つまり、**主語―述語関係**からなる文というものの構造は、「特殊化」の度合いの強い主語が「特殊化」の度合いの低い、より一般的な述語によって限定を受ける、という形式をとるのだ。だから、文というのは、究極的には図2のような形式をとることになる。

図2　主語―述語の関係

固有名詞は、主語と述語をつなぐ**繋辞**（英語の be、フランス語の être に相当する）をふくむ文のなかで、原則として主語の位置に置かれ、**形容詞**に代表される述語へと還元される。たとえば、「あなたは、なぜこの人を愛しているのか」と尋ねられ、「マリーはかわいいから」とか「マリーはハーフだから」と答えるときに、ぼくはまさにこの構造を用いているわけだ。

しかし、ぼくのリアリティとしては、彼女を愛しているのは、彼女がほかならぬ「マリー」

だからであって、「かわいいから」とか「ハーフだから」というのは、まったくの嘘ではないにしても、どこか真実からはずれている。あれだけしなやかな「複合性」をもったマリーという存在を、いくつかの形容詞に還元して、定義づけてしまうことなどできない、とぼくは心の底では感じているのである。

「特殊化」という概念によって文の構造を分析したイェスペルセンは、豊かな固有名詞を貧しい形容詞に還元する論理――《同一者の論理》と呼んでおこう――の構造を明るみに出している。社会のなかで生きる人びとは、多くの場合、この暴力的とも言うべき《同一者の論理》を振りまわしている。この論理が、一つひとつの固有名詞を大切にする《愛の論理 philo-logie》と対立することは言うまでもない。前者の暴力に対して、ぼくたちは後者に拠って対抗することができるのだ。

これから〈恋愛〉を研究しようとする人たちへ

犯罪の研究をするのに自分が犯罪を犯してみる必要などないように、恋愛の研究に恋愛の経験が不可欠である、と断言することはできない。しかし、自らの恋愛の経験が何かと役に立つことは、確かである。ぼくが学生時代に講義を聴いた詩人の安東次男は、「俺のように遊んでないやつには、文学などわかるはずがない」、とうそぶいていた。ぼくだって、こつこつと記号論の勉強ばかりして、恋愛の経験がなかったら、いま書いたようなことを考えつきもしなかっただろう、と思う。

ただし、一人の人間が生涯に経験できる恋愛の数はたかが知れており、どんなに多くても、二桁を超えることはまずありえない。ふつうは、一桁である。自分は一〇〇人を超える女と恋愛したと吹聴している男は、性的に通じた相手の数を言っているにすぎず、〈固有名詞への愛〉としての恋愛は、そのごく一部に決まっている。

だから、自分が生きた／生きている恋愛のリアリティを発想の原点に置きながらも、他人たちの恋愛経験からも多くを学ばなければ、恋愛の「専門家」にはなれない。もっとも精選された情報が凝縮されているのは、依然として「本」というメディアである。直接いろいろな人から話を聴くのもよいが、数をこなすのは大変だし、何時間も酒を飲んだり歌を歌ったりして、やっと肝心の恋愛の話が聴けるというように、膨大な時間のロスを覚悟しなければならない。

本のなかでも恋愛に強いのは、何といっても文学、とくに小説である。さまざまな女／男の、さまざまな恋愛を追体験するには、恋愛をテーマとした小説を読むのがいちばんよい。歌と同じで、恋愛の出てこない小説を探すほうが難しいくらいだから、好きな小説を好きなように読んでゆけば、あなたは、多様な愛の形を臨場感をもって仮想体験することができるだろう。

ぼくのいちおし恋愛小説

川元祥一『地の舞い、空の舞い』、彩流社、一九九四年

恋人たちが二人だけの絶対的熱狂から醒めて、「世間」の織りなす相対的関係の実在に気がつくのは、何といっても「結婚」を前後する時期だろう。

ある地方都市につつましく暮らす母子家庭の娘と、そこから橋一つ隔てた被差別の村の青年は、二年間の同棲生活の後、結婚式の日を迎える。結婚を認めない新婦の母親も、妹も、親類も現われない祝宴。この二人が新婚旅行で不在の数日のあいだ、ざわざわと議論し、忙しく動き回る人びと。

〈恋愛〉もまた、恋人たちの意志に反して、閉ざされた対関係の内部で完結するのではなく、社会の権力関係の網の目のなかに縫い込まれているという事実。愛し合う二人がそれを引き受けたうえで、いかに愛の関係を増幅し、深めてゆけるか、それが大切だということ。川元祥一[1]の『地の舞い、空の舞い』は、それを痛いように思い知らせてくれる、美しく感動的な恋愛小説である。

【註】

1　川元祥一（かわもと・よしかず）被差別部落出身の作家。一九四〇（昭和一五）年、神戸市に生まれ、岡山県津山市で育つ。一九六五年、明治大学文学部卒。小説に『闇にひろがる翼』（筑摩書房、一九七五年）、『死の海』（彩流社、一九九二年）、『もうひとつの現代――平安遷都千二百年、走る差別』（三一書房、一九九六年）、『谷間の悠久』（解放出版社、一九九九年）など。評論に『文化の空白と再生――差別観を克服する視座』（一九九三年）、『日本文化の変革――周縁からのメッセージ』（いずれも解放出版社、一九九六年）、『差別と表現――画一から差異へ』（三一書房、一九九五年）、『旅芸人のフォークロア――門付芸「春駒」に日本文化の体系を読みとる』（農山漁村文化協会、一九九八年）、『部落差別の謎を解く――キヨメとケガレ』（にんげん出版、二〇〇九年）など。

愛と差異に生きるわたし——区別・差別・対立・差異をめぐって

女だから馬鹿にするのではない。馬鹿だから馬鹿にするのだ、尊敬されたければ尊敬されるだけの人格を拵えるがいい

（夏目漱石『道草』一九一五年）

もし世の中に全知全能の神があるならば、私はその神の前に跪ずいて、（中略）この不明な私の前に出て来る凡ての人を、玲瓏透徹な正直ものに変化して、私とその人との魂がぴたりと合うような幸福を授け給わん事を祈る。今の私は馬鹿で人に騙されるか、或いは疑い深くて人を容れる事が出来ないか、この両方だけしかない様な気がする。不安で、不透明で、不愉快に充ちている。もしそれが生涯つづくとするならば、人間とはどんなに不幸なものだろう。

（夏目漱石『硝子戸の中』一九一五年）

関係性と社交性——夏目漱石から

わたしが社会のなかで出会う人びとのなかには、「あの人には関係性がないな」と感じるような人がいる。とてもいい人なのだが、どこか引っかかりのない人。つまり、その人は、ほとんどの他人たちとの関係を〈社交性〉で処理しているかのようなのだ。あるいは、少なくともこのわたしに対して、その人は〈関係性〉を発動していないということかもしれない。

他方、わたしが出会う人びとのなかには、「あの人はいつでも一対一の関係で向き合っているな」と感じさせる人がいる。必ずしもいい人とは言えないが、どこか引っかかりのある人。言いかえれば、その人は、ほとんどの他人たちとの関係を〈社交性〉で処理できないような人である。あるいは、少なくともこのわたしに対して、その人は〈関係性〉を発動しているということかもしれない。実際、その人を前にし、その人から言葉を受けとったとき、わたしの感情はたしかに動いている。

二人は自分達のこの態度に対して何の注意も省察も払わなかった。二人は**二人に特有な因果関係**を有っている事を冥々の裡に自覚していた。そうして**その因果関係が一切の他人には全く通じないのだ**という事も能く呑み込んでいた。だから事状を知らない第三者の眼に、自分達が或いは変に写りはしまいかという疑念さえ起さなかった。

（夏目漱石『道草』一九一五年。強調は引用者）

漱石の『道草』に登場する健三と御住《おすみ》という夫婦の「二人に特有な因果関係」、「その因果関係が一切の他人には全く通じないのだ」というのは、この二人がわたしの言う〈関係性〉においてかかわりあっているということと別のことではない。〈関係性〉とは、まさに「一切の他人には全く通じない」一つひとつの関係にこだわるようなあり方を指し示している。

反対に、〈社交性〉というのは、いわば「一切の他人」に通じるようなやり方で対人関係をことごとく処理しようとするあり方に対応すると言ってよいだろう。

夏目漱石は、〈社交性〉の人ではなく、まぎれもなく〈関係性〉の人である。たとえば、彼が小説を書いていることを知って、「書いたものを見て頂きたい」と言って訪ねてきた女性に対して、真正の教育者である漱石は、「社交」としての教育を徹底的に排して、「この私」と一対一の関係性において向き合おうと強力に提言している。

「**これは社交ではありません**。御互に体裁の好い事ばかり云い合っていては、何時まで経ったって、啓発される筈も、利益を受ける訳もないのです。貴方は思い切って正直にならなければ駄目ですよ。自分さえ充分に開放して見せれば、今貴方が何処に立って何方を向いているかという実際が、私に能く見えて来るのです。そうした時、私は始めて貴方を指導する資格を、貴方から与えられたものと自覚しても宜しいのです。だから私が何か云ったら、腹に答えうるべき或物を持っている以上、決して黙っていては不可ません。（中略）相手に自分という正体を黒く塗り潰した所ばかり示す工夫をするならば、私がいくら貴方に利益を与えようと焦慮っても、私の射る矢は悉く空矢になってしまうだけです。

「（中略）その代り私の方でも**この私**というものを隠しは致しません。有のままを曝け出すより外に、あなたを教える途はないのです。（中略）教を受ける人だけが自分を開放する義務を有っていると思うのは間違っています。教える人も己れを貴方の前に打ち明けるのです。**双方とも社交を離れて看破し合うのです**。

「そういう訳で私はこれから貴方の書いたものを拝見する時に、随分手ひどい事を思い切って云うかも知れませんが、然し怒っては不可ません。貴方の感情を害する為にいうのではないのですから。その代り貴方の方でも腑に落ちない所があったら何処までも切り込んでいらっしゃい。（中略）

「要するに**これはただ現状維持を目的として、上滑りな円滑を主意に置く社交とは全く別物なのです**。解りましたか」

（夏目漱石『硝子戸の中』一九一五年。強調は引用者）

個々の人間において、〈社交性〉と〈関係性〉の比率はさまざまである。「一切の他人」との関係を〈社交性〉によって処理する人は、けっして恋愛することのない人である。「一切の他人」との関係を「一切の他人には全く通じない」〈関係性〉によって生きようとする人は、「一切の他人」と恋愛しなければならない。こういう人間は、逆に「一切の他人」との関係を断ち切って、孤立しなければならなくなるかもしれない。

わたしの言う〈交通〉とは、恋愛の前提となる「一切の他人には全く通じない」〈関係性〉を、出会うことのできるすべての他者とは言わないまでも、複数の、多数の他者たち、すなわち多者にまで及ぼすことにほかならない。できるかぎり多くの他者たち一人ひとりとの関係を〈社交性〉ではなく、〈関係性〉によってとり結んでゆくこと。自ら、〈関係性〉の束となって生きること。

この社会のあり方が変わるとしたら、このような〈関係性〉をできるかぎり多くの人びととととり結ぶことが出発点となる、とわたしは考えている。

差異と対立——ソシュール、構造主義から

言語は差異のシステムである、と言われる。だが、これは厳密には〈対立〉のシステムだと言わなければならない。なぜなら、ソシュールは、次のように〈差異〉と〈対立〉とを区別しているからだ。

言語《ラング》には、ポジティヴな項のない差異しかないのだ。そこにパラドクシカルな真理があるのである。

少なくとも、意味作用、あるいは記号内容《シニフィエ》や記号表現《シニフィアン》を問題にするかぎりは、差異しかない。記号表現《シニフィアン》と記号内容《シニフィエ》のあいだの関係の帰結である辞項そのものにいたると、対立を問題にすることができるだろう。

（中略）

	差異	対立
存在領域	シニフィアン、シニフィエ アポセーム 通時態	シーニュ セーム 共時態
聴く主体	意識しない（無意識）	意識する（意識=前意識）
システムとの関係	外部	内部
性質	不等質的（hétérogène）	等質的（homogène）
定義	動く差異	固定した差異
意味との関係	非表意的	表意的

> 差異しかない。ポジティヴな項はいささかも存在しない。ここでわれわれが問題にしているのは、記号表現《シニフィアン》の差異である。記号表現《シニフィアン》の戯れは、諸々の差異にもとづいている。記号内容《シニフィエ》にかんしても、同様である。聴覚的次元の差異によって条件づけられる差異しかないだろう。（中略）
>
> したがって、言語《ラング》のシステム全体は、観念の差異と結合する音の差異と見なすことができる。ポジティヴな観念はまったく与えられていないし、聴覚記号は観念と無関係には決定されえない。
>
> **諸々の差異がたがいに条件づけあうおかげで、われわれは、ある観念の差異をある記号の差異と突き合わせることにより、ポジティヴな項に類似することのある何ものかを手にすることであろう。**
>
> （IIIC 403-405, fr. 1940, 1944, 1959, 1941, 1945. 強調は引用者）

ソシュールによる〈差異〉と〈対立〉の相違を一覧表にまとめると、上のようになる[1]。

ソシュール以後の言語学は、ソシュールの〈差異〉の概念を受け継がずに、言語というものをもっぱら〈対立〉のシステムとして捉えて、諸言語の分析に着手してゆくことになる。言語における〈対立〉の理論は、主として一九三〇年代、プラーグ学派（トゥルベツコイ、ヤーコブソン）とコペンハーゲン学派（ブレンダル、イエルムスレウ）の双方によって、構造主義の核心として画期的な発展を遂げてゆくのである。

フッサールの弟子で、オランダの現象学者、ヘンリク・ポスは、〈対立〉にかんする重要な論考を発表し、ヤーコブソンをはじめ、プラーグ言語学サークルに多大な影響を与えたことで知られている。[2] ポスは、一九三七年七月、パリで催された国際心理学会の第三分科会「心理学と言語学」に参加して「言語学における対立関係の概念」と題する研究発表を行ない、次のように述べている。[3]

対立関係は、孤立した事実ではない。それは、構造原理なのだ。それは、分明ではあるが、思考が他方ぬきに一方を定立することができないように結びついた二つの事物をひとまとめにする。対立物の統一性は、みずからのうちに暗黙裡に対立物をふくむひとつの概念によってつねに形成されている。この概念は、具体的現実に適用されたときに、明示的な対立関係に分割されるのである。

(H.J.Pos,《La notion d'opposition en linguistique》, *Onzième congrès international de psychologie, Paris, 25-31 juillet 1937, Rapports et compte rendus*, Paris : Alcan, 1938, p.246)

ここで見落としてならないのは、〈対立〉というのが、何らかの共通基盤の上でしか成立しない関係だということである。/p/と/b/という二つの音素が、破裂性と両唇性という特徴を共有し、無声/有声の一点でのみ対立しているように。また、英語の man と woman が、「人間」と「大人」という共通の意味特徴の基盤の上で、唯一「男性」か「女性」かという一特徴でのみ対立しているように。[4] 逆に言えば、まったく無関係なもの、たとえば/p/と woman が対立するというようなことは、ふつうはありえない。両者を「ひとまとめにする」「統一性」がどこにも見あたらないからである。

区別、差別、対立――アドラーから

区別と差別

〈差別〉とは問題化された〈区別〉であるということ。〈差別〉は、〈区別〉よりも一段階前進した関係であるということ[5]。それが、ここでの眼目である。

〈区別〉が問題化されると、それは〈差別〉へと転化する。たとえば、男と女、白人と黒人、大人と子ども、教師と生徒、治療者と患者といったさまざまな関係において。

それ以前には、こうした二つのカテゴリーのあいだの関係は〈区別〉にすぎず、それ以上でもそれ以下でもない。たとえば、家のなかを自由に動き回るわたしやわたしの家族たち。それに対して、水槽のなかだけを泳ぎ回っている金魚たち。このようなありふれた情景を眼にしても、誰もわたしたちが金魚を〈差別〉しているとは抗議しないだろう。たんに、ほほえましい日常生活のひとこまが認識されるにすぎないだろう。わたしたちは、金魚を〈差別〉しているのではなく、端的に〈区別〉しているのである。

つまり、二つのカテゴリーは完全に分離されており、そのあいだの関係を何らかの共通基盤にもとづいて認識しようという発想自体が立ちあがってこないのだ。それは、イェルムスレウの言う「星座関係」(constellation)のように、相互無依存的な関係である。つまり、〈対立〉への萌芽がまったく現われていない段階、〈差別〉が存在するという認識そのものが決定的に欠落した段階の関係を、ここでは〈区別〉と呼んでみたいのである。そこには、「対等」や「平等」という関係へ向けた意志が徹底的に不在だと言うほかはない。

ところで、対人コミュニケーションにおいて〈差別〉と〈区別〉を分かつ基準を求めるならば、それは「怒り」という感情の有無である。〈差別〉には「怒り」の感情が伴なうが、〈区別〉には「怒り」が伴なわないのだ。

フロイトから袂を分かって、独自の「個人心理学」を創設したウィーンの心理学者、アルフレート・アドラーを起源とし、シカゴ学派のドライカースによって確立された現代のアドラー心理学は、フロイトの精神分析やユングの分析心理学とは違って、対人関係とコミュニケーションの視座から人間の心理にアプローチする、きわめて実践的な臨床心理学である。このアドラー心理学によれば、「怒り」という感情は、ある対象に対する「タテの関係」を樹立するために「使用」されるという。「怒り」は、心の深層から抑圧を破って沸きおこってくるものではなく、主体の意志によって創り出されるものだというのが、アドラー心理学を精神分析から分かつ独自の発見である。

怒りという感情の目的は、自分が上になって、相手を下にすること、つまりタテの関係を強化するということです。言うことをきかせたり、私のほうが彼より正しいと思ったり、何であれ、対等でなくなること。喧嘩して勝つこと。われわれが怒るのは、相手にいうことをきかせるためなんです。私が支配者、むこうが被支配者ね。あるいは、私が正しくて、相手が間違っていると思うとき、人間は怒りますね。
(野田俊作『続アドラー心理学トーキングセミナー——勇気づけの家族コミュニケーション』アニマ2001、発売/星雲社、一九九二年、七八—七九頁)

それに対して、わたしと相手が「ヨコの関係」にあるならば、わたしは「怒り」という感情を使用する必要がないという。

ヨコの人間関係を保つということをはっきりと意識し、それを学んでいけば、怒りだとか、その他の不合理な感情を使う必要がなくなるわけね。逆に、怒りだとか不安だとか、憂鬱だとかいう感情が、親子関係だとか夫婦関係だとか、その他の人間関係の中にいつも出てくるということは、自分自身がタテの人間関係を作ろうとしている証拠ね。それをまずチェックしてほしい。人よりも上に立とうとしているのではないか、タテ関係を目指そうとしているんじゃないか、九九・九九％そうですよ。

（前掲書、八一頁）

何らかの対象に対して「怒り」の感情をぶつけるという事態は、その対象に対して〈区別〉ではなく、〈差別〉の関係をもって対応していることの表われだ、と言いかえることができるだろう。わたしの思いどおりにならない他者を「怒り」という感情を使って動かそうという試みは、〈差別〉――相手が自分よりも劣っている、下である――という関係の意識を前提としていると言うほかはない。

たとえば、経験的に実験してみれば明らかなのだが、それが異性であれ子どもであれ、相手が「動物」だと思えば腹は立たない。自分と相手のあいだに判然とした線を引いてしまえば、つまり〈区別〉を設けてしまえば、腹立たしいという感情は生じようがない。ひらたく言えば、相手を馬鹿にしきっていれば、怒りさえ沸いてこないということだ。

それに対して、「怒り」の感情は、ある対象を自分と「対等」に近いものと感じていることから発している。言いかえれば、相手と自分は、比較するのに十分に近接したある共通の基盤の上に存在する二つのカテゴリーに属しており、何らかの手段によって、自分のカテゴリーが相手のカテゴリーよりも優越していることを証明しなければならない必要性を感じている、ということである。だから、夫が妻に対して腹を立て、教師が学生に対して腹を立てるのは、ある種の危機意識の表われであり、すでに〈区別〉から〈差別〉に移行している証拠だと言うことができるのだ。言いかえるなら、そこには、次の段階にかならず到来するであろう〈対立〉関係の段階に対する予知的な恐怖と不安がすでに兆しているということなのである。

だとすれば、一見寛容であるように見えて相手の存在を無視する〈区別〉ではなく、まずは「怒る」、腹を立てるという段階を通過することのパラドクシカルな意義を認める必要があるのではないだろうか。「怒る」ということは、ある意味では〈関係性〉があるということである。もちろん、「怒り」は、アドラーも言うように「他者と分離させる情動」であって、喜びのような「他者と結びつける情動」ではないから、対人関係をまちがいなく悪化させる感情であり（アルフレート・アドラー『人間知の心理学』1927年、高尾利数訳、春秋社、一九八七年）、実践のレヴェルではいささかも推奨できるものではないのだが。

しかし、わたしがここで語っているのは、「実践」というよりも「思想」のレヴェルでの問題提起なのである。

ここでまた、夏目漱石のことを思い出してみる必要があるかもしれない。漱石は、猫も庭石も〈区別〉しないような人間である。怒る。つまり、〈差別〉するのだ。

笠井潔は、柄谷行人との対話のなかで次のように語っている。

吉本［隆明］さんが、夏目漱石に触れて、オレだったらこういう時には離婚することを考える。それで解決するではないかと言っている。それは、芥川には該当すると思うけど、漱石には当てはまらないんですね。離婚して、その問題が解決したとたん、今度は何となく猫の顔つきが気にくわないとか、庭石の位置がおかしいとか（笑）、そんなことを考えはじめて、また同じことをくり返すわけです。

（柄谷行人／笠井潔『ポスト・モダニズム批判――拠点から虚点へ』作品社、一九八五年、二〇七頁）

〈区別〉ではなく〈差別〉の段階を生きるということは、たとえば漱石のように、庭石の位置が気にくわないと本気で感じることである。それは、庭石を一対一の〈関係性〉のなかで、《他者》として認識していることと別のことではない。そうすれば、異性や子どもばかりでなく、世界のありとあらゆるものが〈差別〉の対象として立ち現われてくるはずだ。

ヒタヒタ、ヒタヒタと近接してくるのだ。落ちぶれて金を無心しにくる男であれ、はたまた庭石であれ、金魚であれ。このわたしとの「対等」を理不尽にも主張する不気味な存在として。[6]

差別から対立へ

アドラー心理学は、現在の〈差別〉の状況に照準を合わせて、〈差別〉（＝「タテの関係」）を〈対立〉（＝「ヨコの関係」、「平等」、「民主主義」）へと変容させることをめざしている。

アドラーは、次のように書いていた。

> 教育上の困難というものは、（中略）まわりの人々に対して闘う姿勢をとっている子供を取り扱わなければならないということのうちにある。（中略）唯一の道は、戦闘状態をできるだけ避けるということであろうが、それに到達する最良の道は、子供を客体としてではなく、主体として、つまりまったく同等な仲間、同僚と見なし、そのように扱うことである。そうすれば子供たちは、圧迫されたり軽蔑されているという感情によって、あの戦闘状態に陥ることは少なくなるであろう。
> （アルフレート・アドラー『人間知の心理学』１９２７年、高尾利数訳、春秋社、一九八七年、二四二―二四三頁）

社会のなかで際立ち、他者に対して力を行使すれば、そのことによって必ず同時に反対に、自分の行動を妨げようとする諸力を呼び起こしてしまうのである。羨望というものは常に、人間の平等・等価値を再度目指すような行動や対策をも呼び起こす。そういうふうにしてわれわれは、思想的にも感情移入によっても、人間社会の根本原則、つまり、人間の顔をしているもの全ての平等という原則に近づくのである。

（同、二五五頁）

もし、教師が、低度の社会感情［＝共同体感覚］しか持っていないならば、教師になるという彼の優越の目標は、自分よりも劣った者たちとの間にあって支配的であるということかもしれない。彼は、自分よりも弱く、経験も浅い者たちと一緒にいるときにだけ安全だと感じるのかもしれない。高度の社会感情を持つ教師は、自分の生徒たちを自分と同等のものとして取り扱う。彼は、人類の福利に真に貢献することを願う。

（アルフレート・アドラー『人生の意味の心理学』１９３２年、高尾利数訳、春秋社、一九八四年、六七頁。［］内は引用者による補足）

また、ドライカースとキャッセルによれば、人類の歴史というのは「独裁的な社会」から「民主主義社会」、すなわち「平等」な関係へと向かう漸進的な進行の歴史だったという。しかも、「民主主義」の要求は、かならず下位のカテゴリーから上位のカテゴリーへの「反逆」という形をとって進行してきた。そして、いま「民主主義」を求めてまさに「反逆」している存在が、子どもたちにほかならないというのである。したがって、大人たちに対する子どもたちの敵意や反抗は、歴史の不可避的な運動のなかに位置づけられることになる。

平等と参加への願望は、最初に政治的・法的な領域で闘われました。（奴隷の身分から解放された）自由民は、立法府や裁判所において平等に扱われることを要求しました。次は労働でした。労働者は、頭ごなしに命令され管理されるのを望みませんでした。人種問題にしても同様です。「ブラック・パワー」は、力の無い者の鬨の声でした。ウーマン・リブは、平等を求める最も新しいグループです。そして、今日闘うのは子どもたちなのです。子どもたちはきっと、他の人間集団が勝利を手にしたように、あるいは平等への闘いに勝利を収めつつあるように、闘いに勝つことでしょう。（中略）

学校や家庭で生じる子どもの敵意は、私達大人が意志決定の過程で子どもを対等な者として参加させ、その権利を分かち合うときにのみ、収まるでしょう。

平等とは何なのでしょう？　それは、身体の大きさや年齢や地位や知性が同一であることではありません。同じ尊敬をもって互いに対応することなのです。あなたの母親への尊敬と同じ尊敬の念を、二年生の子どもにも持つのです。これが、あなたのクラスに平和な共存を実現し、世界全体を住みやすい場所にする、平等ということの本質です。

（ドライカース／キャッセル『やる気を引き出す教師の技量』１９７２年、松田荘吉訳、一光社、一九九一年、六―七頁）

野田俊作もまた、同じ主旨のことを述べ、「差別」という用語を明示的に導入している。

むかし、士農工商の身分制度があった時代には、お侍が上で百姓が下でも、みんなそれが当たり前だと思っていた。ほんの少し前まで、男性が上で、女性が下というのが社会的な合意だったから、男性が特別待遇でも嫌がられはしなかった。いまは男性が上で、女性が下だと言った瞬間、袋叩きに合います。それと同じように大人が上で、子どもが下だというのも、今の子どもたちは認めないのです。

０歳の子どもであってもわれわれと同等です。それをわれわれが上で、彼らが下だと思ってつきあったら、反発を食らう。男でも女でも、大人でも子どもでも、人間である限りみんな平等なんですよ。長い人類の歴史の中で、結局、歴史的にずっと下に置かれていた側が勝っているんですよ。**最後の差別は大人と子どもの差別です。**これも必ず大人が負けます。歴史の必然で負けます。大人と子どもが完全に平等だということを、大人が認めるまで子どもたちは戦いつづけます。

（野田俊作『続アドラー心理学トーキングセミナー――勇気づけの家族コミュニケーション』アニマ2001、発売／星雲社、八〇―八一頁。強調は引用者）

以上のアドラー、ドライカース、野田らの引用からも明らかなように、アドラー心理学は、〈差別〉という段階に照準を合わせている。とりわけ、大人と子どものあいだの〈差別〉、すなわち問題化された〈区別〉に。だから、アドラー心理学とは、たんに精神の病いに罹った人たちを治療するためのサイコセラピーではなく、現代の社会的コンテクストのなかでの批判的な思想運動だと言うべきだろう。[7]

時代がさらに進んでゆけば、人間と動物との、さらにはありとあらゆる存在との〈区別〉が問題化され、それらとの〈差別〉が語られ、批判されることになるだろう。猫であろうと、金魚であろうと、庭石であろうと、土くれであろうと。

差別と非対称的コミュニケーション

押野武志は、『こころ』の読解をつうじて、夏目漱石のテクストのなかで問題になっているのが、男と女のあいだの「非対称的コミュニケーション」であることを明らかにしている（「『静』に声はあるのか――『こころ』における抑圧の構造」『文学』岩波書店、一九九二年秋号）。この場合の方向は、むろん男＝わたしから見た女＝他者の「非対称性」である。

それと同時に、押野は、漱石が女性を「差別」しているとも指摘している。もちろん、押野は「差別」と「非対称的コミュニケーション」とをただちに等号で結んでいるわけではないが、少なくとも両者を同一の問題圏のなかで論じていることは否定できない。そこで、ここでは、次のような暴力的な同一化をあえて行なってみてはどうだろうか。

〈差別〉≒（他者との）非対称的コミュニケーション

〈非対称的コミュニケーション〉というのは、〈差別〉をモデルにしていたということ。これは、意外な盲点であったと言える。というのも、柄谷行人がウィトゲンシュタインを受けて、非対称的コミュニケーションの対象として、すなわち《他者》の典型としてあげていた「外国人」と「子ども」にせよ、わたしが恋愛というモデルをとおしてやはり《他者》の典型としてあげておいた「女」にせよ（立川健二『誘惑論——言語と（しての）主体』新曜社、一九九一年、二五頁、一二八頁）、これらの存在は、通常まさに〈差別〉の対象として語られる存在ではなかったか。つまり、「外国人」は「自国人（日本人）」から見た〈差別〉の対象、「子ども」は「大人」から見た〈差別〉の対象、「女」は「男」から見た〈差別〉の対象だったのではないだろうか（強い立場＞弱い立場）。

大人	＞	子ども
自国人	＞＞	外国人
教師	＞＞	生徒
男	＞	女

柄谷とそれを受けた誘惑論で言う〈非対称的関係〉は、何と〈差別〉の関係をモデルにしていたのである。そして、こうした「差別者」と「被差別者」とのあいだのコミュニケーションは、まさしく〈非対称的コミュニケーション〉であって、つねに〈意味の受難〉に満ちた非常に困難なプロセスだというのだ。このような隠されたコンテクストには、わたしたちも驚かざるをえない。

ただし、〈非対称的コミュニケーション〉というコミュニケーション・モデルにおいては、教える立場、誘惑する立場に立つもののほうが意味の受難をうけ、弱い立場に立つとされている。この点だけは、再確認しておきたい。たんに〈差別〉を肯定しているわけではないのである。

いずれにしても、このような《他者》たちとのコミュニケーションは、押野が指摘するように、ソシュールをはじめとする言語学者たちが想定していた「対称的、あるいは民主主義的なコミュニケーション・モデル」（上掲論文、四三頁）によっては記述できないだろう。

子ども	＜	人	大
外国人	＜	人国自	
生徒	＜	師教	
女	＜	男	

山田広昭も、次のように書いている。

コード／メッセージ型のコミュニケーション・モデルは、明らかに、送信者と受信者とのあいだの関係が対称的であることを前提にしている。このいかにも「民主主義的な」モデルは、コミュニケーション（＝交通）の現場に恒常的にあふれているはずの権力関係や暴力を隠蔽している点で、むしろ悪質である。（立川健二／山田広昭『現代言語論――ソシュール　フロイト　ウィトゲンシュタイン』、新曜社、一九九〇年、一六二頁）

しかしながら、こうした関係を冷静に記述・分析することはもちろん大切なことだが、それらを「非対称」のままに放置しておくことは、実践のレヴェルでは許されるものではない。いや、わたしたちの意志とは無関係に、アドレリアンたちが主張するように、「歴史の必然」がそれを許さないことだろう。だから、とりあえずは、アドラー心理学で言う「ヨコの関係」、すなわち「民主主義的」な関係への変革を志向せざるをえないのである。

〈対立〉≠ 対称的コミュニケーション
（＝民主主義、ヨコの関係）

ソシュールの言う〈対立〉とは、コミュニケーションの次元に置きなおせば、まさに〈対称的コミュニケーション〉、すなわちアドラー心理学の言う「民主主義」や「ヨコの関係」に対応する。それは、たとえば次のような関係を志向するものだ。

大 人	＝	子ども
自国人	＝	外国人
教 師	＝	生 徒
男	＝	女

誘惑論によれば、対称的コミュニケーションは、同一者と同一者の関係としての〈共同体〉を構成し、いずれ解体されるべき出発点にすぎなかった（立川健二『誘惑論——言語と（しての）主体』新曜社、一九九一年、一三八頁の表を参照）。

それに対して、アドラー心理学とは、〈差別〉を〈対立〉に変容させるための臨床＝教育＝思想装置にほかならない。したがって、アドラー心理学の実践的射程をわたしたちがどんなに高く評価するとしても、それを問題にできるのがあくまでも〈対立〉の段階までだという限界は否定しえないのだ。

アドラー心理学は、「大人」と「子ども」の〈差別〉関係を対等の〈対立〉関係へと変容させようと努力している。もちろん、ここで言う〈対立〉とはソシュール＝構造主義的な意味におけるものであって、〈対立〉関係にあっても実際の対人関係の場面で「協力」関係を樹立できることは言うまでもない。アドラー心理学が提唱する良い人間関係の原理は、「協力」の原理である。

ただし、アドラー心理学のコンテクストで、もう一つ警戒しておかなければならないことがある。それは、「ヨコの関係」や「民主主義」を志向しながらも、ひょっとして逆方向の〈区別〉へと後退してゆく危険はないのか、という点である。つまり、夏目漱石がかりに〈差別〉することによってではあれ、女性を《他者》として取り出したのは、やはり無視できない功績だと思われるのだ（上掲書、四四―四五頁）。

相手を完全に〈区別〉していれば、そこには「怒り」の感情は沸いてこないはずだ。「怒り」の前提になるのは、第一に、相手が相当に自分に近接した存在だという認識、第二には、それがどんな性質のものであれ、相手に対する「愛情（エロス）」のようなものだろう。それが支配的な愛、あるいは所有的な愛であったとしても。

だから、もしわたしたちがアドラー心理学を日常生活のなかで実践するときに、「怒り」という感情を使わずにこころの平静を保ち、対人関係の悪化を防ごうとしても、それが「子どもというのは、しょせんこういうもの（動物のようなもの）だから……」という〈区別〉の意識にもとづいているとするならば、それは思想的に言って大きな後退であり、倫理的にも許容できるものではないと言わざるをえない。そんな諦念によって自分の精神の平静を保ち、「良い人間関係」を維持するくらいならば、いっそのこと怒ったり、イライラしたりしているほうがましではないか。あくまでも相手に対する「尊敬」（アドラー心理学）や「愛」（誘惑論）があってこそ、「怒り」の感情を発動させない意味もあるというものではないか。他者に対する寛容な態度、穏やかな笑顔にもまったく異質な二種類があることを、わたしたちはつねにチェックしつづけてゆく必要があるのだ。〈区別〉よりは〈差別〉を！　というわたしたちのテーゼは、だから、サイコセラピーを目的にしたものではなく、あくまでも倫理的なものなのである。

差異、固有名詞、交通――誘惑論から

差異と固有名詞

〈区別〉を〈差別〉に転化させ、それをさらに〈対立〉に変容させたならば、今度はさらに〈差異〉へと進ん

でゆかなければならない。これが、「アドラーからソシュールへ」という本稿のマニフェスト的な意味である。アドラー心理学の検討をとおして明らかになりつつあると思うのだが、「男」と「女」、「大人」と「子ども」の関係を語っているかぎり、人は〈対立〉までにしか到達することができない。それは、あくまでも普通名詞と普通名詞の関係にとどまっているのだから。

ソシュール的な〈差異〉へと到るには、普通名詞から固有名詞への跳躍が必要である。それは、アドラー心理学のコンテクストから離去して、誘惑論のコンテクストへと近接してゆくことと別のことではない。

誘惑論の世界に入ると、普通名詞と普通名詞のあいだの関係は、〈差別〉であれ〈対立〉であれ、すべて消失してしまう。そこにあるのは、固有名詞と固有名詞のあいだの〈差異〉、すなわちシステムを構成しない、無限の不等質的な〈差異〉の戯れである。わたしとあなたが「対等」でありながら、それでも「単独性」が保証されている動的な関係。このわたしがこの他者と《固有名詞》として出会うこと、共同体の外部で出会うこと、それはまさに〈差異〉の関係をとり結ぶことにほかならない。

したがって、〈対立〉が普通名詞間の関係であるとすれば、〈差異〉とは、固有名詞間の関係なのである。

ここで、ソシュールが先の引用で示唆していたことを想起しよう。彼は、シーニュ（記号）とシーニュのあいだの関係は〈対立〉だが、シニフィアン（記号表現）とシニフィアン、あるいはシニフィエ（記号内容）とシニフィエのあいだの関係は〈差異〉だと述べていた。ところで、〈固有名詞〉は、いわゆる意味をもたずに言語外の言及対象《レフェラン》を直接指示するために、「シニフィエなきシニフィアン」と定義されていた（立川健二／山田広昭『現代言語論――ソシュール　フロイト　ウィトゲンシュタイン』新曜社、一九九〇年、一〇二頁）。「健二」がシニフィアンであれば、「真紀」もシニフィアンであって、両者ともシニフィエをもっていない。だとすれば、シニフィエを欠いたシニフィアンとしての固有名詞どうしのあいだにあるのが、通常のシーニュ間の〈対立〉関係ではなく、〈差異〉の関係だというわたしたちの解釈には、言語学的にも明確な論拠が与えられているのである。二つのタブローを比較してみよう（／は〈対立〉、…は〈差異〉の関係をあらわす）。

〈対立〉

大人	子ども
自国人	外国人
教師	生徒
男	女

〈差異〉

ハンス	ピーター
マリー	ソフィー
御住	御縫
真紀	真里

たとえば、「真紀」と「真里」のあいだにあるのは、構造内部の関係である〈対立〉ではありえない。ラングの構造を構成する二項をとれば、そこには通常「換入関係」[8]（commutation）が成立している。日本語の「赤」の表現面（シニフィアン）において、/aka/ の末尾の /a/ を /i/ という要素に入れ換えると、それは内容面（シニフィエ）に変化をもたらし、「秋」という異なった単語になる。また、/k/ から /s/ への入れ換えは、「赤」から「朝」への変化を引き起こす。この換入テストによって、/a/ /i/ /k/ /s/ が日本語というラングの表現面を構成する単位（＝音素）として析出されるわけである。

ところが、固有名詞の「真紀」と「真里」の場合は、表現面において /maki/ と /mari/ の /k/ と /r/ という二要素を換入しても、内容面には何の変化ももたらされない。「真紀」という記号には「聡明」という内容単位がふくまれ、「真里」には「聡明」ではなく「感性豊か」という内容単位がふくまれる、などということは無論ありえない。固有名詞は、いっさい意味をもたないからだ。ここで行なった /k/ と /r/ の換入テストが何らかの変化をもたらすとすれば、それは言語構造外部の言及対象《レフェラン》のレヴェルにしか位置づけることができない。このわたしにとって、真紀は東京に住むこの女の子で、真里はパリに住むあの女の子であり、二人はたしかに交換不可能な全然別の存在だ、というように。

参考に、ルイ・イェルムスレウの遺著『言語理論のレジュメ』（1975年刊）に見られる「プロプリア」（＝固有名詞）の定義を見ておこう。この理論書を構成する諸々の定義は、どれも形式的な定義のネットワークのなかに位置づけられているために、単独では完結せず、定義の連鎖をどこまでも追ってゆかなければならない性格のものである。ここでは、グロセマティックの定義網を追跡することが眼目ではないので、この一個の定義だけから読みとれることを読みとればそれでよい。なお、以下の引用に現われる「セネマシー」とは表現面における外在的単位のことで、「記号の表現」と言いかえられる。反対に「プレレマシー」とは、内容面における外在的単位のことで、「記号の内容」と言いかえられる。[9]

> 定義450。(中略)一つの同じセニア(cenia)のなかのプロプリア――たとえば、ハンスとピーター――は、相互の換入関係をもたない。それらが換入関係をもつためには、定義23(交換(MUTATION))にしたがって、そのセネマシー(cenematies)とプレレマシー(plerematies)が同じ序列に立つことが要請されることだろうが、しかしこの条件はプロプリアによっては満たされない。なぜなら、それらの内容は、個=プレレマシー(pleremaly-individuals)に存するからである。ハンスとピーターが入れ換えられるとき、二つの個=プレレマシーは入れ換えられるのだが、二つのプレレマシーは入れ換えられないのである。
> (Louis Hjelmslev, *Résumé of a Theory of Language*, Edited and translated with an introduction by Francis J. Whitfield, Travaux du Cercle Linguistique de Copenhague, Vol.XVI, Copenhague : Nordisk Sprog- og Kulturforlag, p.210)

少なくとも、ここまでわたしたちが敷衍してきたことを、グロセマティックの厳密な理論体系が裏づけていることだけは理解できるのではないだろうか。たとえば、「真紀」と「真里」を入れ換えても、それらの「プレレマシー」(=記号の内容)には変化が生じないということ。変化するのは二つの「個=プレレマシー」(=言及対象)、すなわち言語外の世界に存在するこの真紀とあの真里だということ。さらには、プレレマシーをもたない「真紀」と「真里」は、ラングの内部にある他の十全なシーニュたちとは異質であるということ。したがって、「真紀」というプロプリアで指示される個と「真里」というプロプリアで指示される個とは、ラングのシステムを構成する〈対立〉の関係のなかにあるのではなく、システム外部の動的な〈差異〉の関係をとり結んでいるということ。もちろん、これは一般論としてそうなのではなく、さらにまた「健二」というプロプリア=固有名詞で指し示されるこのわたしにとって。

だとすれば、固有名詞と固有名詞のあいだの関係としての《交通》(intercourse)こそが〈差異〉を実現するのだと、とりあえず結論できるのではないだろうか。[10]《交通》とは、〈差異〉の運動を生きることだからである。ここでわたしたちがソシュールとともに定義したような、純粋な〈差異〉の運動を。

もちろん、わたしが考えている《交通》というのは、固有名詞と固有名詞として出会い、関係を結ぶというだけではなく、さらに相互の誘惑関係のネットワークが成立している、いわば理想的な状態のことである。人間にかぎらず、たとえ庭石や金魚であっても、個々の《他者》に対して誘惑的に、固有名詞としてかかわってゆき、さらにはその《他者》たちからも誘惑的な応答が帰ってくるならば、そこではソシュールが言う意味でのヘテロな〈差異〉が動的に生きられるのではないだろうか。

愛と差異に生きるわたし

ここで、誘惑論の用語法を整理するために、自らのテクストをあえて引用することにする。「誘惑主義のために」のなかで、わたしは次のように書いていた。

> 恋愛というのは、一個の〈記号〉としての他人(=「〜である」と定義されるような他人)ではなく、定義づけも意味づけも不可能な無限の多様性としての《固有名詞》との遭遇にほかならない。言いかえれば、**相対的差異**(美人/不美人、背が高い/低い、頭がよい/悪い……)ではなく、他と比較のできない、とりかえのきかない《**絶対的差異**》と出会うことである。

（「誘惑主義のために」、『愛の言語学』夏目書房、一九九五年、四五頁）

わたしの愛するこの人は、**相対的差異**の束としての一個の記号的存在としてではなく、定義できない多様で複合的でしなやかな存在、**《絶対的差異》**をになった固有名詞的存在として立ち現われてくる。

（同、四六—四七頁）

ここではっきりとわかるのは、〈相対的差異〉というのはシステム内の記号間の関係であるということ、それに対して、〈絶対的差異〉というのはシステム外部の出来事としての差異、わたしの〈愛する〉対象＝固有名詞の出現の出来事そのものにほかならない、ということである。わたしの愛するこの他者は、他のありとあらゆる他人たちから隔絶して、《絶対的差異》として立ち現われてくる。《他者》とは、このような差異の出来事であり、絶対的体験として生きられるものなのだ。

たとえば、サン＝テグジュペリは、地球に降り立った小さな王子に語りかけるキツネに、そんな《絶対的差異》の体験をさりげない言葉で語らせている。

ニワトリがみんな似たりよったりなら、人間のやつが、またみんな似たりよったりなんだから、おれは、少々たいくつしてるよ。だけど、もし、あんたが、おれと仲よくしてくれたら [si tu m'apprivoises]、足音だって、**きょうまできいてきたのとは**、**ちがったの**がきけるんだ [Je connaîtrai un bruit de pas qui sera différent de tous les autres]。ほかの足音がすると、おれは、穴の中にすっこんでしまう。でも、あんたの足音がすると、おれは、音楽でもきいてる気もちになって、穴の外へはいだすだろうね。

（アントワーヌ・ド・サン＝テグジュペリ『星の王子さま』１９４３年、内藤濯訳、岩波書店、一九五三年、一〇

九頁。強調と［ ］内は引用者）

そこで、上の図のような等号を結ぶことも、あながち不当ではないだろう。

相対的差異	＝	〈対立〉
絶対的差異	＝	〈差異〉

要するに、ここでわたしたちが語ってきた〈差異〉とは、〈絶対的差異〉と別のことではなく、それは何よりも《愛》の関係によってのみ生きられる出来事（événement）だということが暗示されているのである。

冒頭の話題に戻るならば、〈関係性〉というのは、このような意味での〈差異〉を感知し、識別することのできる能力にほかならないのではないか。「一切の他人には全く通じない」関係を個々の他者ととり結ぶこと。対象が真紀や健二といった個々の人間であれ、あるいはフィンランド語やデンマーク語といった個々の言語《ラング》であれ、『道草』や『硝子戸の中』といった個々のテクストであれ、〈愛する〉能力をもつのは関係性人間にかぎられる、と断言してもよい。

関係性人間とは、〈愛と差異に生きるわたし〉のことである。言うまでもないが、このような定義をすべての人間たちに拡張するのはどう考えても不可能なことだろう。ただし、夏目漱石のような関係性人間が——社交性人間と比較して——幸福であるのか、不幸であるのか、現在のわたしには責任をもって答えることができない。

【註】

1 くわしくは、立川健二『《力》の思想家ソシュール』書肆風の薔薇（＝水声社）、一九八六年、付章1「差異と対立について」を参照。

2 Michael Rasmussen, 《Théories structuralistes dans les années 1930》, *Linguistique et Sémiotique : Actualité de Viggo Brøndal*, Rédigés par Per Aage Brandt, Travaux du Cercle Linguistique de Copenhague, Vol.XXII, Copenhague, 1989, p.64.

3 この分科会では、ヴィゴ・ブレンダルが司会をつとめ、自ら発表するとともに、イェルムスレウ、マルティネ、クリウォヴィッチらも発表を行なっている。また、議論にはビューラー、ピションも参加している。一九三〇年代の構造主義の歴史を語るうえで、この一九三七年パリの会合は格別の意味をもつように思われる。

4 小泉保『言外の言語学――日本語語用論』三省堂、一九九〇年、九―一〇頁。

5 言語学・記号論における「区別」は〈対立〉と同じことなので、ここでは考察の文脈を心理学へと移すことにする。

6 『道草』というテクストは、ルイ・イェルムスレウの場所論（localisme）の立場から、そこで展開されるあらゆる関係を近接性（＋）／静止性（０）／離去性（－）の三項からなる空間的な関係として分析することが可能だと思われる（場所論については、本書、「言語のなかの主体」、および「格とは何か」を参照）。

まず「場所移動」に着目すれば、運動の起点、すなわち離去性の項（－）は島田に代表される他者たちであり、自分から働きかけずにいつでも受け身の健三は運動の着点、すなわち近接性の項（＋）である。夫との関係においてつねに動かぬ妻の御住は、静止性の項（０）だと言ってよいだろう。

他方、贈与関係をも場所論的にとらえるならば、それは、金銭が起点の人間から着点の人間へと「所有移動」することにほかならない（小泉保『言外の言語学』三省堂、一九九〇年、二九頁）。つまり、金銭の所有移動においては、金を無心にやって来る島田やお常に惜しみなく金を渡す健三のほうが今度は逆に起点（－）になっているのである。つまり、ここでは健三が離去性の項（－）、島田たちが近接

【場所移動】

御住
（０）
他者たち　→　健三
（－）　　　（＋）

【所有移動】

御住
（０）
健三　→　他者たち
（－）　　　（＋）

性の項（＋）になる。なお、御住は、金銭の贈与にかんしては、強く反対せずに否定的立場を取りつづけているので、今度も中立項（0）と見なしてさしつかえないだろう。
　いずれにしても、『道草』というテクストにおける「場所移動」と「所有移動」とのこの隠されたシンメトリーは、非常に興味深い構造をなしている。過去・現在・未来という時間関係もふくめて、『道草』全体の場所論的なテクスト分析が期待されるところである。

7 アドラー心理学では、「平等」＝「無差別」とは考えないことにも注意を払っておく必要がある（この「無差別」は、「無差別殺人」と言うときのような日常用語。わたしたちの用語で言えば、「平等」＝「無対立」ではないということか）。具体的に言えば、男と女であろうと、教師と生徒であろうと、上司と部下であろうと、何らかの社会的な役割の分業があることと、人間としての価値が「平等」であることとはいささかも矛盾しないとされる（野田俊作『続アドラー心理学トーキングセミナー――勇気づけの家族コミュニケーション』アニマ2001、発売／星雲社、一九九二年、八三頁、九三―九四頁）。

8 「換入関係」という用語を言語学に導入したイェルムスレウは、それを次のように定義している。

　言語の他方の面のなかの二単位間の関係と結びついた、言語の一方の面のなかの二単位間の関係は、換入関係（commutation）と呼ばれ、相互の換入関係のなかに入る二個の単位は、換入関係項（commutables）と呼ばれる。したがって、［ロンドン市の電話局番の］単位 'Museum' と 'Holborn' とのあいだには換入関係があり、六八七と四〇五とのあいだには換入関係がある。［英語の］内容単位の「男の子」と「女の子」とのあいだには換入関係があり、表現単位の *boy* と *girl* とのあいだには換入関係がある。これらすべての単位は、換入関係項なのである。

（Louis Hjelmslev,《The Basic Structure of Language》, 1947, *Essais linguistiques II*, Travaux du Cercle Linguistique de Copenhague, Vol.XIV, Copenhague : Nordisk Sprog- og Kulturforlag, 1973, pp.143-144. ［ ］内は引用者による補足）。邦訳は、ルイ・イェルムスレウ「言語の基本構造」立川健二訳、『PHILOLOGIE』第七号、現代言語論研究会、一九九七年。

9 Louis Hjelmslev,《La stratification du langage》, 1954, *Essais linguistiques*, Travaux du Cercle Linguistique de Copenhague, Vol.XII, Copenhague : Nordisk Sprog- og Kulturforlag, 1959 : Deuxième édition, 1970, p.62. 日本語で読める解説としては、立川健二「ルイ・イェルムスレウ《現代フランス語の表現体系》――翻訳と解説」『仏語仏文学研究』第三号、東京大学仏語仏文学研究会、一九八九年を参照。

10 ソシュールの「交通の力（force de l'intercourse）」という概念については、立川健二／山田広昭『現代言語論――ソシュール フロイト ウィトゲンシュタイン』新曜社、一九九〇年、「交通」の項を参照。

【マルティネの言葉】

人間の言語は、二重に分節されている。
Le langage humain est doublement articulé.

人間の言語は分節されているということを、よく耳にする。実際、われわれが知っているような言語現実の手短かな検討によってもわかるように、人間の言語は、意味単位（記号素）と弁別単位（音素）とに二重に分節されているものとして記述することができるのである。

——アンドレ・マルティネ『共時言語学』1965

On entend souvent dire que le langage humain est articulé. En fait, un examen même rapide de la réalité linguistique telle que nous la connaissons montre que le langage humain peut être décrit comme doublement articulé en unités significatives (les monèmes) et en unités distinctives (les phonèmes).

——Andre Martinet, *La linguistique synchronique*

フランスの言語学者、アンドレ・マルティネ（1908－1999）の有名な「二重分節」理論は、彼の友人でもあったデンマークの言語学者、ルイ・イェルムスレウの50歳の誕生日を記念して出版された『構造研究 1949』*Travaux du Cercle Linguistique de Copenhague*、Vol. V において初めて提出された。「分節言語」という言い方は古くからあったが、その分節が二重であることを明確に定式化したのはマルティネの功績である。

たとえば、私のある個人的な体験を他人に伝えるための発話 j'ai mal à la tête（私は頭が痛い）は、第一に j'、ai、mal、à、la、tête という六つの意味単位（記号素）に分節され、第二に /z/、/e/、/m/、/a/、/l/、/a/、/l/、/a/、/t/、/e/、/t/ の六つの音素、すなわち意味をもたないが意味を区別するのに役立つ単位に分節される。

「二重分節」は、人間の言語の驚くべき経済性を保証している。なぜなら、それぞれの言語は、たかだか数十の音素を組み合わせることによって何万という意味単位をつくりだし、さらにこれらの意味単位の組み合わせが無限のメッセージを生みだすからである。もし二重分節がなかったならば、個々の状況や体験にまるごと対応する無数のメッセージが必要になるが、人間の記憶力ではそれらすべてを憶えていることなどできないだろう。マルティネによれば、二重分節は、あらゆる言語に共通する、人間の言語の普遍的特性であるというが、これは非常に画期的な発見である。

愛の言語思想家、ザメンホフ──言語差別を超えて

わたしたちが生きているこの二一世紀初頭、国際共通語といえば、議論が始まる前に答えはもう出てしまっている。その答えとは、言うまでもなく英語である。二〇世紀のはじめまで英語と覇権を争っていたフランス語でさえ、ほとんど忘れ去られている。エスペラントはといえば、失敗に終わった人工国際語の試みとして枕詞のように言及されるにすぎない。価値判断は別として、エスペランティストは、このような世界の言語状況の「現実」を認識しなければならない。

大言語の興亡と人工言語

実は、エスペラントをはじめとする人工言語への関心の高まりは、国際語としてのフランス語の盛衰と結びついていたのだ（以下の記述にかんしては、立川健二『ポストナショナリズムの精神』現代書館、二〇〇〇年三月、とくに第三章「言語戦争論序説」および第四章「〈世界語〉としてのフランス語」を参照されたい）。

フランスの社会言語学者・記号学者、ルイ=ジャン・カルヴェ（Louis-Jean Calvet, 1942-）が『言語戦争と言語政策』で指摘するように、九世紀に誕生して以来、ラテン語のかたわらでじわじわと成長しつづけたフランス語──この時代のフランス語は古フランス語と呼ばれる──は、一八世紀になるとラテン語の地位を奪って、ヨーロッパの共通語（媒介語）の地位を獲得する（Louis-Jean Calvet, *La Guerre des langues et les politiques linguistiques*, Paris : Payot, 1987）。フランス語が当時〈世界語（langue universelle）〉と見なされていたことは、一七八二年、プロイセンのベルリン・アカデミーが、「フランス語をヨーロッパの世界語にしたものは何か?」

というテーマで懸賞論文を募集したことからも窺い知ることができる。フランス革命勃発のわずか七年前のことである。その受賞論文の一つ、フランス人、アントワーヌ・ド・リヴァロール（Antoine de Rivarol, 1753-1801）の『フランス語の普遍性について』（一七八四年）は、フランス語が〈世界語〉になった理由をフランス語の論理的な語順、すなわち主語・動詞・目的語という順序に求めている（現代の言語学から見れば、この説明に科学的な根拠がないことは言うまでもない）。今日でもフランス人や世界中のフランス語学習者に愛用されつづけている《明晰でないものは、フランス語ではない（Ce qui n'est pas clair n'est pas français）》という有名な言葉は、このリヴァロールの書物に出てくる。

> フランス語だけは、たぐいなき特権によって、直接的順序に忠実でありつづけた。（中略）フランス語の統語法は、不朽不変である。われわれの言語の永遠の基盤であるあのみごとな明晰さは、まさしくそれに由来するのである。明晰でないものは、フランス語ではない。
>
> （アントワーヌ・ド・リヴァロール『フランス語の普遍性について』１７８４年）

ここまでは非常に有名だが、意外と知られていないのがこの続きである。《明晰でないものは、いまだ英語かイタリア語かギリシャ語かラテン語かである》というのがそれだ。フランス語の優越性のイデオロギーは、周辺の近代語のみならず、権威のある古典語までおとしめることによって宣言されたのである。

また、一九世紀まで、フランスが人口の面でも英国やドイツよりも強大な国家であったことも、国際共通語としてばかりではなく、第一言語としてのフランス語の地位を確固たるものにしていた。

アフリカ事情に詳しい石川薫は、国際語としてのフランス語の台頭について、次のように説明している。

今日のドイツ地方を中心に繰り広げられた三〇年戦争は、新教・プロテスタント対旧教・カトリックの最後の宗教戦争と言われることが多い。しかし、「ローマ教会の長女」と言われ続けてきたフランス国王ルイ一三世（中略）は新教徒側のスウェーデン国王と組んで旧教徒のハプスブルグ王家と闘った。この事実は、この戦争が当時の二大帝国であったフランスとオーストリアを率いていたブルボン王家とハプスブルグ王家の世俗勢力同士の戦いであるとともに、世俗勢力たるフランス国王と宗教界の長でヨーロッパの最高権威とされてきたローマ法王との戦いでもあったことを如実に示している。戦争の結果、ローマ法王の権威は傷つき、戦場となった神聖ローマ帝国内は荒廃しきってしまい、そして諸侯が小国分立した。他方、フランス国王は事実上一人勝ちとなって、次のルイ一四世（中略）のもとで「一七世紀はフランスの世紀」と言わしめ、彼が建てたヴェルサイユ宮殿はフランスの栄光を象徴するものとなり、また第二次世界大戦までフランス語こそが外交に使用される言語となった。ロシア王家や貴族が家庭内でフランス語を使っていたことはよく知られるが、エジプト王家と貴族たちも一九世紀はじめから二〇世紀半ばにかけて家庭内ではフランス語を使っていたし、今でもカイロ・オペラ座などでは老婦人たちはお互いフランス語で会話している。

（石川薫／小浜裕久『「未解」のアフリカ――欺瞞のヨーロッパ史観』勁草書房、二〇一八年）

一九世紀のロシアの貴族たちがフランス語を話していて、農民たちが話すロシア語を解さなかったことは、ドストエフスキーの小説などを通じてよく知られているが、エジプトの上流階級が近年までフランス語を話していたことは、フランス語の専門家にもほとんど知られていない事実である。

ところが、一九世紀になると、フランス語を話す貴族ではなく、それぞれの国民語（langue nationale：national language）を話すブルジョワジーの主導で国民国家（民族国家）が成立してゆくにつれ、フランス語の拡張は一九世紀の末には停止することになる。

要するに、この時期にはラテン語、ついでフランス語が果たしていたヨーロッパの媒介語＝世界語の機能を果たす言語がなくなってしまったのである。

この時代の徴候としてカルヴェが注目しているのは、第一にフランス語の危機を背景として、フランス語の普及を目的に一八八三年に創設されたアリアンス・フランセーズであり、第二に国際共通語としての人工言語に対する関心の高まりである（ヴォラピュックが一八七九年、エスペラントが一八八七年、イドが一九〇七年に創り出された）。カルヴェの指摘は的確である。こうした人工言語が生まれたのは、まさにフランス語が衰退することによってヨーロッパの媒介語がなくなり、媒介語の地位が空位になったからなのだ。そして、こうした人工言語は、みなフランス語に取って代わることを目指していたのである。この時期には、英語はまだ国際語としての地位を獲得していない。要するに、人工言語に対する関心が高まった時期というのは、フランス語の時代と英語の時代の狭間の時代だったのである。

そもそも、デカルトやライプニッツに代表されるような、普遍言語を構築しようという思想は、一七世紀にラテン語が媒介語としての機能を失ない始めたときに立ち現われたものであった。カルヴェは、普遍言語＝世界語という思想がラテン語の衰退とフランス語の衰退という二つの時期に結びついていることを再三にわたって指摘している。

したがって、整理すると、以下のようになる。

ラテン語（〜一七世紀） → **（人工言語）**（一七〜一八世紀） → **フランス語**（一八〜一九世紀） → **（人工言語）**（一九世紀末〜二〇世紀初頭） → **英語**（二〇世紀半ば〜）

エスペラントの登場というのも、このような国際共通語全般の歴史に照らして理解する必要があるのである。

国際語から国民語へ

国民国家《ネイション・ステイト》としてのフランスの確立、およびそれにともなうフランス語の国民語としての確立と、国際語としてのフランス語の普及のあいだには時間的なズレがあることが、若くして世を去ったフランスの社会言語学者、ダニエル・バッジオーニ（Daniel Baggioni, 1945-1998）の記述から読みとることができる（Daniel Baggioni, *Langues et nations en Europe*, Paris : Payot & Rivages, 1997）。

一七世紀から一八世紀の国際コミュニケーションの媒体としては、ラテン語に代わってスペイン語、イタリア語、ドイツ語なども用いられていたが、一七世紀末から一八世紀にかけてヨーロッパの国際語――ただしエリート層の――の地位を獲得したのはフランス語だった。フランス語の普及は、中欧（オランダ、ドイツなど）と東欧（ポーランド、ロシアなど）で強力であり、西欧諸国（イタリア、スペイン、英国）ではそれほどでもなかった。

しかしながら、リヴァロールの論文が優勝し、フランス革命が起きた直後から、フランス語は後退し始め、それぞれの国民語が確立されてゆくというのである。

考えてみれば、フランス語が、フランス国内において国民語＝標準語として十分に確立さえされていない時期に国際語として流通したというのは、奇妙なことではないだろうか。だが、フランスという国民国家《ネイション・ステイト》が確立されていない以上、フランス語というナショナルな言語が確立されていたわけがない。今世紀の英語のように、国民語として確立されたのちに国際語として流通するという順序が予想されるにもかかわらず、実際はそうではなかったというのだ。「フランス人」というネイションと結びついていなかったときにこそ、フランス語はインターナショナルな、すなわちネイション間のコミュニケーションに用いられたのである――ただしエリート層に限定して。

一八世紀というのがいわゆる啓蒙の世紀であって、ヨーロッパのエリートたちがナショナルな文化ではなく、いわゆる「普遍的＝世界的」な文化を追究していたことも忘れてはならない。このコスモポリタニズムの時代には、いまだにナショナリズムが顕在化していなかったのである。そのようなコスモポリタンの時代を背景にしてこそ、フランス語は「普遍言語＝世界語」として君臨することができたに違いないのだ。フランス革命とナポレオン戦争を契機としてヨーロッパ各地にナショナリズム（民族主義）が芽生え、国民国家《ネイション・ステイト》の建設が始まるとともに、それに伴なう国民語《ナショナル・ランゲージ》の形成にしたがって、国際語としてのフランス語は衰退していったのである。ただし、外交の言語としてのフランス語は、両大戦間まで健在であったという。

思想的にいえば、一八世紀の普遍主義＝啓蒙主義と一九世紀の相対主義＝ロマン主義の対比ということになるだろう。

そういう意味で、一七八四年のリヴァロールの著書『フランス語の普遍性について』は、一つの時代の終わり、すなわち普遍主義的言語観の時代——国際語フランス語の時代——の終わりを画するものだったのだ。これ以後は、ヘルダーによって一七七二年にすでに予告されていたロマン主義的な言語観、言語と文化の多様性を称揚する言語観、言いかえれば、ネイションの言語と歴史を称揚する言語観が支配的になってゆくのである。

実際、一八世紀末から一九世紀初頭にかけて、英国、ドイツ、スペイン、イタリアなどでは、フランス語の使用とフランス語による影響（＝汚染）を批判し、自分たちの国民語を確立し、純化してゆこうという動きが高まっていった。いわゆる「フランス嫌い（gallophobie）」の潮流である。フランス語の「普遍性＝世界性」は、ヨーロッパ諸国の反ナポレオン同盟に伴なう動きのなかで、早くも相対化され始めたのである。

ここには、普遍主義／相対主義、啓蒙主義／ロマン主義という対立とともに、エリート／人民（peuple）というもう一つの対立軸も絡んでいる。ナショナリズムやロマン主義に目醒めた一九世紀のヨーロッパ各国のエリートたちが発見したのは、それまで知られていなかった〈民衆 peuple ; people〉の言語や文化であった。一八世紀の「普遍性＝世界性」というのがあくまでも実際には汎ヨーロッパ的な貴族文化を内容として、いわば上層の水平的次元にとどまっていたのに対して、フランス革命以後の一九世紀のナショナリズムは人民＝民衆の言語という、いわば垂直の次元にかかわるものなのである。言いかえれば、〈国民＝民族（nation）〉は〈人民＝民衆〉と同時に発見され、創出されたのであり、したがって、ナショナリズムは、民主主義《デモクラシー》というもう一つの政治的イデオロギーとも不可分の関係にあるということである。

そういう意味でいえば、同じ国際語といっても、一八世紀のフランス語がエリートの共通語であったのに対して、二〇世紀以降の英語は民衆の共通語、民主主義的な言語であるという違いがあると言うことができる。いずれにしても、ヘルダー流の相対主義的言語観は、一方ではナショナリズムと結びつき、他方ではデモクラシーとも結びついており、何重もの両義性に彩られているのである。

それぞれの国民国家《ネイション・ステイト》内部での国民語確立への動きとヨーロッパの異質なコミュニケーションへの分裂にもかかわらず、一九世紀にも国際語が用いられなくなったわけではない。フランス語は、ドイツ語、英語とともに国際語として用いられていた。この場合の国際語というのは、ネイション間の政治的・経済的交流におけるコミュニケーション言語、すなわち、エリートの文化言語のことである。

したがって、「小言語」を話す知識人は、国際語――アントワーヌ・メイエの言う「文明語」――／国民語という二言語使用（colinguisme）を強いられるようになる。つまり、一八世紀までのエリートがラテン語やフランス語だけで押し通せたのとは異なった言語状況（ダイグロシア）が出現したということなのである。

情報量から見た大言語と小言語

残念ではあるが、世間の人びとが言うように、たしかに勝負はもうついているのだ。母語に加えて何らかの外国語を勉強するとしたら、誰でも《文明の言語》(メイエ)を選ぶに決まっている。《文明の言語》とは、簡単にいえば情報量の多い言語のことである。いや、エスペラントにも一生かかっても読みきれないほどの文献がある、と言う人がいるかもしれない。だが、どんな分野でもよい、ある主題にかんしてもっと詳しく調べたいと思ったとき、エスペラントの情報量はあまりにも貧弱ではないか。ほとんどどんなテーマにかんしても、現在では英語が圧倒的な情報量を誇っていることは、認めざるをえない(過去の情報だったら、英語ではなく、たとえばラテン語かもしれない。また、五〇年後か一〇〇年後には、中国語が英語に取って代わるかもしれない)。オリジナルな業績がどんどん英語で発表されているだけでなく、数多くの外国語文献も英語に翻訳されているのである。世界中の情報を集めようと思ったら、何といっても英語がいちばん有利であることは否定できないのだ。部分的には、フランス語、ドイツ語、スペイン語、ロシア語、アラビア語などが有利な分野もあるかもしれない。だから、一般の日本人が外国語を一つだけ勉強するというのならば、まず英語を選ぶのがいちばん効率がよいことだけははっきりしている。これと較べると、残念ながら、エスペラントの情報量の少なさは、眼を覆いたくなるほどである。フランス語や日本語と較べても圧倒的な違いがあるのだから、英語には太刀打ちできない。ザメンホフ以外の思想家の業績を読もうと思っても、エスペラントはほとんど役に立たないではないか。たしかに、エスペラントにも、一個人が一生かかっても読みきれないくらいの文献は存在するかもしれない(とくに東欧の文学作品)。だが、知識人がその本格的な知的欲求を満足させようとしても、エスペラントは情報源として役に立たないと言わざるをえないのだ。全般的な情報量の点では、英語の力を磨いたほうが、どれだけ有利かわからない。

それでも、「わたしにはエスペラントがあるから、英語はいらない」と言い張る人がいるかもしれない。その人は、自分の信念や思想からそう言っているには違いない。しかし、ちょっと待ってほしい。それは世界の大多数の人びとの「現実」を無視した、傲慢な思想なのだ。英語を勉強しなくてもすむというのは、実は日本語という言語が、英語ほどではないにしても、相当に情報量の多い言語だからである。日本国内の国民生活は日本語だけ知っていれば十分だし、日本語で情報が得られないようなテーマはそう多くない。こと言語にかんするかぎり、日本国民は世界で例外的に恵まれた境遇にあるのである。

ところが、もしわたしたちが、話者が五〇〇万人程度の言語、たとえばフィンランド語を母語とする人間として生まれていたら、どうだろうか。こうした国民国家において、日常の国民生活はフィンランド語一つで十分だとしても（それさえも複数の言語が必要な国々が多いのだが、それはここでは問題にしない）、多少なりとも知的な職業に携わっているかぎり、外国語の知識は必要不可欠だろう。たとえわたしがフィンランドのエスペランティストだとしても、「英語なんか不要」と言うわけにはいかない。「英語なんか不要」は、日本語、フランス語、ドイツ語といったいわゆる大言語の話者だけが口にすることのできる特権だということを知らなければならないのである。もし言語人口の少ない、たとえばデンマークやフィンランドの規模の国の住民であったならば、知識人としては外国語を通じて情報収集に努めるしかないし、その場合は、フランス語、ドイツ語、スペイン語などでもよいが、何といっても英語がいちばん有利であることは明白である。残念なことに、エスペラントという選択肢は出てこない。せいぜい、「大言語＋エスペラント」という選択肢しかありえないのである。

「外国語（正確にいえば異言語）はエスペラントだけで十分だ」という主張は、わたしたちが言語人口の多い日本語のメリットを享受しているという前提を隠蔽しているという意味で、いわゆる小言語の話者の立場を無視している。言いかえれば、無意識のうちに〈差別〉に加担していることになるのである。

あえて英語再評価へ

問題なのは、現代の英語が担っている政治的な価値である。

ダニエル・バッジオーニが『ヨーロッパの言語と国民』で指摘するように、戦前に東欧のリンガ・フランカ（共通語）だったドイツ語は、一九四五年以降もロシア語に取って代わられることはなく、消滅するにはいたらなかった。そもそも、ドイツ人はドイツの外部、たとえばバルト三国などにも多数居住していたのだが、一九四〇年、一九四五年にソ連との条約、およびソ連の侵出によりドイツに帰還することになった。また、東欧のユダヤ人——正確にはユダヤ教徒——も、ドイツ語話者だった。ユダヤ系チェコ人のフランツ・カフカがドイツ語で作品を書いていたことは、よく知られている。

しかし、ドイツ語は、ベルリンの壁の崩壊後は、《自由市場の言語ではないにしても、近代性と自由の言語と見なされる英語》に席を譲ったというのだ。要するに、冷戦期において、ロシア語が東欧の市民たちにとって解放の言語であるどころか、むしろ抑圧の言語として受けとめられ、あまり普及することがなかったのに対して、英語は解放の言語として進んで受け容れられているというのである。

ここには、現代の英語が担っている象徴的な価値が表われているのではないだろうか。

もちろん、東欧諸国において、英語は、歴史的に言っていささかも抑圧や支配に結びついた事実が存在しない。英語話者が周囲に存在して、東欧諸国に影響を及ぼしたことなど一切ないからだ。要するに、「地政学的」な理由ということなのである。

それにしても、かつては英語がまったく普及していなかった東欧——たとえば、第二次世界大戦以前の構造言語学のプラハ学派においては、英語ではなく、フランス語やドイツ語が使われていた——であるにもかかわらず、冷戦終結後、これだけ英語が受容されるようになったということは、アメリカの文化が《近代性と自由》を象徴するものとして受けとられていることを意味するに違いない。

ウラル語学者——フィンランド語、エストニア語、ハンガリー語などが属するウラル語族の研究者——の松村一登も、エストニアでロシア人から話しかけられたときは、エストニア語か、さもなければ英語で答えると書いていた。かつてソ連に併合され、最近になってソ連から独立したエストニアでは、ロシア語＝抑圧言語／英語＝解放言語もしくは中立的言語という図式があるのである。

このような社会政治的な文脈を考えると、いわゆる「英語帝国主義」の批判も簡単にはできないことがわかってくる。

また、アメリカの政治学者、サミュエル・ハンチントンは、現在、世界の全人口の八％しか母語話者のいない英語は、《世界語（world's language）》とは言えず、アイデンティティとコミュニティの源泉ではなく、異文化間コミュニケーションの道具としてのリンガ・フランカとして用いられているにすぎない、と述べている（Samuel P. Huntington, *The Clash of Civilizations and the Remaking of World Order*, New York : Simon & Schuster, 1996）。つまり、英語は、アングロ・サクソンや西洋のアイデンティティを押しつけるどころか、むしろ、人びとの個別的な文化的アイデンティティを強化するというのである。要するに、ハンチントンによれば、「英語帝国主義」の危険性はまったくないということになる。

ルイ＝ジャン・カルヴェもまた、『ヨーロッパとその言語』のなかで、「英語帝国主義」と闘うことが馬鹿げていると指摘している（Louis-Jean Calvet, *L'Europe et ses langues*, Paris : Plon, 1993）。

まず、いくら英語からの借用語が増えても、ヨーロッパの諸言語が根本的に危険にさらされているという徴候はない。言語の根幹である音韻論と統辞論は、影響を被っていないからだ。《言語の純粋性》を守ろうとするのは、《民族の純粋性》を守ろうとするのと同じで、科学とは無関係な《ファンタスム》にすぎない、というのである。

カルヴェは、統計的に見ても、英語支配の流れが決定的であることを確認する。話者数でも、科学論文の執筆言語でも、英語は圧倒的に一位を占め、さらに勢力を拡大しつつある（ただし、実際には世界の人口に占める英語の母語話者の割合は減っている、というハンチントンの指摘には気がついていない）。フランス語を母語とするカルヴェでさえ、フランス語が、もう二世紀あまり前から第一の国際語ではなくなっていることを認めているのだ。

カルヴェは、社会言語学者として、「歴史」を見つめようと提唱している。

> その出現が歴史の所産である媒介語〔＝共通語〕に対して、単なる意志や言語政策によって反対することはできない。英語の台頭に対してブレーキをかけようとするのは、今日では幻想ないしは自己暗示療法に属しているように思われる。
>
> (Louis-Jean Calvet, *L'Europe et ses langues*, Paris : Plon, 1993)

大切なのは、「歴史」である。津田幸男のように英語支配に対して感情的に反対しても、大した意味はないのだ（『英語支配の構造』第三書館、一九九〇年、『侵略する英語　反撃する日本語——美しい文化をどう守るか』PHP研究所、一九九六年などを参照）。たしかに、カルヴェが示唆するように、英語支配がどのようにして成立したのか、歴史的に分析することが先決ではないだろうか。

他方、バッジオーニは、英語、彼の表現では「英米語」のヨーロッパにおける国際語としての台頭とアメリカの第一次大戦後のヨーロッパにおけるヘゲモニーとをパラレルに見ようとしている。

そして、中世のヨーロッパの国際語としてのラテン語が古典主義にもとづいて、《ヨーロッパ全体に共通の象徴的資本の媒体》であり、過去の遺産にアクセスするための言語であったのに対して、現代の国際語としての英語はそのような機能を担っていないと指摘している。英語は、「スーパーナショナル言語」というよりも、むしろ「国際補助語」にすぎないというのである。ただし、《新しいメディア文化》にかんしては、英米語が国際的シーンで支配的だという指摘も忘れていない。

たしかに、そのとおりかもしれない。非英語圏の人びとは、英語が運搬する文化的伝統を学ぶために英語を勉強したり、用いたりしているのではなく、あくまでも国際コミュニケーションの道具として便利だから用いているにすぎないのだ。まさに、かつてエスペラントに期待されていた機能である。だとすれば、津田幸男たちの英語支配批判は、的外れだということになる。

たしかに、アメリカが世界の覇権国家であり、英語が覇権言語であるとしても、世界の人びとはあくまでもプラグマティックにアメリカとつきあい、英語を用いているだけなのではあるまいか。英語を使っているからといって、誰も、アメリカの歴史や文化を深く研究しようとはしないのだ。青木保が指摘するように、日本におけるアメリカ研究は非常に貧困であり、たとえばアメリカ文学の研究は英文学のそれと較べると周縁的なものと見なされている（「アメリカが見えない」、『現代思想』、特集：越境するアメリカ、第一九巻第九号、一九九一年九月）。《歴史のない国》と見なして、アメリカを軽視する傾向が、たしかに存在するのである。こうした状況に対して、思想史家の関曠野は、ヨーロッパ中心史観からアメリカ中心史観への転換が必要だと訴えている（『国境なき政治経済学へ――世界のアメリカ化と日本イエ社会をめぐって』社会思想社、一九九四年）。

もちろん、文化帝国主義との関連で英語のヘゲモニーをとらえることは可能かもしれない。しかし、そのときの「文化」とは、映画などの大衆文化にとどまっている。たとえば、アメリカの思想史にかんする本格的な研究は、フランス、ドイツ、英国などの思想史と比較すると、圧倒的に少ないのではないだろうか。日本におけるアメリカ文化の理解は、実は層が薄いのだ。バッジオーニのいうように、ヨーロッパでも事情は同じであるに違いない。

要するに、いわゆる「英語支配」とか「英語帝国主義」とかいっても、実際には根が浅いと言うほかはないのである。

以上から暫定的に言えることは、津田幸男の一連の「英語支配」批判に問題提起としての価値があることは認めるとしても、日本語を根拠としたナショナリズム（民族主義）以外に思想的根拠をもたない感情的な英語批判は、むしろ控えるべきではないかということだ。わたし自身も、長年にわたってさして根拠のない反米感情と反英語感情をいだいていたような気がする。英語以外の言語を母語とする人びとに対して傲慢に振る舞う英語話者、あるいは英語だけしか視野に入っていない無知蒙昧な英語教師に対する批判は相変わらず必要であるにしても、英語批判にはもっと鍛えられた思想的根拠が必要なのである。それが見いだせないあいだは、わたしは、英語批判に対してむしろ慎重でありたいと考えている。

エスペラントからザメンホフへ

世界のありとあらゆるテーマにかんして、もっとも情報量の多い言語はおそらく英語であり、それからはるかに遅れて、フランス語、ドイツ語、ロシア語、スペイン語、中国語、アラビア語、日本語などが続くだろう。それでは、エスペラントの出る幕はまったくないのだろうか。

「趣味」としてのエスペラントは、もっとも馬鹿げたことの一つである。「そんなことは個人の自由だろう」とおっしゃる人は、いま流行の「駅前留学」でもしてみてはどうだろうか。エスペラントが「趣味」や「個人の自由」と結びつかないのは、イスラームやマルクス主義が「趣味」と結びつかないのと原理的に同じことである。

英語がこれから少なくとも数十年のあいだ、世界のリンガ・フランカの役割を果たしてゆくことは、間違いない。エスペラントに期待されていた「言葉の壁を超える」国際共通語としての役割は、皮肉なことに、英語によって実現されてしまったのだ。エスペラントがいつか国際語になる日を夢みることよりも、いまエスペランティストにできることは何か、と考えるべきだろう。

エスペランティストは、言語としてのエスペラントそのものに拘泥すべきではない。エスペラントが、学習が容易な優れた言語であることをいかに力説しても、世間の人びとは相変わらず英語を学びつづけるに違いない。そもそも、言語の優劣を論じること自体、「言語帝国主義」の論理に陥ることではないか。英語の優位を唱える英語論者にしても、他のヨーロッパの言語と較べて、英語は文法が単純で、いかに学習しやすい言語であるかを強調しているのだから。

たとえエスペラントが国際共通語になる日が来ないとしても、エスペランティストがエスペランティストの立場からできることを行なうならば――たとえば、少数言語を話す世界中の人びととの言語権のために闘ってゆくならば――それは、ザメンホフの思想により深いところで呼応するものだと言えるだろう。大切なのは、エスペラントそのものではなく、エスペラントを創り出したザメンホフの思想なのである。

わたしは、エスペラントは、その背景にある理想や思想を別にしても、一つの絶対的なメリットをもっていると考えている。エスペランティストが何と言おうと、二〇世紀に入ってから実質的に世界のリンガ・フランカになり、もっとも大きな情報量を誇る言語である英語でも絶対にかなわないこと。それは、その創始者であるザメンホフの書いたものが読めるということだ。故・水野義明によってL・L・ザメンホフ『国際共通語の思想――エスペラントの創始者ザメンホフ論説集』（新泉社、一九九七年）が翻訳され、日本語でも少しはザメンホフ自身の著作が読めるようになった。とはいえ、いとうかんじが編纂しているエスペラント原文の膨大なザメンホフの著作集と較べれば、まだほんの一滴といったところだ。

「エスペラントをマスターすることのメリットは何か」と問われるならば、わたしは躊躇なく答えるだろう。「それはただ一つ、ザメンホフが読めることだ」、と。

言語差別とは何か

ザメンホフ（Lazaro Ludoviko Zamenhof, 1859-1917）がエスペラントを創り出した初発の動機は、言語による差別、言語間にある差別／被差別の関係を解消したいという強い想いであった。なぜなら、すべての人間は平等であるはずなのに、大言語の話者と小言語の話者、支配言語の話者と被支配言語の話者のあいだに不平等な関係が歴然と存在するからである。小言語の話者は、大言語の話者と比較してさまざまな社会的不利益をこうむらざるをえない。被支配言語の話者も、支配言語の話者と比較して、さまざまな社会的不利益をこうむることを余儀なくされるのだ。

〈言語差別〉というのは、正確にいうならば、自分たちとは異なる言語を話す人間に対する差別、言いかえれば、言語の差異にもとづいた他者（人間）の差別のことである。ここでは、それを〈言語差別〉と略することにする。では、〈言語差別〉はどうして発動するのだろうか。

〈言語差別〉の前提になっているのは、同一の言語を話す人間たち、すなわち同一のコードを共有して言語活動を行なう人間たちが一つの〈共同体（communauté : community）〉を構成している、という想定である。共同体の規模は、数十人の遊牧民の一群から数億人の英語の共同体や十億人を超える中国語の共同体までさまざまであるが、同じ共同体に属する人間たちは、「集団意識」や「連帯感」によってつながっている。これを逆から見れば、自分たちと異なった言語を話す人びとは、〈他者〉として、別の共同体に属する者として差異化・差別化されることになるのである。

> 多言語状況の初期の管理法のひとつは、差異を不平等へと変換することだったのだ。すなわち、外国人、ギリシャ語を話さない者は、アテネの市民たちにとっては**野蛮人**（*barbare*）なのであり、歴史は、人が他者の言語を評価することなどほとんどないことを示す表現で満ちあふれている。
>
> （Louis-Jean Calvet, *La Guerre des langues et les politiques linguistiques*, Paris : Payot, 1987）

世界で初めて言語による差別を行なったことが知られているのは、いまから二〇〇〇年以上も前に高度な文明を築いた古代のギリシャ人たちであった。ギリシャ人たちは、政治的には複数の都市国家（ポリス）に分裂していたが、文化的にはギリシャ語によって単一の世界をなしていた。彼らは、自分たちと同じ言語を話さない、ギリシャ世界外部の人間たちは、そもそも言語を話していない、と考えていた。彼らが小アジア（アナトリア半島）方面に住むアラビア系の異人＝野蛮人をそう呼んだ「バルバロイ」という言葉が、そもそも同一音節の繰り返しからなるオノマトペ（擬音語）であることが示しているように、ギリシャ人たちにとって、異人たちは「バルバル」と訳のわからない音声を発するだけで、言語をもたない、人間以前の、動物同然の存在にすぎなかったのである。つまり、古代ギリシャ人の世界観にあっては、世界は言語を話す文明人／言語を話さない野蛮人、という二つのカテゴリーに泰然と分かたれていたということである。ここには、言語の〈差異〉に根拠を置いた〈差別〉の歴史的発生が見られるのだ。

だから、複数の異なった〈言語共同体（communauté linguistique ; language community, linguistic community）〉が接触する地域、要するに多種多様な言語が話されている地域では、いつでも〈言語差別〉の現象が発生する可能性が潜んでいるのである。〈多言語状況〉は、人間社会においてはきわめてありふれた「常態」でしかない。にもかかわらず、人間たちは、主として「われわれ」という共同体意識を免れることができないために、〈多言語状況〉を平和的に生きることがきわめて少ないのである。〈言語差別〉は、言語の多様性という、人類が逃れることの不可能な宿命から生み出されるのであって、それは人間の本性そのものに根ざしている、と考えるべきである。人間たちは、自分たちと異なった言語を話す他者たち、相互にコミュニケーションが成立しない他者たちの存在を許容できない、という本性をもっているということである。このような〈言語差別〉の意識は、問題の他者たちに対する攻撃的な集団的行動に結びつきやすく、また他者たちの側からの報復をも伴なわずにはいないことだろう。〈多言語状況〉から〈言語差別〉へ、ひいては〈言語戦争〉へは、このようにして発展してゆくのだ。

言語共同体としての民族

ところで、〈言語共同体〉とは、一般に「民族」と呼ばれているものと深い関係がある。フェルディナン・ド・ソシュール(Ferdinand de Saussure, 1857-1913)の『一般言語学講義』(*Cours de linguistique générale*, 1916)には、次のようにある。

> あるていど民族的統一〔unité ethnique〕を成りたたせるものは、言語の共通性〔communauté de langue〕である。いっぽんに言語共通性〔communauté linguistique〕を説明するには、それのみでつねに充分である。たとえば、中世のはじめ、ローマ民族性〔ethnisme roman〕なるものがあって、政治的連結なしに、起源の種々雑多な民族をむすびつけていた。反対に、民族的統一の問題については、参照すべきものは、まずもって言語である。これの証言は他のすべてに優っている。
>
> (ソシュール『一般言語学講義』(1916年)小林英夫訳、岩波書店、一九七二年、〔 〕内引用者)

しかしながら、今日の学問的水準をもってしても、「民族」を科学的に定義することは困難である。そもそも、日本語の「民族」に対応するフランス語には、nation, peuple, ethnie の三つがある。英語もほぼ同様である。ちなみに、民族学(文化人類学)が対象とする「民族」は、ethnie である。たしかに、「民族」は、《われわれは他者とは異なっている》という《われわれ意識》や《われわれへの帰属意識》を生み出す連帯感によって定義されるという意味では、〈言語共同体〉とほぼ等しいものと言えなくもない。たとえば、日本語の共同体と日本民族とは外延を等しくするように見える。ソシュールが指摘するように、言語が「民族」を定義する、非常に重要な要素であることは間違いない。

だが、言語を共有していれば同じ「民族」かというと、必ずしもそうではない。たとえば、英語を話すという意味では同じ言語共同体に属している英国人と南アフリカ人が、だからといって同じ「民族」に属しているとは考えにくい。ドイツ人＝ドイツ語話者ではないことにも注意を要する。ドイツ語話者は、オーストリア人やスイス人でもありうるからだ。

また、一九九〇年代のボスニア・ヘルツェゴヴィナの民族紛争は、クロアチア人、セルビア人、ムスリム（ボシュニャク人）のあいだで争われたが、この三民族はいずれもセルボ・クロアチア語というほぼ同一の言語を話していると言われている。彼らが対立する原因は、主としてカトリック、ギリシャ正教、イスラームという宗教の相違にある（長島大輔「第34章　宗教事情：さまざまな宗派と政教関係」、柴宣弘／山崎信一編著『セルビアを知るための60章』〈エリア・スタディーズ〉、明石書店、二〇一五年を参照）。これを見ると、「民族」を定義する要素が言語ではなく、宗教というケースも存在するように見えるかもしれない。しかしながら、バルカン半島の場合は、宗教を根底に置いた、三つの〈文明〉が接触・衝突している「文明の衝突」（ハンチントン）の地点と考えるべきであり、対立しているのは単なる〈文化〉ではないのである。バルカン半島は、歴史的に東ローマ帝国（ビザンツ帝国）、オスマン帝国、ハプスブルク帝国の版図に存在したことから、ギリシャ正教文明、イスラーム文明、ローマ・カトリック文明が今日にいたるまで刻印を残しているのである。

考えてみれば、ローマ・カトリックにせよ、ギリシャ正教にせよ、イスラームにせよ、それぞれの〈文明〉には数多くの〈文化〉と〈民族〉が属しているのであって、〈文明〉は数多くの文化を包含する、大きな単位なのである。たとえば、イスラームには、アラブ人、トルコ人、イラン人、クルド人など、さまざまな民族が属している。つまり、ボスニア・ヘルツェゴヴィナのボシュニャク人イコール・ムスリムではなく、ボシュニャク人は他のさまざまな民族とともに、広大なイスラーム文明に属しているということなのである。

媒介語による多言語状況の止揚

ルイ＝ジャン・カルヴェによれば、〈多言語状況〉は、ほぼ必然的に〈言語戦争〉というコミュニケーションの危機的状況を惹起せずにはいないものだが、そうした〈言語戦争〉を何とか回避するために人類がこれまで編み出してきた応えには、「生体内」の応えと「試験管内」の応えがあるという。なお、カルヴェがいう〈言語戦争〉とは、〈言語差別〉の強度が高まったものと考えてさしつかえない。

一方では、コミュニケーションの欲求を最低限満たすために、帝国主義の言語（英語、フランス語、スペイン語、ポルトガル語など）と現地の言語とのはざまで文法が簡易化された混成語、すなわちピジンやクレオールを産み出したり、その地域で広く通用する言語を〈媒介語（langue véhiculaire）〉として採用する試みがある。こうした試みを、カルヴェは「生体内（in vivo）」の応えと呼んでいる。「生体内」というのは、ピジンにせよ、媒介語にせよ、多言語状況の現場で人びとが、シナリオなしに、自然発生的に行なっているコミュニケーション実践にほかならないからである。

他方では、こうした多言語状況に対する国家権力などによる人為的介入としての〈言語政策〉、あるいは一八八七年にユダヤ系ポーランド人、ザメンホフによって考案されたエスペラントに代表されるように、国際共通語として〈人工言語〉を創り出す試みがある。こちらは、「生体内」ではなく「試験管内（in vitro）」の応えである。カルヴェがこれらを「試験管内」の応えと呼ぶのは、多言語状況の現場から離れて、国家や個人が人為的に作成したシナリオにもとづいて遂行される実践だからである。

ところで、先に言及した『ヨーロッパの言語と国民』の著者、ダニエル・バッジオーニは、カルヴェによる「生体内」と「試験管内」の区別は、カルヴェが例としてあげているようなアフリカの諸言語には適用可能だが、ヨーロッパの諸言語には当てはまらない、と指摘している。ヨーロッパの場合、のちに国民語（標準語）

へと発展する媒介語の「生体内」の練り上げは存在しなかった、というのだ。たとえば、イタリア語の成立はダンテとペトラルカに、ドイツ語（高地ドイツ語）の成立はルターに多くを負っている。要するに、作家、文献学者、知識人といった（諸）個人の「試験管内」の活動が、ヨーロッパの諸々の国民語を創り上げたというのである。

ただし、カルヴェが〈媒介語〉と〈国民語〉を対立概念として捉えているのに対して、バッジオーニは〈媒介語〉（バッジオーニの用語ではむしろ〈共通語〉）から〈国民語〉への連続的発展を考えている、という差異がその根底に横たわっている。なぜなのか。この二人の理解の違いは、結局のところ、アフリカとヨーロッパの社会政治的な差異に帰着するように思われる。つまり、それは、多くの場合、植民地主義の言語（英語、フランス語など）だけが〈国民語〉とみなされ、民衆の〈媒介語〉（スワヒリ語、リンガラ語など）がそれとは別に存在するアフリカ諸国と、原則として他の諸国と異なる独自の〈国民語〉（ドイツ語、イタリア語、ポルトガル語、デンマーク語など）をもつヨーロッパ諸国（国民国家）の違いに行きつくのではないだろうか。

さて、〈言語戦争〉を回避するための「生体内」の応えと「試験管内」の応えというルイ=ジャン・カルヴェの問題設定にもう一度立ち帰るならば、これの伏線は、同じカルヴェが一九八一年に刊行した『媒介語』のなかに跡づけることができる。この小著のなかで、カルヴェは、《地理的に隣接してはいても同じ言語を話していない、そういう言語共同体間の相互伝達のために利用されている言語》を〈媒介語 langues véhiculaires ; vehicular languages〉（邦訳書では「超民族語」、文字どおりには「乗り物言語」と命名している。〈媒介語〉（＝超民族語）の例としてカルヴェがあげているのは、西アフリカのマンデカン語、セネガルのウォロフ語、東アフリカのスワヒリ語、南米のケチュア語、南スーダンのアラビア語である。

超民族的〔媒介的〕ということは、当然ながら多言語状態を前提としている〔超民族語〔媒介語〕は、多言語状態から生じた問題に対する応えであるから）のに対し、国語〔国民語〕は、多言語状態に甘んじることもできるが、多くの場合は、〔国民語を唯一の言語とする〕単一言語状態に向かってすすんでゆく。すなわち、国語〔国民語〕になった超民族語〔媒介語〕は、フランス語の場合がそうであるように、その力を発揮して他の諸言語を消滅させがちである。

（ルイ＝ジャン・カルヴェ『超民族語』（一九八一年）林正寛訳、田中克彦解説、文庫クセジュ、白水社、一九九六年。強調、〔　〕内は引用者による補足）

どれが統一言語になり、**どのように**他の諸言語を押しのけていくのか、が問題であるというより、むしろそもそも統一言語というものは本当に必要なのかどうなのか、あるいはさらに、行政の言語を問題にする前に、まず先に、現存する文化と言語を擁護することを考えてみる必要がありはしないか、こちらのほうが大事な問題なのである。

この根本的な問題に対しては、超民族語〔媒介語〕が頼りになる有効な手段になるようにみえる。なぜなら、言うまでもなくこの言語は多言語状態を前提としており、したがって、文化の多様性を尊重することのできる言語だからだ。すでに述べたように、その際問われるべきは、国語〔国民語〕の地位への移行が、超民族語〔媒介語〕に特有のこの性質を組織的に変えてしまうかどうか、この一点である。

（同）

カルヴェによれば、〈媒介語〉とは、多言語状況に対する「応え」として、たしかに異なる言語を使用する共同体間でコミュニケーションを成立させるために用いられる共通の言語ではあるのだが、それにもかかわらず、諸言語の多様性を否定するのではなく、それを保持するものであるという。要するに、〈媒介語〉の使用は、人びとが本来使用している母語（＝民族語）を奪うものではなく、むしろ母語の存続を保証するということである。それに対して、国家権力によって半ば強要される〈国民語〉のほうは、言語の多様性を否定して、〈単一言語状況 monolinguisme : monolingualism〉の実現に向けて邁進してゆくものだ、というのである。出発点にあった〈多言語状況〉に対して、それを否定して、言語の画一化・同質化を推し進めるのが〈国民語〉であり、それを止揚して、言語の多様性を維持しつつ、異民族間・異文化間のコミュニケーションを成立させようとするのが〈媒介語〉だ、と言いかえてもよいだろう。

言語平和に向けて

ルイ＝ジャン・カルヴェは『言語戦争と言語政策』のなかでこの言葉を一度も用いていないが、〈言語戦争〉の対義語があるとすれば、それは〈言語平和〉であろう。〈言語平和〉というものが、たとえ理想としてだけでも存在するとするならば、それは、多種多様な言語が互いの差異を尊重しつつ、自己の勢力拡大と他言語の抹殺を求めずに共存することであるに違いない。

〈多言語状況〉と〈言語戦争〉に対する唯一有効な「応え」は、カルヴェが繰り返し主張しているように、使用域の広い一つの自然言語を〈媒介語〉として採用することだけなのだろうか。だが、それは、異なる言語共同体間のコミュニケーションのためという口実のもとに、「大言語」の使用を肯定することになってしまうのではないか。なぜならば、英語、フランス語、スペイン語などこそが、かつての植民地支配の歴史を背景に、アジア、アフリカ、ラテンアメリカの多くの国々で現に〈媒介語〉として通用している言語にほかならないからである。カルヴェの「媒介語主義」は、その意図に反して、大言語主義に絡めとられてしまう危険性をはらんでいる。実際、カルヴェは、英語が《資本主義時代の媒介語の最高形式》であり、《媒介語として世界でもっとも普及した言語》であると認めてしまっているのだ。

そうではなく、一方で言語の多様性を徹底的に肯定しつつも、〈人工言語〉を創出して、言語を異にする民族間の対等なコミュニケーションを可能にする〈国際共通語〉あるいは〈国際補助語〉として普及させることもまた、〈言語戦争〉を止揚し、〈言語平和〉を実現するための有効な「応え」の一つではないだろうか。

> 東欧ほど雑多な民族を内に含み、したがって数多くの言語が存在し、又それゆえにはげしい言語戦争が行われてきたところは、世界にも例をみないのではないだろうか。ポーランド語、チェコ語、ハンガリー語、ルーマニア語、セルビア語、ブルガリア語、アルバニア語等々。これらの言語を使う民族間の抗争は、即ち彼らの言語の戦争であった。そればかりではない。東欧周辺の三大民族――ロシア、ゲルマン、トルコ――がこの地をめぐって勢力を争い、東欧は同時にロシア語、ドイツ語、トルコ語の言語戦争の舞台でもあったのである。
>
> 人類は戦争を通じて平和の尊さを知り、平和への道を模索してきた。言語をめぐる人間のみにくい争いを自ら体験し、平和への道――つまりエスペラント語を創り出したザメンホフが、東欧の生まれであったことは決して偶然ではない。
>
> （増田純男編『言語戦争』大修館書店、一九七八年）

もともとはザメンホフの偽名であった「エスペラント」が「希望する人」を意味するように、それは、まさしく〈言語差別〉と〈言語戦争〉の危機の渦中から、〈言語平和〉の実現をめざして創造された言語だったのである。そして、人工言語エスペラントの創造という壮大かつ困難な事業へとザメンホフを駆り立てた問題意識の原点は、ナショナリズム（民族主義）、とりわけユダヤ・ナショナリズム（＝シオニズム）に対するラディカルな異議申し立てにあったのである。

国際語エスペラントと国際宗教ホマラニスモの創造

ところで、ザメンホフは、ほかの人工言語の創始者たち——たとえば、エスペラントに数年先だってヴォラピュックを考案したシュライアー——とは違って、自分の創造したエスペラントに対する所有権を完全に放棄し、エスペラントの発展を大衆の手に委ねたために、《言語としてのエスペラントとザメンホフの思想のあいだには直接の関係がない》というのが、一九〇五年の第一回世界エスペラント大会で採択された「ブローニュ宣言」以来、エスペラント運動の公式見解になってきた。

たしかに、エスペラントは、ルイ・イェルムスレウ（Louis Hjelmslev, 1899-1965）が指摘するように、自然言語と同様にどんな話題にも対応できる「汎用言語（pass-key language）」の一つであり（ルイ・イェルムスレウ「言語の基本構造」（原著：1947年）、立川健二訳、『PHILOLOGIE』、第七号、現代言語論研究会、一九九七年所収を参照）、ザメンホフ自身も認めたように、どのような目的にも利用することが可能である。それは、かつては北一輝の「ファシズム思想」に利用されたこともあれば、あるいは現在の国民国家の枠組みを前提として外国人と「国際交流」を楽しむという、いたって無害な「趣味」としても利用されうるのだ（藤本達生／山本明「世界語の思想——エスペラントをめぐって」、江藤文夫／鶴見俊輔／山本明編『講座・コミュニケーション1——コミュニケーション思想史』研究社出版、一九七三年所収を参照）。だが、そのような目的のためであるならば、わざわざエスペラントを持ち出す必要などないのではないだろうか。もっと利用価値の高い言語、すなわち英語でよいのである。実際、単に「国際交流」のみを目的としたエスペラントは、今日では明らかに後退しつつあると言わざるをえない。宮沢賢治のように、かつて「国際語」というふれこみに憧れてエスペラントに飛びついた人びとの大部分は、現在では迷うことなく英語に向かっているはずだ。逆にいえば、実利目的の無関係な人間が近寄ってこないという意味では、エスペラントにとって今日の状況は決して悪いとは言いきれないのである。
ザメンホフ自身、「ブローニュ宣言」の原則に心底から共感していたわけではなく、一九〇六年にジュネーヴで開催された第二回世界エスペラント大会では、次のように述べている、というよりほとんど絶叫している。

もしもエスペラントの最初の戦士である私たちが、その活動の中であらゆる理想主義的な側面を捨てなければならないとしたら、私たちは憤然として、エスペラントのためにいままで書いたものをすべて引き裂き焼きはらい、私たちの全人生の仕事と犠牲を悲しみをもって抹殺し、胸に付けている緑の星のバッジを投げ捨て、嫌悪の情をこめて大声で叫ぶことでしょう。「商売や実用に役立つだけの、そんなエスペラントとは、縁を切る！」。
（L・L・ザメンホフ『国際共通語の思想――エスペラントの創始者ザメンホフ論説集』水野義明編訳、新泉社、一九九七年）

エスペラントという言語の背後には、ザメンホフが何よりも大切にしていた理想主義と平和主義――国際宗教としての「人類人主義（Homaranismo）」――が存在していたのであって、このような「内在思想（interna ideo）」なしにわざわざ国際共通語を創造したり、普及させたりする必要などあったはずがない。すべての民族に対等のコミュニケーション・メディアを提供するために、新しい言語を一から創り上げてしまうという途方もない営みが、〈言語平和〉への熱い理想ぬきにありえたはずはないだろう。したがって、今日のエスペラント運動も、理想主義と平和主義をザメンホフから継承していなければ、存在意義などまったくないと言わなければならない。わたしたちは、ザメンホフが生み出したエスペラントという言語以上に、それを生み出したザメンホフの思想をこそ振り返るべきなのである。

国際語の思想が《ヨーロッパの民族的（かつ言語的）分裂への応答》だというカルヴェの見方をさらに発展させるならば、エスペラントを一八八七年に初めて公表したときにザメンホフがそれを単に「国際語（la lingvo internacia）」と呼んでいたことからも明らかなように、ザメンホフの言語思想の根底に据えられていたのは、ナショナリズムを乗り超える〈インターナショナリズム〉にほかならなかったのである。

帝国主義ないしナショナリズムの対極に位置するものがインターナショナリズムであって、エスペラントこそインターナショナリズムの文化面を担う旗手である。
（小林司「エスペラントがもたらすもの」一九七四年、朝比賀昇／萩原洋子『エスペラント運動の展望・I』世界文化研究会、一九七八年）

ザメンホフが一八八七年にいわゆる『第一書』を刊行してエスペラントを世に送り出した当時、「インターナショナル（international）」という言葉は、国家と国家の関係を意味してはいなかったらしい（藤本達生／山本明「世界語の思想――エスペラントをめぐって」江藤文夫／鶴見俊輔／山本明編『講座・コミュニケーション1――コミュニケーション思想史』研究社出版、一九七三年所収を参照）。今日では、「国際連合」がフランス語ではNations Unies、英語ではUnited Nationsと言うことからもわかるように、nationという語はÉtat-nation；nation-state（国民国家）と同義で用いられており、したがって「インターナショナル」という語は、多くの場合に「国際的」、すなわち「国民国家間の」という意味で用いられている。ところが、ザメンホフにとって、「インターナショナル（internacia）」とは、たとえば日本民族とアイヌ民族、フランス民族とバスク民族、アラブ民族とクルド民族といったように、国家をもつもたないとは無関係に、民族間の関係を意味したのである。たとえば、ユダヤ教徒は当時――一九四八年のイスラエル国の建国以前――はいまだ国家をもたなかったが、国家を志向するエスニック・グループであるかぎりにおいて、一つのネイションだったと見なしてもさしつかえない。ザメンホフが青年時代に参加したシオニズム運動は、パレスチナにおけるユダヤ人国家の建設を目指していた以上、ユダヤ・ナショナリズム以外の何ものでもなかった。「ユダヤ人」は、シオニズム運動のなかで、一個のネイションとして想像＝創造されたのである。したがって、「インターナショナル」というとき、ザメンホフが国家ではなく「民族」という意味でのネイションを前提にしていたことは、彼がユダヤ教徒の一人であったことの必然的な帰結であった、と考えることができるかもしれない。

要するに、ザメンホフが考えていたのは、ネイションとネイションのあいだをつなぐインターナショナルな〈媒介語〉としてのエスペラントにほかならなかったのだ（エスペランティストたちは、エスペラントを「橋渡し言語（pontlingvo）」と呼んでいる）。さらに、後年のザメンホフは、言語だけではネイション間の対立・抗争を解決するには不十分であるという認識にいたり、宗教にかんする思索を深めてゆく。それが一九〇一年に発表される「ヒレリスモ（Hilelismo）」を経て、一九〇六年の「ホマラニスモ（＝人類人主義）（Homaranismo）」として結実するのだが、これはいうなればエスペラントの宗教版である。つまり、エスペラントがネイションの言語、すなわち民族語と民族語のあいだを架橋する〈国際語（lingvo internacia）〉であるとするならば、ホマラニスモとはネイションの宗教、すなわち民族宗教と民族宗教のあいだを架橋する〈国際宗教（religio internacia）〉にほかならないのである。言いかえれば、ザメンホフは、ナショナリズムの突き崩しを〈言語ナショナリズム〉と〈宗教ナショナリズム〉の両側面から行なうために、国際語＝エスペラントと国際宗教＝ホマラニスモとをあわせて世に送り出したのだ。

ただし、エスペラントも、ホマラニスモも、〈ナショナルなもの〉を否定したり、〈ナショナルなもの〉に取って代わろうとするものではない。あくまでも、〈ナショナルなもの〉の多様性、すなわち民族言語と民族宗教の多様性を徹底的に肯定したうえで、それらのあいだを媒介する審級であろうとするのである。

どの民族（ネイション）にとっても、固有の言語と固有の宗教を保持することこそ、自民族の存続に絶対不可欠な条件である。いまだ「ユダヤ人国家」が建国されておらず、国家をもたない「ユダヤ民族」の一員であったザメンホフは、〈民族〉の存続にとって絶対不可欠な条件を〈国家〉にではなく、〈言語〉と〈宗教〉に置いていたと言えるのではないだろうか。彼にとっては、言語と宗教に集約される〈文化〉こそが〈民族〉の一次的要件であり、〈国家〉という政治的存在は二次的な要件にとどまるのである。これを逆から見れば、いかに〈国家〉という政治的な枠組みが残っていようとも、言語と宗教に代表される民族固有の〈伝統〉が失なわれてしまえば、その〈民族〉の生命は尽きかけていることを意味するだろう。要するに、わたしたちがここで確認したいのは、ザメンホフの〈インターナショナリズム〉には、逆説的にではあるが、〈ナショナリズム〉を再評価する契機が多分にふくまれている、ということなのだ。ただし、それは、政治的ナショナリズム（国家主義）ではなく、あくまでも文化的ナショナリズム（民族主義）であった。ザメンホフは、いわゆる「ディアスポラの民」に属していたがゆえに、国家主義ではなく、民族主義としてのナショナリズムから出発して、インターナショナリズムへと進み出ていったのである。

岡野守也によれば、フォイエルバッハが『キリスト教の本質』（一八四一年）のなかで行なった宗教（キリスト教）批判の要点は、宗教というものが不信仰をはじめ、自分の反対物に対して本質的に不寛容であるということだが、このような宗教批判を免れる宗教は現在でもほとんど見あたらないという。

自己絶対化（教祖、教義、教団、儀式などの）をせず、本質的に排他的・不寛容・独善的・異教徒抹殺的になってしまうような体質を抜けており、さらに理性の徹底的批判に耐えうるような「新宗教」の話は、いまのところ聞いたことがない。

（岡野守也「危機意識――理性と霊性の統合に向けて」、『イマーゴ』特集：はやり神の心理学――新・宗教論争、

（一九九二年二月号）

それに対して、ザメンホフのホマラニスモは、ユダヤ教、キリスト教、イスラームといった、既成のあらゆる民族宗教――（もともと民族宗教であった）世界宗教をふくむ――を肯定したうえに成り立つ「国際補助宗教」であろうとしている以上、フォイエルバッハの宗教批判の対象にはならず、異なる宗教を信仰する他者、すなわち異教徒に対する徹底的な寛容をその本質とする例外的な宗教思想であることを、少なくとも理念としては志向していたのではないだろうか。

これと同様にして、英語やフランス語のような政治的・経済的・文化的大国の民族語を〈媒介語〉として採用すると、民族語間の不平等を引き起こさずにはいられないために、ザメンホフは、人工言語という「どこの国（ネイション）の言葉でもない言語」を媒介者としての審級に位置づけるのである。ダニエル・バッジオーニによれば、「ある媒介語が多言語総体のいかなるグループにも結びつけられていない変種（ないし言語）であるならば、それは、かつて（一九世紀まで）地中海でムスリム諸国と通商する船乗りや商人たちによって話されていた「フランク語（langue franque）」にちなんで、リンガ・フランカ（lingua franca）と呼ばれる」のだという。だとすれば、英語、スペイン語、フランス語など特定のネイションに結びついた自然言語は、〈媒介語〉の機能を果たすことはできても、〈リンガ・フランカ〉と呼ぶにはふさわしくないことがわかる。つまり、厳密な意味で〈リンガ・フランカ〉と呼ぶことのできる言語は、いかなるネイションとの結びつきももたない言語、すなわち混成語のピジン、あるいは人工の国際語だけだ、ということになる。一九世紀末から二〇世紀初頭にかけて考案された数多くの人工言語のなかで、多くの人びとに用いられ、現在にいたるまで存続しているのは、ザメンホフのエスペラントだけである。そういう意味では、ザメンホフの創造したエスペラントのみが、言葉の真の意味で〈超民族語（langue supranationale）〉、すなわちスーパーナショナルな言語と見なしうる唯一無二の言語ではないだろうか。

ザメンホフのインターナショナリズム、もしくはスーパーナショナリズムが、彼に先行するユダヤ系思想家、カール・マルクスのインターナショナリズム、すなわち《万国の労働者よ、団結せよ》（『共産党宣言』）というスローガンに要約される社会主義と同様に、当時ヨーロッパ諸国の国民国家を生み出したナショナリズム、およびユダヤ・ナショナリズムとしてのシオニズムの双方に対する乗り超えの試みであったことは明らかであるように思われる。

ザメンホフの発言を引用しておこう。


すべてのナショナリズムは、人間にとって最大の不幸をもたらすものであり、また、人間の目的は、仲のよい人類を創り出すことでなければならぬ、と信じています。（中略）私たち全員が自分の種族愛を捨てなければ、また全く中立の基盤に立つ努力をしない限り、人類は永遠に〔憎しみの〕悪循環から抜け出せないでしょう。

ユダヤ民族の悲惨な現状にもかかわらず、私がユダヤ民族のナショナリズムに加わろうとしないで、人間のあいだの絶対的正義のためにだけ働きたいと思っているのは、以上のような理由によるのです。そうすることによって、不幸なユダヤ民族に対して、ナショナリズムがもたらすよりも遥かによい結果を与えることができる、と私は強く確信しています。


（朝比賀昇「ユダヤ人差別と闘ったザメンホフ」、朝比賀昇／萩原洋子『エスペラント運動の展望・I』世界文化研究会、一九七八年）

言語差別を超えて

以上の考察から、〈言語ナショナリズム〉を批判的に検討し、それを突き崩すための視座として、ザメンホフの言語思想を再評価するという方向だけははっきりしてきた。だが、これを《多言語との格闘》としての人類の歴史、というわたしたちのテーマと再度結びつけると、どうなるだろうか。

ルイ=ジャン・カルヴェにしたがえば、〈言語ナショナリズム〉も、エスペラントも、ともに〈多言語状況〉に対する「応え」、しかも「試験管内」の応え、ということになる。ナショナリズム、ことに言語ナショナリズムは、国家の言語政策によって一つの言語だけを〈国民語〉として確立することによって、他の諸言語を抑圧したり、抹殺したりすることに帰着しがちである。他方、エスペラントは、このような言語ナショナリズムによって〈対立関係〉におちいった諸言語＝諸国民語の多様性を肯定しつつも、それら異なった諸言語を用いる諸ネイション間のディスコミュニケーションを解消し、コミュニケーションの成立を可能にする〈媒介語〉（橋渡し言語）を提供しようとする。

一つの国民国家《ネイション・ステイト》内に〈差異（différences）〉の関係において存在していた多言語状況が、ナショナリズムの言語政策によって単一言語状況へと変換されてゆくことと並行して、その外側、すなわちネイションとネイションのあいだには新たに〈対立（oppositions）〉としての多言語状況が生じてくる。たとえば、グレイト・ブリテンおよび北アイルランド連合王国（英国）の内部では、ケルト系のスコットランド語、ウェールズ語、アイルランド語を抑圧して、本来イングランドの言語であったゲルマン系の英語によって、ナショナルなコミュニケーション空間が同質的なものとして整備される。それと並行して、英国のナショナル・ランゲージ（国民語）としての英語は、他の国民国家《ネイション・ステイト》の言語、たとえばフランス語、ドイツ語、イタリア語、オランダ語などとの関係において、対立関係を生きてゆかなければならなくなる。現実に、ヨーロッパ連合（ＥＵ）の共通語として

多言語状況（差異）→ナショナリズム→（ネイション内の）単一言語状況（多言語状況の抑圧・排除）
（ネイション間の）多言語状況（対立）

多言語状況（差異）→エスペラント　→（ネイション間の）多言語状況（差異）
（ネイション間の）単一言語状況

どの言語を選択すればよいのかが議論されるとき、このような国民語間の対立関係が顕在化しないではいない。〈差異〉の解消によって、新たな〈対立〉が生み出される。エスペラントは、このような対立的多言語状況を原初の〈差異〉に突き戻しつつ、異質なネイション間のコミュニケーション、すなわちある種の単一言語状況を実現しようとするのである。

そもそも（言語）ナショナリズムが存在しなければ、諸々の言語は無数の〈差異〉の関係のなかで息づいているだけで、〈対立〉の関係をとり結ぶことはない。そこには、「日本語」も「フランス語」もない。存在するのは、微妙に異なった無数の方言（言語変種）の戯れだけである。「日本語」と「フランス語」の〈対立〉が語る主体たちに意識されるのは、両者がネイションの言語、すなわち〈国民語〉として確立されてからのことにすぎない（〈差異〉、〈対立〉、〈差別〉という用語にかんしては、本書、「愛と差異に生きるわたし——区別・差別・対立・差異をめぐって」を参照されたい）。

振り返ってみれば、ザメンホフは、原体験として、このような〈対立〉的——〈差異〉的ではない——多言語状況から出発していたのである。幼少時のザメンホフが生きたのは、ロシア語、ポーランド語、イディッシュ（ユダヤ教徒の話すドイツ語の方言）などのあいだの〈対立〉、そして〈差別（discrimination）〉——植民地主義者ロシア人のロシア語の支配——という言語状況にほかならなかった（カルヴェは、discrimination よりも、péjoration という単語を多用しているが、これも「差別」と訳してかまわないと思われる）。ここでは、ロシア語のみならず、ポーランド語も、イディッシュも、ネイションの言語（民族語）として意識されている。このような諸言語・諸民族の分裂状況（多言語状況）のなかに一つの共通語エスペラントを投げ入れることによって、ザメンホフはネイション間、多民族間の連帯を実現しようとするのである。それは、すべての人びとが同じ言語を話す単一言語状況を創り出すのではなく、多言語状況をそのまま肯定しつつ、異質な言語共同体間のディスコミュニケーションにより惹起されるさまざまな抗争を解消するために、共通のコミュニケーションの土台を設定する、ということにほかならない。ロシア人はロシア語を、ポーランド人はポーランド語を、ユダヤ教徒はイディッシュをそれぞれの共同体の内部では話しつづけながら、共同体と共同体のあいだでは、エスペラントという共通の言語コードを用いること。それは、「人類」全体が一つのネイションになることを意味するのだろうか。それとも、エスペラントによって、多言語状況はもはや〈対立〉や〈差別〉としてではなく、〈差異〉として生きられるようになるのだろうか。

最近のエスペラント運動、とりわけ一九九六年に第八一回世界エスペラント大会で発表された「プラハ宣言」は、そのような言語の多様性を肯定している。

> 諸国の政府は往々にして世界における言語の多様性をコミュニケーションと社会発展にとっての障害とみなしがちである。しかし、エスペラントの共同体にとっては、言語の多様性は尽きることなく欠くことのできない豊かさの源泉である。したがって、それぞれの言語はあらゆる生物種と同様にそれ自身すでに価値があり、保護し維持するに値するものである。
>
> （「国際語エスペラント運動に関するプラハ宣言」、『エスペラント』一九九七年一月号付録）

しかし、ザメンホフ自身はどう考えていたのか。むしろ、一つのネイションとしての「人類」という視点が強調されてはいなかっただろうか。エスペラントを話し、ホマラニスモを信奉する人びとは、分裂した既成のネイションを超えて、一つの世界共同体を構成すると考えてはいなかっただろうか。

たしかに、ザメンホフの言語思想の力点が、多言語性、すなわち〈差異〉の称揚よりも、むしろ分裂したネイション間の〈対立〉を解消することのほうにあったことは明白である。しかし、エスペラントというインターナショナルな言語の存在により、諸々のネイションの言語の多様性が保証されることも、また疑いえない。言いかえれば、中立的な〈媒介語〉としてのエスペラントが存在するおかげで、いわゆる小言語の話者たちは、英語、フランス語、ロシア語といった帝国主義的な大言語を話すことを強制されることがなくなると同時に、同じネイションに属する人びとのあいだでは、そのネイションの言語（民族語）を話すことが保証されるということだ。この場合の「ネイション」には、ザメンホフの視座にあっては、いまだ国家をもたないユダヤ民族、クルド民族、バスク民族、アイヌ民族などがふくまれることは言うまでもない。

そもそも、国際語エスペラントの最大の目的は、何よりも〈言語差別〉を解消するということにあった。〈言語差別〉が存在するのは、現実の社会において、本来平等であるべき諸言語のあいだに、歴然とした力関係が存在しているからである。たとえば、韓国に駐在する日本大使は韓国語（朝鮮語）を話すことを期待されないのに対して、駐日韓国大使は、日本語を話すこと、しかも流暢に使いこなすことを期待されるという。日本語が話せても、あまり上手でないというだけで、前任者と比較され、批判されたりする。

あるいは、韓国から日本に留学したある女子学生は、驚くべき証言をしている。自分が努力して日本語で話していると、日本の友人たちは自分に対してどことなく冷たい。しかし、自分の得意な英語を話し、アメリカ人と対等にコミュニケーションしている様子を見ると、なぜか同じ日本人たちは自分に優しく、親切に接してくれる、というのだ。自分は自分で、まったく同じ人間なのに、日本語を話すか英語を話すかで、周囲の日本人の態度が変わるというのは、いったいどういうことなのだろうか、と彼女は首をひねっている。ここには、日本人の近隣のアジア人に対する優越意識と、それの裏返しとして、欧米人に対する劣等感が表われているのではないかというのが、この女性の仮説である。

しかし、それならば、小言語の話者は大言語をマスターすればよいのだ、というのは短絡的で乱暴な意見だ、と言わざるをえない。国際的コミュニケーション、すなわちネイション間のコミュニケーションにおいて強大なネイションの言語、たとえば英語やフランス語を用いなければならないというのは、それ以外の母語を話す人びとには、政治・経済的にも、文化的にも決定的な不利益をもたらすからだ。そもそも、外国語をマスターするには経済的にも時間的にも膨大なコストがかかるし、仮に高度にマスターしたとしても、やはり母語話者と対等というわけにはゆかない。それに対して、どこの国の言語でもなく、母語話者が存在しないエスペラントを話すことによって、異なったネイション間に平等な関係が樹立されることは疑いえない。要するに、人びとはエスペラントという共通の、中立的な基盤に立つことによって、対等の〈語る主体〉になるのだ。フランスの哲学者、フレッド・ポシェ（Fred Poché, 1960-）の言葉をかりるならば、《言葉の市民（citoyen de la parole）》になることができるのである（Fred Poché, *L'homme et son langage : Introduction à la linguistique*, Lyon : Chronique Sociale, 1993）。

しかし、だからといって、既存のネイションが解消されてしまうわけではもちろんない。ネイションはネイションとして存続し、ネイション内の言語（＝民族語）はそのまま存在しつづける。唯一変更されるのは、ネイション間のコミュニケーション・メディアだけだ。強大なネイション、すなわち政治・経済・文化大国の言語、たとえば英語やロシア語のかわりに、どのネイションの言語でもなく、すべてのネイションを超越したエスペラントが用いられるのである。

だから、エスペラントは、諸々のネイションを超越したスーパーナショナルな言語なのだ。まさしく、〈超民族語（langue supranationale ; supernational language, supranational language）〉である。ここで何よりも大切なことは、エスペラントが存在するがために、いかなるネイションの言語もスーパーナショナル（超民族的）な

（ネイション間の）多言語状況（対立）→（ネイション間の）単一言語状況（差別、ヒエラルキー）

（ザメンホフの代替案）→（ネイション間の）単一言語状況（対等）

地位を奪うことがない、ということだ。つまり、ザメンホフが生涯にわたって告発した悪の根源とは、多言語状況そのものではなく、多言語状況を乗り超えるために採用される〈言語差別〉の構図だったのである。大国の言語であれ、小国の言語であれ、あるいは国家をもたない民族の言語であれ、すべてのナショナルな言語（＝民族語・国民語）があくまでもナショナルな地位にとどまること。超越的な審級を横領しないこと。大言語も小言語も、〈差異〉の世界へと帰郷すること。それこそが〈言語平和〉をもたらす、とザメンホフは考えたのである。

先に掲げた図を別の角度から書きなおしてみよう。今度は、ネイション間の〈対立〉的な多言語状況が出発点となる。

上段の「単一言語状況」には、かつてのヨーロッパであればラテン語、フランス語が、現在であれば英語が代入される。それに対して、ザメンホフの構想した「単一言語状況」は、言うまでもなく中立的な人工言語によるそれである。

愛の言語思想家、ザメンホフ

そのザメンホフにかんして、伊東三郎の小著『エスペラントの父　ザメンホフ』（岩波新書、一九五〇年）は、第一級の伝記である。わたしは、ザメンホフの伝記を何冊も読んだわけではないが、それでもこの本が一流であることはわかる。

この本は、ザメンホフの生まれた土地が、西ローマ帝国、東ローマ帝国（ビザンツ帝国）、モンゴル帝国、フランス帝国というい くつもの「世界」がぶつかった場所、いわば《文明の衝突》（ハンチントン）の地であり、また四方八方からこの地に流れ込んできたユダヤ人

――正確にはユダヤ教徒――たちのイディッシュのほか、ポーランド語、ドイツ語、ロシア語、リトアニア語など多種多様な言語が飛び交う「言語戦争」（カルヴェ）の戦場であったことから説き起こされている。これだけ見ても、この著者はただものではない。また、ザメンホフの父が、ユダヤ教徒であるにもかかわらず支配者の言語であるロシア語を家庭でも話していたこと、ザメンホフ自身の《個人の言語》が東欧のユダヤ教徒の共通語であるイディッシュではなく、現地のポーランド語であったことをはっきりと指摘している本も多くないのではないか。

そして、ザメンホフの本質は、ずばり《人類教育者》だという。だが、ザメンホフは、その《人類教育》を言語を通して実践したのである。ザメンホフが歴史に名を刻まれるのは、あくまでも言語の思想家としてであって、それ以外のものではない。しかし、ザメンホフにとっての〈言語〉とは、世間の人びとが考えるような情報伝達（コミュニケーション）のための技術的な道具ではなく、人間と人間とを結びつけ、共同させ、社会を創り上げる根源的なメディアにほかならないのだ。「かれにとっては言語は同時に倫理であり、芸術であり、芸術や倫理は要するに、一個の大きな言語なのです。倫理や芸術がなくては言語が成り立たないと感じていたかれは世界でいわれる意味の言語学者ではない」。ザメンホフにとって、言語の根底には〈愛〉があるのである。

伊東三郎は、ザメンホフの創り出したエスペラントは、新しい言語ではないという独創的な見方も提出している。これまで無秩序に進化してきた世界の諸言語をまとめあげ、《純化総合》したものがエスペラントだ、というのである。エスペラントが人工語だと言うのならば、そもそも、世界の諸言語、とりわけイタリア語とかドイツ語とかいったヨーロッパ各国の国民語（nacia lingvo）は、どれも《半意識の人工語》であり、エスペラントは《全意識的人工語》という差異があるにすぎないのだ。また、人工的に世界語を創り出そうとした人びとの歴史のなかで、ザメンホフが決定的に新しいのは、「人工（意識的生産労働）の意味を個人的から意識的社会的共同労働の意味にひろげ」たことにある。それが彼にできたのは、従来の人工語考案者たちとは違って、はるかに深い言語観をもっていたからである。ザメンホフにとって、〈言語〉とは愛のメディアにほかならないのだ。

七〇年近く前に書かれたこの小さな本は、単なる伝記というよりも、ザメンホフ思想の非常に深い、読み込みの結晶と言ったほうが正確である。しかも、中学生にでも理解できる優しい言葉で書かれている。著者は、ザメンホフが新しい思想を古くさい言葉で素朴に語ることしかできなかったという限界を指摘することも忘れてはいない。ザメンホフを神格化することほど、ザメンホフ自身の思想に反することはないからだ。たしかに、著者が言うように、ザメンホフは特異な天才ではなかったのかもしれない。しかし、才能よりも努力の人であったからこそ、ザメンホフは、新しいデモクラシーの時代、すなわち文明人から野蛮人まで、大人から子どもまで、すべての人間が平等である時代に呼応した〈愛の言語思想〉を熟成させることができたのではないだろうか。

伊東三郎の本は、わたしたちが、ザメンホフの必ずしも新しいとはいえない言葉を通して、ザメンホフの革命的な思想をクリエイティヴに取り出して、先の見えない二一世紀を歩んでゆくための手がかりにするようにと誘っている。

エスペランティストの方々には、もっともっとザメンホフの著作を読んで、研究を深めてもらいたい。そのはじめの一歩として、伊東三郎の本は絶対に必読書である。単なる伝記ではない。第一級の言語思想の書だ。〈愛〉がみなぎっている。

【ロラン・バルトの言葉】

言語はファシストである。

La langue est fasciste.

あらゆる言葉のパフォーマンスとしての言語は、反動的でもなければ、進歩主義的でもない。それはたんにファシストなのだ。なぜなら、ファシズムとは、何かを言うことを妨げるものではなく、何かを言わざるをえなく強いるものだからである。

——バルト『文学の記号学』(1978)

La langue, comme performance de tout langage, n'est ni réactionnaire, ni progressiste ; elle est tout simplement : fasciste ; car le fascisme、ce n'est pas d'empêcher de dire、c'est d'obliger à dire.

——Barthes, *Leçon*

批評家・記号学者、ロラン・バルト(1915－1980)の探究の根底には、われわれ人間が言語によって根本的な拘束を受けているという認識がある。われわれの存在・認識・思考・行動のすべてが、言語によって制約され、決定されており、われわれは言語の外部に出ることができない。

バルトにとって、言語とは「権力」、人間の存在を根底から規定する根源的な権力である。われわれが自発的な意志にしたがって自由にものを語り、自由に生きていると思っているのは幻想にすぎず、実際には権力としての言語の網の目にがんじがらめになっているのだ。たとえば、フランス語を話す者は、いつでも主語・動詞・目的補語という語順で話さなければならないし、名詞の単数と複数を区別しなければならない。日本語はこのような制約は課さないものの、また別に、語し相手によって表現を変えなければならないという制約を課し、それはわれわれの社会行動にまで影響を及ぼしている。われわれは、言語という眼に見えぬ「ファシスト」にすっかり支配されているのである。

【初出一覧】

Ⅰ　世界は言葉のなかに

「世界は言葉のなかに――言語とその主体」原題：「世界は言葉のなかに存在する――言語とその主体」、栗本慎一郎／澤口俊之／養老孟司／立川健二『脳・心・言葉――なぜ、私たちは人間なのか――栗本慎一郎「自由大学」講義録⑤』〈カッパ・サイエンス〉、光文社、一九九五年一一月（第二刷、一九九六年一〇月）。新装版、栗本慎一郎／澤口俊之／養老孟司／立川健二『脳がわかれば世の中がわかる――すべては、ここに始まる』知恵の森文庫、光文社、二〇〇四年一月

Ⅱ　丸山圭三郎からソシュールへ

「文学と饒舌――丸山圭三郎の死をめぐって」原題：「文学と饒舌――追悼・丸山圭三郎」、『文藝』第三二巻五号、河出書房新社、一九九三年一二月。『愛の言語学』夏目書房、一九九五年七月に再録

「ラング、ランガージュ、エクリチュール――丸山圭三郎と〈言葉〉という多面体」原題：「丸山圭三郎――〈言葉〉という多面体に惹かれた冒険家」、『哲学がわかる。』アエラ・ムック6、朝日新聞社、一九九五年二月。『愛の言語学』夏目書房、一九九五年七月に再録

「言語学、言語哲学、文学――ソシュールからソシュールへの道のり」、加賀野井秀一／前田英樹／立川健二編『言語哲学の地平――丸山圭三郎の世界』夏目書房、一九九三年一一月。『愛の言語学』夏目書房、一九九五年七月に再録

「ソシュール『一般言語学講義』――〈言語学〉とその外部」原題：「フェルディナン・ド・ソシュール『一般言語学講義』（1916年）」、『ユリイカ』臨時増刊「総特集・20世紀を読む」、第二九巻第五号、一九九七年四月

「言語のなかへ――丸山言語哲学を導きとして（竹田青嗣×前田英樹×立川健二）」、加賀野井秀一／前田英樹／立川

健二編『言語哲学の地平――丸山圭三郎の世界』夏目書房、一九九三年一一月。竹田青嗣『現代社会と「超越」』海鳥社、一九九八年一月に再録。ここでは、前者を底本とした

Ⅲ　ソシュールからイェルムスレウへ

「言語学と文学の出会い、あるいは記号論の誕生」、『発言者』第八一巻、二〇〇一年一月

「〈聴く立場〉の言語学――ロマーン・ヤーコブソン」原題：「ヤーコブソン」、今村仁司編『現代思想ピープル10 1』、新書館、一九九四年一〇月

「形式としての言語――ソシュールからイェルムスレウへ」原題：「形式としての言語――F・ド・ソシュール」、作田啓一／木田元／亀山佳明／矢野智司編『人間学命題集』新曜社、一九九八年四月

Ⅳ　イェルムスレウ、極北の言語学

「イェルムスレウ言語学のために」原題：「イェルムスレウ言語学のために――「イェルムスレウ」再入門①」、月刊『言語』、第二四巻第一号、大修館書店、一九九五年一月

「言語のなかの主体」原題：「言語のなかの主体――「イェルムスレウ」再入門②」、月刊『言語』第二四巻第二号、大修館書店、一九九五年二月

「格とは何か」原題：「格とはなにか――「イェルムスレウ」再入門③」、月刊『言語』第二四巻第三号、大修館書店、一九九五年三月

「言語と言語の差異はどこにあるのか」原題：「言語と言語の差異はどこにあるのか――「イェルムスレウ」再入門④」、月刊『言語』第二四巻第四号、大修館書店、一九九五年四月

「グロセマティック、《全体言語学》として」原題：「グロセマティック、《全体言語学》として――「イェルムスレ

ウ」再入門⑤」、月刊『言語』第二四巻第五号、大修館書店、一九九五年五月
「言語類型論序説——言語の多様性、そしてその彼方へ」原題：「言語類型論序説——言語の多様性、そしてその彼方へ——「イェルムスレウ」再入門⑥」、月刊『言語』第二四巻第六号、大修館書店、一九九五年六月
「デカルトからイェルムスレウへ——言語への信頼感の回復」原題：「デカルトからイェルムスレウへ」、月刊『言語』第二五巻第四号、大修館書店、一九九六年四月

V　愛と差別の言語学に向けて

「固有名詞への愛を生きる——恋愛の記号論」、『恋愛学がわかる。』アエラ・ムック51、朝日新聞社、一九九九年七月
「愛と差異に生きるわたし——区別・差別・対立・差異をめぐって」、原題：「愛と差異に生きるわたし——区別・差別・対立・差異、あるいはアドラーからソシュールへ、漱石を触媒として」、『漱石研究』第四号、翰林書房、一九九五年五月。『愛の言語学』、夏目書房、一九九五年七月に再録
「愛の言語思想家、ザメンホフ——言語差別を超えて」、「言語戦争論序説——近代言語思想の彼方へ」、『ポストナショナリズムの精神』現代書館、二〇〇〇年三月。「英語批判の手前で——エスペラントからザメンホフへ」、月刊『言語』第二九巻第八号、大修館書店、二〇〇〇年八月。中公新書ラクレ編集部／鈴木義里編『論争・英語が公用語になる日』、中公新書ラクレ32、二〇〇二年一月に再録。以上の二篇をもとに改稿、大幅に増補
〈コラム〉「現代言語論の名句」、田辺保編『フランス名句辞典』大修館書店、一九九一年四月
フェルディナン・ド・ソシュール、アントワーヌ・メイエ、ルイ・イェルムスレウ、ジャック・ラカン、エミール・バンヴェニスト、モーリス・メルロ=ポンティ、アンドレ・マルティネ、ロラン・バルト

失なわれた時の果てに

前著『ポストナショナリズムの精神』（現代書館、二〇〇〇年三月）を刊行してから一九年余りの歳月が流れた。失なわれた時は、赤ん坊が生まれてから大学生になるまでの期間に相当する。

いま、ここに上梓した『言語の復権のために――ソシュール、イェルムスレウ、ザメンホフ』によって、『現代言語論――ソシュール　フロイト　ウィトゲンシュタイン』（山田広昭との共著、新曜社、一九九〇年六月）を補完し、発展させる続篇ができあがった。この二冊をセットにして読んでいただければ、それぞれの長所は増幅され、短所は併殺されることだろう。今後この種の本を書くかどうかわからないので、『現代言語論』と『言語の復権のために』の二冊をもって、立川健二の言語学・記号論にかんする基本書としたい。

ぼくが論創社の志賀信夫さんに初めて会ったのは、一昨年（二〇一七年）の七月末のことだった。ただしそれは、論創社の編集者になった志賀さんに初めて会ったという意味で、実は、志賀さんは、大学も学年も違うが学生時代からの旧い友人だったのである。

志賀さんは、こう言い放った。

「立川健二には、ぜひ復活してもらわないと困る」

四〇歳すぎで大学――実態としては、会社、しかもブラック企業だったが――から離れることを余儀なくされ、大学人としてのキャリアを全うできなかったぼくとしては、少なくとも著者としては復活して、せめてもう一冊でも本を出さなければ、死んでも死にきれない想いだった。

「それには、原点に還ることだ」

と、志賀さんは言った。そして、三つの固有名詞をあげた。ソシュール、クリステヴァ、丸山圭三郎……。

これには、ぼくは、虚を衝かれる想いだった。ぼくにとって、「原点に還る」とは、〈精神的危機〉に襲われ、『ポストナショナリズムの精神』を書いていた一九九九年に立ち帰ることを意味していたのであって、それ以前に遡行することなど想像もしないことだったからだ。ぼくにとって、前年（二〇一六年）にようやく見いだした〈原点〉とは、在日朝鮮人作家、立原正秋――いまでは、朝鮮系日本人作家だと考えているが――に立ち帰って、立原正秋論を書くこと以外ではありえなかった。

志賀さんは、そんなぼくの構想を否定はしなかったが、一冊目は言語論・記号論の本のほうがよい、立原正秋論は二冊目で出すのがよい、という意見だった。

一九九〇年代の末にぼくが経験した〈精神的危機〉は、心身の絶不調を伴なった複合的なものだったので、一言で説明することは難しい。あえて単純化して言うならば、学生という形をとってぼくのに眼の前に現前している〈大衆〉に向かって、イェルムスレウ研究に象徴されるぼくの探究の成果を言葉で伝えること、届けることは、限りなく不可能に近く、虚しい行為なのではないか、という絶望に近い問題意識であった。そこで、ぼくは、自分の探究とエクリチュールのフィールドを思いきって変えてでも、〈大衆〉に届く言葉を紡ぎ出したいと望んだのである。そこから、ぼくの果てしない精神的彷徨は始まった。『ポストナショナリズムの精神』によってその最初の結果は出すことができたが、「適応障害」が完治することは限りなく不可能に近く、その後が続かなかった。志賀さんから久しぶりに連絡が来た頃、ぼくは、栗本慎一郎や岸田秀らに刺激を受けながら、世界史の見直しに取り組んでいた。

ぼくの〈精神的危機〉とは、それに襲われる以前の自分のすべてを否定することを意味していた。具体的にいえば、ぼくにとって、言語学や記号論、ソシュールや丸山圭三郎ほど忌まわしく、避けたいものはなかったのだ。その周辺にあった精神分析も、現代思想も、いっさい振り返らなかった。だからこそ、ぼくは、ソシュール、クリステヴァ、丸山圭三郎という、志賀さんがあげた三つの固有名詞に虚を衝かれたのである。

その日から、ぼくは〈原点〉に立ち帰ることをテーマに、方向転換を試みることにした。そして、巻頭の「言語の復権のために」にも書いたので詳細は省くけれど、以前雑誌などに発表して、単行本に収録していなかった論考たちを発掘し、テキスト・ファイルを作成し直して、〈原点〉から〈拠点〉へという道筋を敷いた。さらに、ザメンホフ論を改稿していたときに生じた疑問——「ユダヤ人」とは何か——を解明するために、「シオニズムの彼方へ——ユダヤ人／ユダヤ教徒をめぐる言語論的考察」という長篇を執筆した（本書の三分の一くらいの分量がある）。この論考については、本書の構成上バランスが悪いから、別の本に収録しようという志賀さんの再三にわたる説得に、ぼくは最終的に折れるしかなかった。ぼくとしては、単なる旧稿の集成としてではなく、新作を加えた本にしたかったのである。

しかしながら、「〈原点〉に立ち帰り、新たな探究に向けての〈拠点〉を築く」という指針は、現実にはぼくにとって〝生のリアリティ〟にはなっていなかった。本書の企画が起ち上がってからの二年間、ぼくは、相変わらず世界史をはじめ、キリスト教、イスラーム、日本史、部落差別、天皇制等々の本を買い漁り、読み耽っていたからだ。

ぼくが、本当の意味で〈原点〉に立ち戻ることができたのは、今年（二〇一九年）の六月頃、本書の初校に赤ペンを入れ始め、後半にさしかかった頃だった。ぼくは、ようやく、言語学や記号論をめぐるぼくのかつての思考と文章に自分の波長が合ってくるのを感じていた。ああ、これが自分の専門分野だったのだ。いや、単純にぼくの生きる場所だったのだ。それは、何と面白く、刺激的な世界だろうか、と。ぼくは、二〇年間もそのことを忘れ果てて、未知の領域の探索と称して、灯台の光の届かない場所を漂泊していたのだ。

思い返してみれば、この二年間というもの、志賀さんは、執拗だと思えるほどに、「言語学」、「言語論」、「言語学者の立川さん」といった言葉を投げかけてきていた。志賀さんは、そう繰り返すことによって、錨を失なった舟のように漂流を続けていたぼくという人間を出航した母港に引き戻そうとしていたのである。それは、編集者である以前に友人である志賀信夫にしかできない治療――〈精神的危機〉のセラピーだったのだろう。

ようやく〈原点〉に立ち帰れたぼくは、以前よりも少し自信を回復して、新たな仕事に向けての探究を始めようという意欲が沸き上がってくるのを感じている。志賀さんは、自分の病いと向き合って、『メランコリーの言語学』といった本を書くことを勧めてくれているが、それには、アリストテレスからクリステヴァに到るメランコリー論の系譜の勉強が必要であるという以上に、非常に大きな精神的エネルギーを要する作業になるような気がしている。それに、立川健二のライフワークの一つとして、朝鮮系日本人作家としての立原正秋を論じるという構想も断念したくない。

とりあえずは、言語学や記号論の分野で日本に未紹介の著者・著書を翻訳する作業に没頭して、自分にとっての〈原点〉＝〈拠点〉をもっと踏み固めたいと考えている。

近年ますます進行している出版不況のなかで、ぼくの本を出版してくださった論創社の森下紀夫代表。企画から校正までぼくを導いてくれた志賀信夫さん。本当にありがとうございました。

また、恵まれない研究環境のなかで、ぼくが曲がりなりにも知的な探究を続けてこられたのは、物心両面からぼくを支えてくれている妻、立川朋子の献身に全面的に負っている。最後に、いつ出るかもわからないぼくの著書を楽しみにして、八七歳になってしまった母、立川雅代にも、ぼくは精神的に支えられた。この二人には、デンマーク語でTusind tak（千のありがとう）という言葉を贈りたい。

二〇一九年九月二二日、彩の国〈熊谷〉にて

立川 健二

立川健二（たつかわ・けんじ）

1958（昭和33）年、埼玉県浦和市（現、さいたま市）生まれ。1982年、東京外国語大学フランス語学科卒業。1989年、東京大学大学院人文科学研究科（仏語仏文学専攻）博士課程中退。その間、サンケイスカラシップ奨学生としてパリ第Ⅲ新ソルボンヌ大学に、フランス政府給費留学生としてパリ第Xナンテール大学大学院（言語科学専攻）博士課程に留学。大阪市立大学文学部助手、東北学院大学教養学部助教授、文教大学国際学部教授を経て、2000年から在野の探究者。本来の専攻は言語思想史、言語学、記号論。とくにそのイェルムスレウ研究は、世界的水準にある。著書に『《力》の思想家ソシュール』（水声社）、『現代言語論』（共著、新曜社）、『誘惑論』（新曜社）、『愛の言語学』（夏目書房）、『ポストナショナリズムの精神』（現代書館）など。訳書に、ショシャナ・フェルマン『語る身体のスキャンダル』（勁草書房）、フランソワーズ・ガデ『ソシュール言語学入門』（新曜社）がある。Email address: ktatsukawa@ymobile.ne.jp

言語の復権のために　ソシュール、イェルムスレウ、ザメンホフ

2020年1月30日　初版第1刷印刷
2020年2月10日　初版第1刷発行

著　者　立川健二
発行人　森下紀夫
発行所　論 創 社
〒101-0051 東京都千代田区神田神保町 2-23　北井ビル 2F
TEL：03-3264-5254　FAX：03-3264-5232　振替口座 00160-1-155266
装幀／宗利淳一
印刷・製本／中央精版印刷
組版／フレックスアート
ISBN978-4-8460-1691-3　© Kenji Tatsukawa 2020, printed in Japan
落丁・乱丁本はお取り替えいたします。